ARQUIVOS PESSOAIS

CB015657

Isabel Travancas
Joëlle Rouchou
Luciana Heymann
[organização]

Arquivos pessoais

REFLEXÕES MULTIDISCIPLINARES
E EXPERIÊNCIAS DE PESQUISA

Copyright © 2013 Isabel Travancas, Joëlle Rouchou e Luciana Heymann

Direitos desta edição reservados à
EDITORA FGV
Rua Jornalista Orlando Dantas, 37
22231-010 — Rio de Janeiro, RJ — Brasil
Tels.: 0800-021-7777 — (21) 3799-4427
Fax: (21) 3799-4430
editora@fgv.br — pedidoseditora@fgv.br
www.fgv.br/editora

Impresso no Brasil / *Printed in Brazil*

Todos os direitos reservados. A reprodução não autorizada desta publicação, no todo ou em parte, constitui violação do copyright (Lei nº 9.610/98).

Os conceitos emitidos neste livro são de inteira responsabilidade dos autores.

1ª edição, 2013.

Projeto gráfico, capa e diagramação: Ilustrarte Design e Produção Editorial
Copidesque: Laura Vasconcelos
Revisão: Frederico Hartje e Fernanda Mello

Ficha catalográfica elaborada pela Biblioteca
Mario Henrique Simonsen/FGV

Arquivos pessoais : reflexões multidisciplinares e experiências de pesquisa / Organização Isabel Travancas, Joëlle Rouchou, Luciana Heymann. – Rio de Janeiro : Editora FGV, 2013.
282 p.

Artigos apresentados no seminário realizado na Fundação Casa de Rui Barbosa, Rio de Janeiro, 2010.
Inclui bibliografia.
ISBN: 978-85-225-1432-8

1. Arquivos pessoais. I. Travancas, Isabel Siqueira. II. Rouchou, Joëlle. III. Heymann, Luciana Quillet. IV. Fundação Getulio Vargas.

CDD – 025

SUMÁRIO

APRESENTAÇÃO

Este livro reúne artigos apresentados no seminário Arquivos pessoais: reflexões multidisciplinares e experiências de pesquisa, realizado nos dias 23 e 24 de agosto de 2010, na Fundação Casa de Rui Barbosa, no Rio de Janeiro. Nosso objetivo no seminário era apresentar trabalhos que debatessem questões suscitadas pela pesquisa em arquivos, lançando luz sobre a especificidade desse tipo de artefato cultural. A ideia era discutir pesquisas *em* arquivos pessoais e, sobretudo, refletir *sobre* esses arquivos. Com tal objetivo, sugerimos aos palestrantes convidados que fizessem um esforço de "desnaturalização", que tornassem visíveis as narrativas produzidas em torno e por meio dos acervos documentais. O evento contou com a presença da professora Sue McKemmish, da Monash University, Austrália, e reuniu pesquisadores brasileiros de ciências sociais e humanas — historiadores, antropólogos, sociólogos, estudiosos de letras e artes plásticas.

O seminário despertou grande interesse e superou nossas expectativas em termos de público. Percebemos o quanto o tema dos arquivos pessoais atrai uma vasta gama de profissionais, razão pela qual decidimos organizar este livro. O artigo de Sue McKemmish é o primeiro, seguido do de Philippe Artières, que, infelizmente, não pôde participar do evento, mas enviou seu artigo. A coletânea foi dividida em três partes, agrupadas por eixos analíticos que facilitam a compreensão das diferentes perspectivas de estudo dos arquivos pessoais. São elas: "Pensando arquivo", "Arquivos e histórias" e "Arquivos da literatura e das artes".

O artigo de Sue McKemmish, "Provas de mim... Novas considerações", dá seguimento a uma reflexão provocadora, que teve início em 1996, com um artigo publicado na revista *Archives and Manuscripts*, sobre os gestos individuais de guardar registros, hábito que a autora associa ao imperativo de testemunhar. Incorporando à discussão as mudanças produzidas pela tecnologia nos últimos anos, McKemmish contribui para o debate sobre as condições sociais da produção dos arquivos, bem como para discussões teóricas no campo da arquivologia, avivado pela produção e pela circulação dos registros digitais. Ao afirmar que os sentidos dos documentos são conferidos pelas relações documentárias e contextuais nas quais estão inseridos, e ao apontar para seu caráter contingente e instável, a autora desafia a perspectiva tradicional calcada na fixidez dos registros. Sublinhando as possibilidades abertas pelos ambientes digitais, a pesquisadora australiana chama a atenção para o movimento de construção de novos espaços de arquivamento, nos quais as fronteiras entre público e privado são transpostas em nome da democratização da memória e dos arquivos. Para ilustrar esse movimento, descreve duas experiências nas quais os arquivos são conceituados e criados segundo novas dinâmicas: o arquivo Nelson Mandela e o Koorie Archiving System, voltado para a reparação da memória indígena da "geração roubada" da etnia Koorie, na Austrália.

Philippe Artières, em "Arquivar-se", também investe nos gestos pessoais de arquivamento, embora o faça por outros caminhos, e fornece ao leitor um interessante e enigmático inventário de "arquivos de si". Por meio da apresentação de uma galeria de indivíduos, os quais, de maneiras diferentes, em contextos sócio-históricos diversos, colecionam registros sobre suas próprias vidas, Artières propõe uma reflexão sobre as estratégias de produção de subjetividades baseadas no colecionamento e na exibição pública dos registros da experiência pessoal. Interessam ao autor, mais que a motivação, os gestos — a seleção, a classificação, o ordenamento; mais que as biografias, a materialidade das práticas; mais que os eventos memorizáveis, a captura do infraordinário. Artières parece sugerir uma pauta de pesquisa na qual arquivo, escrita de si, cultura material e produção de subjetividades se entrelaçam e se informam.

A discussão de Aline Lacerda em "A imagem nos arquivos" segue uma linha eminentemente metodológica. Ela investe nos desafios suscitados pela organização de documentos fotográficos em ambientes arquivísticos, sobretudo no caso de arquivos pessoais. Os procedimentos tradicionais de tratamento das fotografias são questionados pela autora, que defende a adoção de uma perspectiva que respeite a preocupação arquivística com os contextos de produção dos documentos no tratamento das imagens. Os possíveis sentidos atribuídos às fotos, segundo a autora, repousariam não apenas na sua dimensão referencial, mas no lugar relativo que ocupam no conjunto da documentação, em sua conexão com outros registros e nos usos que lhes foram conferidos pelo titular ou por outros agentes ao longo do tempo.

"Arquivos pessoais em perspectiva etnográfica" é o título do artigo de Luciana Heymann, que dá continuidade a uma reflexão original, desenvolvida em sua tese de doutorado, cuja marca principal é a abordagem interdisciplinar e cujo resultado mais visível é a apreensão dos arquivos como artefatos produzidos por meio de uma série de interferências e dotados de atributos. Heymann sublinha o interesse em investigar os contextos de acumulação documental — espaços, motivações e recursos por meio dos quais o arquivo é construído ao longo do tempo. Mais que isso, ela assinala as possibilidades abertas pela atenção a essas práticas no momento do tratamento arquivístico, já que, por meio delas, seria possível identificar os vínculos entre os documentos e seus titulares. A etnografia do arquivo teria, assim, uma dupla função: do ponto de vista das ciências sociais, permitiria perscrutar como os acervos documentais são constituídos e de que maneira eles se tornam fonte de pesquisa; do ponto de vista da arquivologia, permitiria esquadrinhar as razões para a presença dos documentos no arquivo, contribuindo para a contextualização preconizada pela disciplina.

"Arquivos pessoais e história da história: a propósito dos Finley Papers", de Miguel Palmeira, explora o arquivo do historiador estadunidense Moses I. Finley, a quem se atribui uma série de novas perspectivas no campo da história greco-romana antiga. Movido pelo interesse em pensar as condições sociais do êxito acadêmico do historiador, Palmeira abordou os Finley Papers — depositados hoje na seção de manuscritos da biblioteca da Universidade de Cambridge — para tentar recuperar as diversas relações que Finley estabeleceu com seu objeto de conhecimento, com a tradição da disciplina, com seus pares e seus editores. Para além das injunções da carreira de historiador, o autor investe nas condições de representação da vida intelectual e nas estratégias sociais de validação do conhecimento. Sua reflexão se vale das possibilidades abertas pelo uso dos arquivos pessoais para estudos de história da história, ao mesmo tempo que ilumina o potencial do uso dessas fontes, um uso que deve levar em consideração os "movimentos" do arquivo — sua constituição, preservação e doação a uma instituição. Para o autor, é a atenção à produção social do arquivo que pode levar o pesquisador da história intelectual a vislumbrar os processos sociais que instituem a celebração de uma obra.

Algumas das reflexões de Palmeira ecoam também no texto de Felipe Brandi. Enquanto pesquisava nas bibliotecas francesas para sua tese de doutorado sobre o medievalista francês Georges Duby, Brandi deparou com o arquivo pessoal do historiador. Em "Arquivos privados e história dos historiadores: sobrevoo no acervo pessoal de Georges Duby", ele sugere questões sobre a importância, no campo da história intelectual, do estudo do sujeito, e se associa à tendência de não mais trabalhar com temas "descarnados", mas vivos. Para o pesquisador, o acervo de Duby ofereceu pistas interessantes, ressaltadas por um olhar atento às lacunas, às saturações e às subtrações de documentos produzidas pelo titular do arquivo, bem como às interferências da instituição que o abriga. A volumosa correspondência em papel carbono de Duby, cuidadosamente arquivada a partir do final dos anos 1970, serve de pretexto para questionamentos interessantes acerca da consciência do titular quanto ao destino longevo de seu legado intelectual — uma consciência que, segundo Brandi, teria animado tanto a pulsão autobiográfica do medievalista quanto o investimento na construção de um arquivo pessoal capaz de representá-lo como intelectual público.

Letícia Nedel explora o que chama de caráter ambivalente dos arquivos pessoais: produzidos no ambiente privado e tributários de processos individuais de acumulação, eles são inscritos no mundo público por meio de sua patrimonialização. Em seu artigo, "Da sala de jantar à sala de consultas: o arquivo pessoal de Getúlio Vargas nos embates da história política recente", explicita essa ambivalência pela análise das condições de produção, circulação e uso do arquivo pessoal de Vargas. Vale a pena atentar, sobretudo, para as condições de realização da pesquisa: a autora investiga o arquivo do presidente com base nos registros manuseados à época da organização do arquivo pessoal da filha de Getúlio, Alzira Vargas do Amaral Peixoto, doado ao mesmo centro de documentação que, 12 anos antes, fora criado para abrigar o arquivo de Vargas. Na análise de Nedel, os dois arquivos se iluminam mutuamente, ao mesmo tempo que revelam aspectos da atuação e da relação entre seus titulares. Além disso, o artigo problematiza as relações entre arquivos pessoais e arquivologia, arquivos pessoais e história e arquivos pessoais e instituições de memória, compondo um quadro complexo, do qual emergem as estratégias de legitimação envolvidas nessas relações.

A pesquisa no arquivo do antropólogo mineiro Marcos Magalhães Rubinger fornece a Candice Vidal e Souza o caminho para reconstituir parte do ambiente institucional da especialização em antropologia do Museu Nacional (UFRJ), no Rio de Janeiro. Interessa à pesquisadora, em "A documentação do antropólogo Marcos Magalhães Rubinger e os vestígios da pesquisa e do ensino de antropologia nos anos 1960", mapear as redes de relações que uniam antropólogos e instituições de ensino e pesquisa, bem como identificar as matrizes teóricas que orientavam o trabalho científico desenvolvido por antropólogos no período. Para isso, ela alia-se ao movimento recente de valorização dos arquivos de cientistas sociais, pela capacidade de fornecerem informações sobre os modos de fazer da sociologia e da antropologia. Efetivamente, os cadernos de campos do arquivo de Rubinger permitem à autora não apenas cotejar os dados etnológicos coletados, mas entrever o diálogo travado entre ele e seu professor, Roberto Cardoso de Oliveira, um dos principais responsáveis pela formação da primeira geração de antropólogos brasileiros.

Maria da Conceição Carvalho também se debruça sobre um personagem mineiro, dessa vez o ensaísta, romancista e crítico literário Eduardo Frieiro. Seu artigo "Esparsos e inéditos no arquivo de Eduardo Frieiro" nos apresenta acervo constituído por um conjunto diverso de documentos, que vão de manuscritos originais de livros, rascunhos, recortes, bilhetes, fotografias e fichas de leitura até as cartas. Para Carvalho, essa riqueza documental sugere a necessidade do titular de reter suas marcas pessoais e sua identidade social. Ao mesmo tempo, essa pulsão acumuladora constitui um indício interessante para refletir sobre a propalada timidez de Frieiro. Por meio do arquivo, que cuidadosamente acumulou e cuja venda à Academia Mineira de Letras negociou pessoalmente, o escritor buscou registrar sua contribuição ao panorama da literatura mineira e, mais que isso, assegurar que a memória dessa atuação fosse preservada.

Para Eduardo Coelho, é possível vislumbrar a influência do escritor francês Blaise Cendrars na poesia de Manuel Bandeira, realçada por uma leitura muito sutil de sua obra. Ele afirma que a pesquisa em arquivos pessoais de escritores possibilita compreender as estratégias e os posicionamentos que os autores adotam para afastar-se ou vincular-se a certas tendências artísticas. Coelho argumenta em "Blaise Cendrars na poesia de Manuel Bandeira" que a indiferença do poeta brasileiro em relação à poética cendrarsiana, nos anos 1920, pode ser pensada como uma dissimulação, uma vez que Bandeira teria se apropriado das técnicas de Cendrars, fato não percebido pelos estudiosos de sua obra. Para o pesquisador, esse disfarce seria uma expressão do desejo de Manuel Bandeira de garantir a manutenção de uma poesia sem receitas.

A paciência mineira de Carlos Drummond de Andrade na construção de seu arquivo foi revelada pela pesquisadora Isabel Travancas em "Entrando no arquivo do Drummond e lendo suas crônicas na imprensa". Travancas lança mão de sua formação em antropologia para construir uma etnografia não só da produção jornalística do poeta mineiro, especialmente das crônicas de 1920 a 1980, mas também da construção de seu arquivo. De seu trabalho de campo resultam algumas conclusões interessantes sobre o poeta. O papel de jornalista é reivindicado por Drummond, que se vê como cronista do cotidiano, sempre ligado às redações de jornal. Quanto ao arquivo, fica patente o cuidado com a construção de sua memória documental e, de forma especial, a preocupação em criar um espaço de acolhimento e de preservação dos acervos de escritores. A criação do Arquivo-Museu de Literatura Brasileira, em 1972, é tributária do apoio de Drummond, que doou seu próprio arquivo à instituição. Mais uma vez, a discrição mineira parece encobrir desejos de posteridade.

Joëlle Rouchou vasculhou o pequeno arquivo do jornalista, escritor e acadêmico Álvaro Moreyra e encontrou nele vestígios de sua vida intelectual e, sobretudo, de sua relação de mais de 30 anos com a mulher, Eugênia Moreyra. Em "Álvaro Moreyra: um arquivo para dois", a pesquisadora sugere que a produção do arquivo pelo titular deixa entrever a centralidade da figura de Eugênia. A vida mundana do casal, bastante intensa, revela-se em fotografias e recortes de jornais que registram a presença dos dois em eventos e festas. Além disso, a morte de Eugênia está fartamente documentada por dezenas de recortes. Chama a atenção de Rouchou o uso das matérias de jornal, produzidas para circular na esfera pública, porém apropriadas e ressignificadas pelo gesto de arquivamento — recortes que mais parecem um diário bricolado. No caso do arquivo de Moreyra, diferentemente dos outros arquivos analisados nesta coletânea, são a sensibilidade e a vida pessoal que ocupam lugar de destaque, deixando entrever a intimidade, a alegria e a dor do titular.

Frederico Coelho, em "Um arquivo do arquivo, ou como guardar as cinzas", sugere que Hélio Oiticica não só arquivava a própria arte, inventariando cuidadosamente seu processo criativo, mas produzia documentos que deveriam orientar a interpretação e a exposição da obra, mesmo após sua morte. Trata-se de um arquivo construído para vencer o tempo. A despeito desse investimento, porém, o acervo funcionaria como fonte e matriz para novas interpretações sobre o percurso do artista, abrindo caminho para revisões e mesmo contestações de interpretações consagradas. O incêndio ocorrido em outubro de 2009, que destruiu o arquivo original e várias obras de arte, inspira questões cujo interesse extrapola os limites do caso Oiticica: a perda dos suportes originais e da organização espacial dos registros definida pelo titular apagaria sua presença criativa no arquivo? O fato de o arquivo estar digitalizado e acessível desafiaria a autoridade dos herdeiros do artista, exigindo novas políticas de uso do material digital? E, finalmente, as possibilidades de rearranjo dos documentos, viabilizadas pelo ambiente digital, subverteriam o sentido original do arquivo, comprometendo sua compreensão como um todo orgânico e dotado de lógica própria? Essas são questões que têm animado debates arquivísticos e que são evocadas também no artigo de McKemmish.

I

PENSANDO ARQUIVO

1 PROVAS DE MIM... NOVAS CONSIDERAÇÕES[1]

Sue McKemmish

INTRODUÇÃO

Em 1996, escrevi um artigo intitulado "Evidence of *me*....." [Provas de *mim*...], para um número especial da revista australiana *Archives and Manuscripts*, organizado em torno do tema da acumulação pessoal de documentos (McKemmish, 1996). Nos últimos anos, pediram-me

---

[1] Agradeço a todos que trabalham comigo no projeto Trust and Technology: Building an Archival System for Indigenous Oral Memory (Projeto T&T). O quadro principal de pesquisadores inclui os professores Russell Lynette, Centre for Australian Indigenous Studies, Universidade de Monash (Cais); Sue McKemmish, Faculty of Information Technology, Universidade de Monash (FIT); Don Schauder (FIT); além de Graeme Johanson (desde 2005, FIT) e Kirsty Williamson (2003-4, FIT). O projeto conta ainda com a pesquisadora colaboradora Justine Heazlewood, diretora do Departamento de Registros Públicos de Victoria (Public Record Office Victoria, PROV). Nossos parceiros são os seguintes: PROV, Koorie Heritage Trust Inc. (KHT), Indigenous Special Interest Group da Sociedade Australiana de Arquivistas e Victorian Koorie Records Taskforce. Membros antigos e atuais da equipe de pesquisa incluem Andrew Waugh (PROV), Rachel U'Ren (FIT e PROV), Emma Toon (PROV), Merryn Edwards (PROV), Sharon Huebner (KHT e FIT), Diane Singh (Cais), Dr Stefanie Kethers (FIT), Fiona Ross (FIT), Carol Jackway (FIT) e Jen Sullivan (FIT). Shannon Faulkhead (Cais) é pesquisador PhD e vencedor do Prêmio Australiano de Pós-Graduação (Indústria). Agradecemos ao nosso comitê consultivo, sobretudo pelo apoio contínuo de Aunty Joan Vickery. Agradecemos particularmente ao trabalho vital realizado pela agente de ligação Koorie do projeto, Diane Singh (Cais). Expressamos nossa gratidão aos donos tradicionais da terra e agradecemos aos cem membros das comunidades Koorie de Victoria que concordaram em ser entrevistados como parte do projeto; que partilharam conosco suas opiniões e experiências, e deram permissão para o uso das transcrições das entrevistas para os fins de pesquisa.

que revisitasse esse artigo no contexto da era digital, em apresentações que fiz em Oslo, no encontro anual de arquivistas noruegueses, Arkivmete 07 (McKemmish, 2007); em Valência, Espanha, nas VI Jornadas de l'Associació d'Arxivers i Gestors de Documents Valencians (McKemmish, 2010); e no fórum Arquivos pessoais: reflexões multidisciplinares e experiências de pesquisa, realizado no Rio de Janeiro. Uma versão ampliada deste artigo será publicada, sob forma de capítulo, em livro editado pela Society of American Archivists, intitulado *I, Digital* (McKemmish, 2011).

Devo o título do artigo original a uma passagem do romance *Ever After*, do escritor inglês Graham Swift — "Guarde-os, queime-os: são provas de *mim*..." (Matthew Pearce, referindo-se a seus cadernos; Swift 1992, 1:52). Desenrolando-se no presente e no passado, o romance *Ever After* conta duas histórias paralelas: uma é o relato de uma vida contemporânea; a outra, uma história elaborada com base nas notas encontradas nos cadernos de Mathew Pearce. Essas notas documentam sua vida como agrimensor e arqueólogo/geólogo amador, nascido em um mundo pré-darwiniano, bem como seu embate com a dúvida religiosa — um embate que resultaria na perda da fé, logo após a publicação da *Origem das espécies*, de Charles Darwin. Preservados para a posteridade, os cadernos dão testemunho do modo como certas "ideias que abalaram o mundo" repercutiram sobre o microcosmo de uma vida privada, constituindo "provas de *mim*", e eventualmente também "provas de *nós*".

À época em que foi publicado, o artigo abria novos caminhos, ao explorar a natureza dos registros pessoais e as injunções sociais ligadas ao papel que desempenham em nossas formas de testemunhar e memorializar não só as vidas individuais, mas também a vida coletiva e a identidade cultural da sociedade. Buscou-se na sociologia e na escrita criativa e reflexiva os elementos para reconhecer as forças sociais promotoras dos registros pessoais, os quais exemplificam o impulso humano fundamental de dar testemunho, o ato instintivo de fazer o próprio relato. Algo que Swift caracterizou como a necessidade que o homem, "animal narrativo" por excelência, tem de deixar atrás de si as reconfortantes "boias de marcação" e "rastros do percurso" que são as histórias (Swift, 1992, 2:62). Foram exploradas também as contrapartes mais sombrias e destrutivas desse ímpeto de registrar. O artigo colocava em questão as fronteiras convencionalmente estabelecidas entre o arquivo e o registro de informações por outros meios, sejam eles orais ou escritos, e interrogava, além disso, os limites entre as práticas privadas e públicas de registro, entre o arquivo pessoal e o público.

Ao retomar o artigo "Evidence of *me*...", refleti sobre a forma como os cadernos de Matthew Pearce poderiam se manifestar no mundo das tecnologias sociais do século XXI. Será que o "impulso de tomar notas" o teria levado a participar de uma rede informal de colegas e amigos, a comunicar, cocriar, armazenar e registrar informações pessoais públicas em uma rede distribuída de blogs e sites do Facebook, a enviar mensagens de texto e escrever no Twitter, a conversar via Skype? Será que, com isso, teria produzido "provas de *mim*" e "provas de *nós*" em um nanossegundo? Também fiz referência, em meu artigo de 1996, à obsessiva e crescente compulsão ao registro manifesta pela personagem Ann-Clare, no romance australiano *The Grass Sister* (Mears, 1995). Ann-Clare documenta meticulosamente em cartas, fotografias e slides os detalhes de sua masoquista vida íntima. Como será que esse comportamento obcecado pelo registro se manifestaria em versão on-line, no mundo de tabus e de sites pornográficos em rede, explorado por Katherine Gallen em texto que investiga a relação entre o tabu e o arquivo (Gallen, 2008)?

GUARDE-OS, QUEIME-OS: SÃO PROVAS DE MIM...

O sociólogo Anthony Giddens discorre sobre o modo como nossa própria identidade está ligada à capacidade que temos de sustentar "narrativas do *self*", incorporando à história de uma vida em curso eventos externos (Giddens, 1991:54). Narrativas do *self* — histórias que as pessoas contam sobre si mesmas, seja pessoalmente, por telefone, ou retransmitidas por outros — podem muito bem nunca ser escritas ou registradas sob a forma de texto. Para alguns, no entanto, um diário, um blog, uma página no Facebook ou no YouTube são partes indispensáveis à continuidade de suas histórias pessoais — de fato, como Tolstói parece ter dito certa vez: "Os diários *são* eu". Conversas, telefonemas, cartas, e-mails, mensagens de texto, contatos por Skype e nas salas virtuais de bate-papo são essenciais para o "processo de mútua revelação" que Giddens interpreta como uma característica das relações íntimas na era moderna.

Edmund White ultrapassou a dimensão individual ao escrever acerca da epidemia de Aids e seu efeito devastador sobre a comunidade gay, sobre as vidas particulares e sobre toda uma cultura; destacou a necessidade de "registrar o próprio passado", de "dar testemunho do momento cultural". Há, em seus escritos, uma ótima apreensão do papel dos registros pessoais no que se refere à identidade cultural e à memória, uma boa compreensão do "instinto de testemunhar" e da importância que o testemunho do momento cultural adquire para as questões da identidade individual:

> [...] o ímpeto de celebrar os mortos, de honrar as suas vidas, é um instinto premente. Pinturas de Ross Bleckner que recebem títulos como *Hospital Room* [Quarto de hospital], *Memoriam* e *8,122 + As of January 1986* [8122 + Desde janeiro de 1986] homenageiam aqueles que morreram de Aids, combinando troféus, bandeiras, flores e portões — imagens públicas. Há um ímpeto igualmente forte de registrar o próprio passado — a própria vida — antes que desapareça... Porque o que presenciamos não é apenas a morte de indivíduos, mas uma ameaça a toda uma cultura. Por isso mesmo é tão necessário prestar testemunhos do momento cultural. [Edmund White, 1995:215]

Em outra direção, Derrida refletiu de forma aprofundada sobre o que ele denomina pulsão de morte no arquivamento:

> Se há uma paixão, não é só porque sabemos que os rastros podem ser perdidos por acidente, ou porque o espaço é finito ou porque o tempo é finito — é também porque sabemos que algo em nós, por assim dizer, algo no aparelho psíquico, se orienta para a destruição

inadvertida do rastro. E é daí que vem a febre do arquivo. [Derrida, 2002:44]

Derrida explorou o modo como isso aconteceu na África do Sul, na configuração do arquivo da Comissão da Verdade e Reconciliação:

- Por um lado, no empenho do antigo regime do apartheid em destruir a memória, de forma a eliminar qualquer arquivo, qualquer vestígio da matança e da violência.
- Por outro, no desejo da Comissão de registrar os testemunhos, de fazer crescer o arquivo e mantê-lo seguro.

Para Derrida, arquivar, no sentido de inscrever um rastro em algum lugar, exterior à memória viva, é um ato de esquecimento que carrega consigo a possibilidade de um lembrar diferido, adiado. E é porque o impulso radical de destruir a memória sem deixar rastros está sempre também em jogo que "o desejo de arquivo é um desejo que arde" — daí a *febre do arquivo*.

Como Derrida afirma, e de forma muito arguta (e as citações adiante o ilustram), o ímpeto de contar história, de atestar, de memorializar, tem sua contraparte sombria nos movimentos de "eliminar a memória", nos atos de "memoricídio" que ocorreram ao longo da história. Seriam vários os exemplos:

- Os ataques a museus, arquivos e instituições culturais que acompanharam a limpeza étnica na Bósnia e alhures, como descrito na primeira citação a seguir, de Riedlmayer, perito em arquivos que testemunhou no Tribunal Internacional de Crimes de Guerra em Haia.
- A supressão deliberada de memórias pelo regime do apartheid na África do Sul, conforme caracterizado por Nelson Mandela na segunda citação, e a representação da luta contra o apartheid como "luta entre a memória e o esquecimento".

Até determinado nível, tais ações visam dar garantias aos vitoriosos contra as eventuais reclamações futuras por parte dos povos por eles despojados. Em um nível mais profundo, destruir a memória —

as provas de que esses povos algum dia viveram naquele lugar — equivale a fazer com que tais povos e culturas *possam nunca ter existido*.

> Bibliotecas, arquivos, museus e instituições culturais em toda a Bósnia foram alvos de destruição, na tentativa de eliminar qualquer prova material — livros, documentos e obras de arte — que pudesse lembrar às gerações futuras que pessoas de diferentes tradições étnicas e religiosas algum dia dividiram uma herança comum na Bósnia. Os praticantes de "limpeza étnica" não se contentam em aterrorizar e matar os vivos, querem também eliminar toda a memória do passado [Riedlmayer, 1994:1].

> No cerne de cada instrumento de opressão desenvolvido pelo regime do apartheid havia uma determinação de controlar, distorcer, enfraquecer e até mesmo de apagar as memórias das pessoas. [...] A luta contra o apartheid pode ser representada como "a luta entre a memória e o esquecimento". [Nelson Mandela Foundation, 2005: Prefácio]

Entre as práticas de assassinato da memória, de "memoricídio", estão os atos pessoais de destruição descritos pelo escritor australiano Patrick White, vencedor do Prêmio Nobel: "É terrível pensar [...] que as cartas pessoais ainda existem. Estou sempre queimando, queimando; e devo ir amanhã ao incinerador com um diário de guerra que descobri no fundo do guarda-roupa" (Patrick White, apud Marr 1992:323).

Durante a maior parte de sua vida, Patrick White foi o destruidor de registros arquetípico — sempre queimando. Ele advertia a Biblioteca Nacional da Austrália quanto a isso, quando lhe perguntavam sobre a possibilidade de armazenar seus documentos:

> Meus manuscritos são destruídos assim que os livros são impressos. Ponho muito pouco em cadernos de anotação, não guardo as cartas dos meus amigos e peço que não guardem as minhas; e qualquer coisa que esteja inacabada quando eu morrer deve ser queimada. As versões finais dos meus livros são o que eu quero que as pessoas vejam, e tudo de importante para mim estará ali. [White, 1994:492]

Imaginem o sentimento do bibliotecário que abriu essa carta!

O GESTO DE REGISTRAR COMO UMA ESPÉCIE DE TESTEMUNHO

> Passavam horas a fio juntos, ao sabor das pequenas refeições que ela preparava, e falavam sobre a vida, o amor e a literatura, confirmando um ao outro como eram sábios. Agora que voltou para a Europa, ele lhe escreve cartas frequentes, fazendo dela uma testemunha de sua vida. [Edmund White, 1995:313]

O artigo que escrevi em 1996 tinha como objetivo sugerir questões abrangentes e fundamentais sobre a natureza dos registros como "provas de *mim*", e se referia à forma como nossas vidas são individual e coletivamente testemunhadas e memorializadas. Uso a expressão "provas de *mim*" como sinônima de arquivo pessoal, no sentido mais amplo, reunindo todas as formas que as narrativas podem assumir. "Evidence of *me...*" é um artigo que situa as práticas de registro pessoal como uma espécie de testemunho, dentro desse contexto mais amplo, mas, ao mesmo tempo, explora o que, nessas práticas, as diferencia ou distingue como um tipo particular de testemunho.

> Os arquivistas se preocupam com a natureza, os propósitos e as funcionalidades de uma forma particular de registro de informação, os índices documentais da atividade social e organizacional, que são acumulados e gerenciados em processos de registro e arquivamento. [...] A produção e manutenção de registros pessoais é um *tipo* de construção testemunhal e memorial, um modo particular de comprovar e memorializar nossas vidas individuais e coletivas — "nossa existência, nossas atividades e experiências, nossas relações com os outros, nossa identidade, nosso 'lugar' no mundo". [McKemmish, 1996]

Na construção de uma identidade, as pessoas buscam tanto se diferenciar dos outros quanto com eles se identificar. Afirmamos nossa própria individualidade, nossa singularidade, quando realçamos nossos atributos distintivos. No entanto, uma forma de definir nossas próprias características é nos identificarmos com os outros, seja em termos de gênero, sexualidade, família, idade, escolaridade, profissão, classe, religião, lugar, etnia, nacionalidade, raça, e assim por diante. As relações e os papéis públicos e privados associados a esses atributos singulares são, a um só tempo, construídos socialmente e moldados pela interação de uma personalidade individual com o constructo social.

Os registros, sob qualquer forma, nos oferecem, em primeiro lugar, testemunhos de nossas interações com os outros, no contexto de nossas próprias vidas e do lugar que ocupamos nas deles — são provas de "nossa existência, de nossas atividades e experiências". Fabricamos e guardamos os registros que compõem um arquivo pessoal para assegurarmos nosso lugar no presente e no futuro: "Os antigos egípcios se esforçaram para 'permanecer presentes na memória dos homens' [...] de modo que não fossem esquecidos, que seus nomes fossem ditos em voz alta pelos vivos e que sua forma física fosse preservada. Assim se lhes concede a imortalidade" (National Gallery of Australia, 2006). "Esses anotadores. Esse ímpeto de tomar notas. Essa necessidade de deixar firmado... Uma vida, afinal, além de uma vida" (Swift, 1992a:207).

Outros trabalhos apresentados no seminário *Arquivos pessoais: reflexões multidisciplinares e experiências de pesquisa*, publicados aqui, oferecem mostras excelentes do funcionamento dos registros pessoais como "outra maneira de encontrar a eternidade", de seu papel nos processos pelos quais os indivíduos "se situam no mundo" e do vetor autobiográfico que há por trás da formação de um arquivo. Encontramos exemplos disso no artigo de Maria da Conceição Carvalho, sobre o arquivo pessoal do romancista e ensaísta Eduardo Friero, e no artigo de Isabel Travancas, sobre os arquivos do escritor e jornalista Carlos Drummond de Andrade. Há também reflexões valiosas sobre a forma como o arquivo pessoal relata uma história do *self*, construindo uma vida individual (Giddens, "narrativas do *self*"), tanto por meio dos processos autorreflexivos implicados na escrita de um diário, ou na documentação da obra e dos relacionamentos de uma vida, quanto por meio de processos editoriais de seleção e manutenção — é o que ilustram, por exemplo, os trabalhos de Frederico Coelho, sobre os arquivos do artista multimídia e performático Hélio Oiticica, e de Joëlle

Rouchou, sobre o "arquivo amoroso" do poeta simbolista e jornalista Álvaro Moreyra.

Ao longo do tempo, indivíduos e sociedades têm comunicado, registrado e repassado muitas de suas histórias, relembrando-as, armazenando-as, estruturando-as e reapresentando-as de maneira seletiva, sob forma gráfica ou textual. E se valem, nesse esforço, de algum tipo de meio, fazendo uso de qualquer tecnologia disponível — o giz na parede da caverna, a pedra entalhada, a pintura no pote de barro ou no sarcófago da múmia, a letra manuscrita no rolo de papiro ou pergaminho, o som gravado no CD, os bits no disco do computador, a imagem no filme.

Outras histórias são rememoradas quando contadas, cantadas, dançadas ou encenadas, registradas em rituais e cerimônias, evocadas, recontadas ou encenadas novamente.

Na maioria dos grupos e sociedades, há indivíduos cuja função especial é rememorar, cuidar de nossos depósitos de memórias, desses lugares onde se inscreve, nos termos de Derrida, o rastro arquival — aqueles a quem cabe recordar, recontar ou reapresentar nossas histórias em favor do grupo. Tradicionalmente, estabelecemos limites entre diferentes tipos de histórias, diferentes formas de registro de informações, o que ensejou o desenvolvimento de diferentes comunidades profissionais para gerenciá-las, conforme sejam repositórios de conhecimento, depósitos de documentos, arquivos, bibliotecas, museus, galerias e sítios históricos. Os arquivistas, profissionais da gestão de arquivos da sociedade, têm sido parte dessa comunidade mais ampla (McKemmish, 2005). Na ciência e na prática arquivística, temos tradicionalmente trabalhado com uma visão estreita das formas que os arquivos e os registros podem adquirir, em geral excluindo as formas orais de registro, a literatura, as canções, a dança, as paisagens e assim por diante — e traçando, além disso, limites entre o arquivo pessoal e o público.

Nos escritos pós-coloniais, no discurso pós-moderno acerca do arquivo e nas formas indígenas de conhecimento, essas ideias sobre a natureza do registro estão sendo questionadas por meio de reflexões aprofundadas sobre os processos de lembrança e de esquecimento, de inclusão e exclusão, e das relações de poder aí implicadas. Nossos paradigmas probatórios e memoriais (Stoler, 2002) estão mudando, o arquivo está sendo repensado, e as fronteiras, redefinidas ou mesmo destruídas. É possível agora encarar um diário, uma carta, poemas, pinturas, um artefato, relatos orais, uma autobiografia, apresentações, qualquer edifício ou paisagem como elementos passíveis de:

- assumir múltiplas formas;
- desempenhar múltiplas funções — como registro, publicação, objeto de museu, obra de arte, parte de um sítio histórico;
- originar-se de múltiplas procedências — como parte de um arquivo pessoal ou público, de uma biblioteca, museu ou galeria.

Sua capacidade de funcionar em múltiplos papéis depende do modo como definimos e gerenciamos esses registros e dos contextos em que os situamos — como registro público ou privado, como objeto de museu ou como obra de arte. Em um mundo virtual, podemos situá-los simultaneamente em múltiplos contextos, tornando possível que desempenhem papéis variados — a canção como performance e registro oral; o diário como registro e publicação; um edifício como parte de um sítio histórico e de um arquivo; registros do governo como componentes de arquivos pessoais e públicos; uma pintura rupestre como arte e arquivo...

O *RECORDS CONTINUUM*[2]

Neste mundo de paradigmas e fronteiras em mutação, ainda é possível definir o que é característico de documentos e arquivos?

---

[2] *Records continuum* é um conceito cunhado pela arquivologia australiana que remete à abordagem dos arquivos considerando toda a extensão da existência dos documentos. Refere-se a um regime consistente de gerenciamento dos registros, desde sua criação – e mesmo antes, no desenho do sistema de gestão de documentos – passando por sua preservação até seu uso como arquivo. (Nota das organizadoras)

> Os significados subjacentes à utilização dos termos documento e arquivo são tantos e tão variados quanto os discursos em que aparecem: vão do sentido mais amplo do termo arquivo — que abarca os registros orais e escritos, a literatura, a paisagem, a dança, a arte, as edificações e os artefatos — até os significados mais precisos e aplicados, utilizados por comunidades de arquivistas profissionais.
> No que tange ao que podemos dizer de modo diferencial, na qualidade de grupo profissional detentor de um conhecimento acerca de objetos passíveis de arquivamento, devemos estar aptos a fazer afirmações sobre a interação entre tais objetos e suas qualidades probatórias, sobre a identidade de quem os criou e sobre os processos sociais e comerciais que os originaram. [Upward, 2001]

Conforme sugerem essas palavras de meu colega Frank Upward, segundo o discurso australiano do *records continuum*, as diferenças entre documentos e arquivos, por um lado, e outras formas de informações registradas, por outro, repousam sobre a natureza transacional e contextual dos documentos, sobre suas qualidades probatórias, e mais especificamente sobre:

- sua capacidade de funcionar como provas de nossas ações e interações;
- a natureza *probatória*
  - de seu conteúdo (ao registrar transações que ocorrem em processos sociais e comerciais);
  - das formas documentárias específicas (estrutura) que assumem;
  - de seus múltiplos contextos de criação, gestão e uso através do espaço-tempo — contextos sociais, políticos, legais, funcionais e documentais.

A natureza probatória dos registros é vista como essencial para o papel que desempenham na governança e na prestação de contas; no estabelecimento da memória individual, grupal, empresarial e coletiva; e na formação das identidades. Ela é também determinante do valor que se atribui aos registros como fontes respeitáveis de informação.

FIGURA 1

O modelo do *records continuum*

Records Continuum Model © Frank Upward

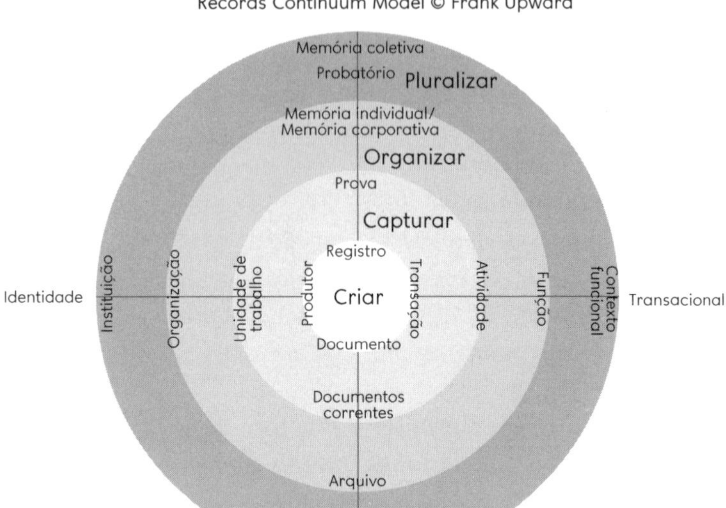

Um dos estudos mais sistemáticos acerca da memória e das práticas de registro é o trabalho de Frank Upward sobre o modelo do *records continuum* (Upward, 1996 e 1997). Tal modelo pode ser utilizado para explorar questões relacionadas às práticas de registro, identidade e memória pessoais. Segundo o modelo, quatro dimensões são observáveis:

- *criação* de registros que comprovem eventos, interações, experiências ou reflexões;
- *captura* de registros em sistemas ou repositórios pessoais de documentação que os associem a registros relacionados e os situem no contexto de uma vida individual;
- *organização* de registros sob a forma de um arquivo pessoal capaz de funcionar como memória de longo prazo para nossas funções e inter-relações mais importantes;
- *pluralização* dos registros, incorporando-os aos arquivos coletivos, para que possam se tornar partes acessíveis da memória social; transformação de "provas de *mim*" em "provas de *nós*", possibili-

tando que os registros relacionados à memória de indivíduos ultrapassem os limites de uma vida particular.

Além disso, o modelo de *records continuum* define os registros não como objetos fixos, estáticos, mas como algo que está "sempre em processo de devir". A citação a seguir é de Richard Holmes, biógrafo de Robert Louis Stevenson, Shelley, Coleridge e outros. Sublinha-se nela a ideia de que a biografia só pode ser entendida — trazida à vida no presente — quando seu "objeto singular" é posto em relação com outras pessoas — quando se define seu lugar nas redes intrincadas que compõem as vidas de outras pessoas:

> A verdade é [...] que Stevenson existiu, em larga medida, no seu contato com outras pessoas: seus livros são escritos para seu público; suas cartas, para seus amigos; e mesmo seu diário pessoal é uma forma de dar expressão social — exteriorização — a pensamentos que de outra forma teriam permanecido inarticulados. É nesse sentido que todos os dados biográficos reais são testemunhados. [...] Quanto mais detida e cuidadosa é a forma como retraçamos os passos de indivíduos no passado, maior é nossa consciência de que eles nunca existiram integralmente em qualquer ponto específico do trajeto registrado. Não se deixam deter, não podem ser flagrados em qualquer dobra da estrada, curva do rio, vista da janela. Estarão sempre em movimento, levando suas vidas passadas para o futuro. São como a partícula subatômica na física nuclear, que só pode ser definida em termos de um movimento ondulatório. [Holmes 1995:27]

Produzir e manter registros atesta nossas vidas, evidencia, representa e memorializa nossas interações e relacionamentos; e nos situa no mundo. Mas, assim como os indivíduos que foram objeto das biografias de Holmes, também os registros são como as partículas subatômicas, definíveis somente em termos de um movimento ondulatório — jamais se encontram em toda a sua complexidade em qualquer lugar ou tempo específico, e são definíveis apenas em termos de relações contextuais e documentais múltiplas e dinâmicas. Sob esse ângulo, os registros são como objetos dinâmicos — fixados somente se seu conteúdo original e sua estrutura forem representados —, "em constante evolução, sempre em mutação" (Cook 1997:20), ligados como estão a outros registros e a camadas sempre crescentes de metadados contextuais, que respondem por seus significados e permitem que sejam acessados e usados enquanto se deslocam pelo espaço-tempo. Da mesma forma, o arquivo empresarial ou pessoal e os arquivos coletivos estão em constante evolução e mudança de formato.

Meu artigo de 1996 sugeria algumas perguntas-chave sobre a natureza dos registros como "provas de *mim*" — e, por extensão, como "provas de *nós*". Traduzidos para nosso espaço-tempo,[3] elas passam a inquirir:

- as múltiplas formas assumidas por narrativas, testemunhos e registros pessoais em um mundo digital;
- o papel específico que as práticas de registro pessoais desempenham no testemunho individual e coletivo de nossas vidas, na formação da memória pessoal e na recuperação da memória coletiva;
- a relação entre práticas pessoais e públicas de registro, entre o arquivo pessoal e o público;
- a possível coexistência de "provas de *mim*" e "provas de *nós*" em espaços digitais compartilhados;
- a relação entre o documento e outras formas de registrar informações, outros repositórios de memória, como memória viva, comportamentos aprendidos, gênero e outros papéis, estruturas sociais e organizacionais, rituais, cerimônias, tradição oral, livros de memórias, autobiografias, biografias, genealogias, histórias, textos acadêmicos, comunicação de massa, música, pintura, escultura, literatura, dança, cinema, artefatos, paisagens e edificações;

[3] Em física, o termo espaço-tempo se refere a "qualquer modelo matemático que combine espaço e tempo em um só *continuum*", com quatro dimensões — três de espaço e uma de tempo: o espaço-tempo é a arena em que todos os acontecimentos físicos têm lugar. Um acontecimento é um ponto no espaço-tempo especificado por seu tempo e lugar (http://en.wikipedia.org/wiki/Spacetime).

- o papel do arquivista na formação e na transformação de "provas de *mim*" em "provas de *nós*".

Essas questões são tão relevantes atualmente quanto eram há quinze anos. Na verdade, tornaram-se ainda mais relevantes com as possibilidades de arquivamento trazidas pelas novas tecnologias digitais. Neste mundo digital, as respostas a essas questões têm profundas implicações para as práticas de registro pessoal e público, e repercutem nos formatos e na natureza dos arquivos pessoais e públicos, bem como no futuro da profissão do arquivista.

REGISTROS PESSOAIS EM ESPAÇOS DIGITAIS

Em um artigo recente, Eric Ketelaar (2008) discute a natureza das práticas de registro pessoal em nosso mundo digitalmente articulado, mundo de ubíqua computação e conectividade permanente, por meio da internet e de dispositivos móveis.

Ele nos insta a considerar fenômenos como:

- o uso do telefone celular como um dispositivo de comunicação e de conectividade em rede, uma ferramenta que permite a *criação*, o *registro* e o compartilhamento de narrativas, imagens visuais e sons;
- a *organização* e as possibilidades de *pluralização* associadas aos álbuns de fotos on-line, aos murais digitais, aos blogs, às ferramentas e sites, como a Wikipédia, e aos aplicativos, como Facebook, YouTube e Twitter;
- o potencial das câmeras digitais portáteis para o registro espontâneo sob a forma de diário ou *aide-mémoire* pictórico (Berry, 2007), como a SenseCam da Microsoft, que, equipada com sensores eletrônicos de movimento, calor e luz, tira fotografias de forma contínua, em resposta às mudanças no ambiente pelo qual o usuário se move;
- os novos comportamentos de arquivamento pessoal privado e pessoal público que as novas tecnologias digitais oferecem.

Em espaços digitais, encontramos:

- redes formais e informais de colegas e amigos que se comunicam, cocriam, armazenam e gravam informações pessoais/públicas em uma rede distribuída de blogs, sites do Facebook e do YouTube, mensagens de texto, Twitter e conversas via Skype;
- interações sociais registradas em vastas redes interligadas de sites de relacionamento social;
- blogs individuais, páginas de Facebook ou canais do YouTube que são "provas de *mim*" e "provas de *nós*" — e funcionam ainda como um arquivo pessoal e público on-line;
- cada postagem envolve potencialmente, sob a perspectiva do *records continuum*, atos simultâneos de *criação*, *captura*, *organização* e *pluralização*;
- qualquer pessoa pode se tornar seu próprio arquivista (Ketelaar, 2006).

As novas tecnologias permitem a integração dos arquivos pessoais e públicos, à medida que os documentos pessoais públicos já nascem em formato digital nos ambientes da rede mundial de computadores. É o caso, por exemplo, das atividades bancárias via internet, das reservas on-line de bilhetes aéreos e hospedagem, dos serviços eletrônicos governamentais (apresentação de declarações de imposto de renda e solicitações de visto e de licença, por exemplo), além das compras via internet. Entre as implementações do Arquivo 2.0, que permitem aos usuários interagir e adicionar suas histórias a acervos arquivísticos, estão a iniciativa Your Archives, do organismo governamental inglês The National Archives, em Londres; os acervos reunidos sob a rubrica Polar Bear Expedition Digital Collections, da Biblioteca Histórica Bentley; e o site Mapping our Anzacs,[4] do Arquivo Nacional da Austrália, que fornece cópias digitalizadas de registros de serviço de soldados australianos que lutaram na Campanha de Galípoli, na I Guerra Mundial, e permite aos usuários adicionar ao mural notas e fotografias relacionadas a militares específicos. Nesses exemplos,

---

[4] Australia and New Zealand Army Corps [Forças Armadas da Austrália e Nova Zelândia].

observa-se que as tecnologias digitais possibilitam o compartilhamento dos espaços de arquivamento, apesar de tais espaços ainda estarem sob o controle de uma única instituição, o que faz com que as múltiplas perspectivas sejam apresentadas sob a ótica dessa instituição.

As tecnologias digitais têm potencial para permitir o armazenamento distribuído e a conexão de registros, que, encontrados nas mais variadas formas e lugares, dão testemunho de vidas individuais e de seu papel na vida coletiva de uma comunidade. É provável que o arquivo pessoal público venha a assumir cada vez mais a forma tecnológica das redes sociais interligadas, e que se associe também a arquivos de dados pessoais em sites de agências governamentais e de empresas privadas. Sob um ângulo um pouco mais sombrio, a onipresença das tecnologias de computação, conectividade e relacionamento social podem também favorecer aspectos negativos — permanente vigilância e coleta de dados, seja para atender a fins comerciais, seja para alimentar serviços secretos de informação e mesmo para servir a propósitos de opressão.

As novas tecnologias têm potencial para "mudar não apenas o processo de arquivamento, mas também o que é arquivável — a possibilidade de arquivamento", conforme nos diz Derrida:

> A mutação tecnológica altera não apenas o processo de arquivamento, mas o que é arquivável [...] a forma como experimentamos o que queremos guardar na memória ou em arquivo — e as duas coisas são diferentes — é condicionada por um determinado estado, ou uma certa estrutura, da possibilidade de arquivamento. Assim, o arquivo, o poder tecnológico do arquivo, determina a natureza do que tem de ser arquivado. [...] Então, é claro, por esse motivo, [...] a estrutura e o significado do arquivo são, naturalmente, dependentes do futuro, do que está por vir, do que terá vindo. [Derrida, 2002:46]

REDIMENSIONANDO O ARQUIVO EM ESPAÇOS DIGITAIS

A maioria das instituições de arquivamento se dedica, até o momento, a explorar o modo como as novas tecnologias podem ser implantadas para tornar os arquivos mais acessíveis — e se esforça em melhorar o acesso por meio de processos como a digitalização. Nesta seção final do artigo, serão discutidos dois exemplos de "arquivo redimensionado". Os dois casos ilustram o potencial das novas tecnologias —implementadas segundo as novas conceituações do arquivo, derivadas do pensamento pós-moderno e pós-colonial, da teoria do *continuum* e de formas indígenas de conhecimento — para alterar a natureza fundamental dos arquivos que conhecemos.

O Arquivo Mandela é um exemplo de arquivo pessoal público que desafia as configurações convencionais do arquivo, perturbando não só as fronteiras que traçamos para delimitar os possíveis formatos que os arquivos podem assumir, mas também para diferenciar as práticas de arquivamento pessoais e públicas. Trata-se de um caso que remete a muitas das questões já abordadas, sobre as múltiplas formas e procedências do arquivo, a relação entre a oralidade e outras formas de registro, e a vinculação entre a memória individual e a coletiva — inclui-se nisso o papel dos registros pessoais na recuperação da memória coletiva e o papel que os arquivistas podem desempenhar para tornar um arquivo pessoal, definido em sentido amplo, acessível como memória coletiva.

O Centro de Memória e Comemoração Nelson Mandela foi inaugurado em Joanesburgo, em setembro de 2004. Foi criado não só para localizar e documentar os muitos arquivos que contêm marcas da vida de Mandela e daqueles que conviveram com ele, mas para facilitar o acesso a tais registros. O Arquivo Mandela foi primeiramente definido pelo próprio Mandela, e documenta sua vida e sua obra. Em suas palavras:

> Na vida de qualquer indivíduo, família, comunidade ou sociedade, a memória é de fundamental importância. Ela é o tecido da identidade, [...] a memória de um indivíduo funda-se na memória coletiva, e é no espírito dessa antiga sabedoria que inauguramos o Centro de Memória e Comemoração Nelson Mandela, [...] para desvendar os muitos silêncios impostos pelo nosso passado de colônia e de apartheid, para dar espaço às lembranças reprimidas pelo poder. [Nelson Mandela Foundation, 2005, Prefácio]

Mandela é o ponto central do arquivo, a partir do qual uma infinidade de linhas pode ser seguida:

> Enquanto um arquivo convencional tem um único local e um número finito de documentos, o Arquivo Mandela é infinito e situa-se em inúmeros lugares. Também não se limita aos documentos, mas inclui lugares, paisagens, objetos materiais, encenações, fotografias, obras de arte, histórias e lembranças de indivíduos. [Ibid.]

O arquivo inclui ou indica os seguintes elementos: lembranças pessoais de Mandela, relatos orais das histórias e tradições de sua família e de seu clã, as celas da prisão nas quais esteve, sítios históricos onde deixou seu rastro, artefatos por ele utilizados, relatos orais de amigos, o conteúdo volátil de inúmeros sites na rede mundial de computadores, escritos e discursos de sua autoria, anotações pessoais e diários, registros oficiais de seus processos e prisões, documentos pessoais, educacionais, médicos e jurídicos, a documentação oficial como presidente da África do Sul, a qual inclui os registros de governos estrangeiros, os documentos do Congresso Nacional Africano e da Comissão de Verdade e Reconciliação, relatos da imprensa, registros de movimentos antiapartheid ao redor do mundo, textos acadêmicos sobre sua vida e obra, canções, poemas e obras de artes plásticas em que ele figura, as várias edificações — escolas, pontes e prédios públicos — com o seu nome [...] e assim por diante (ibid.:41.).

Ao relatar o segundo exemplo, presto homenagem aos povos tradicionais da Austrália e agradeço aos cem membros das comunidades indígenas Koorie, de Victoria, que concordaram em ser entrevistados como parte do projeto. Agradeço por terem partilhado suas opiniões e experiências conosco, por terem nos permitido usar as transcrições das entrevistas para nossos propósitos de investigação.

O Conselho Australiano de Pesquisa financiou o Projeto Trust and Technology (T & T), parceria que envolveu a Universidade de Monash, o Departamento de Registros Públicos (Public Record Office) de Victoria, as organizações intituladas Koorie Heritage Trust e Koorie Records Taskforce, e um setor da Sociedade Australiana de

Arquivistas denominado Indigenous Special Interest Group, que se dedica às necessidades de arquivamento relativas à preservação da memória oral dos Koorie. Os Koorie são o povo indígena do sudeste da Austrália vítimas da invasão de um regime colonial e pós-colonial repressivo, que lhes subtraiu a cultura, a língua, a terra — e, em alguns casos, a identidade —, e compõem as chamadas "gerações roubadas". A "memória oral dos Koorie" é definida em termos amplos, de modo a incluir histórias tradicionais transmitidas oralmente, narrativas contemporâneas, relatos individuais e familiares, e narrativas que podem ser recuperadas de arquivos convencionais. A citação a seguir resume a importância da memória oral para os Koorie — na recuperação da identidade, reunião das famílias e reconstrução das comunidades:

> Acho que [são] muito importantes, para nós [...], as histórias [...] de nossa família e de nossos antepassados, e também [...] as histórias sobre a cultura e a lei, e as histórias da criação que são relevantes no que diz respeito ao lugar de onde viemos, e para as nossas crianças também. [...] Provavelmente a coisa mais fundamental é a identidade de um indivíduo, o lugar onde se encaixa e a que pertence é realmente importante. Encontrar um jeito de se religar assim com a família, a comunidade e a cultura é um caminho muito bom. [Ross 2006:i]

O nexo promovido entre práticas de registro e identidade é muito bem ilustrado pelo caso de Rene Baker, um membro da "geração roubada". De 1910 a 1970, quase 50 mil crianças australianas indígenas — as "gerações roubadas" — foram arrancadas do seio de suas famílias pelos governos estaduais. Tais governos rotularam suas ações com expressões como "remoção de crianças" ou "proteção infantil". Elas estavam ligadas a políticas que objetivavam a assimilação das crianças de "meia casta" na sociedade branca e a eliminação progressiva do aborígene, por meio da miscigenação. Os povos indígenas vivenciaram essas ações como "roubos de crianças" e como uma violação dos direitos humanos.

A citação a seguir expressa de forma contundente o modo como Rene se identifica com o *seu* próprio arquivo nos Arquivos Nacionais:

> Um livro recente [...] contém a história comovente de Rene Baker, que, aos quatro anos de idade, foi literalmente arrancada dos braços de sua mãe por um missionário. Mestiça, ela foi removida para a Missão Mount Margaret. Cinquenta anos depois, com a ajuda de Bernadette Kennedy, Rene Baker [...] foi em busca do seu arquivo. "É a *mim* que eles têm lá em Camberra", explicou enfatizando o pronome "*mim*". "Eles têm algo de mim lá em cima, algo que eu quero de volta. Eles guardam algo de mim, mas na vida real não dão a menor bola, porque isso não aconteceu com eles, e eles nunca vão saber o que eu e outras crianças passamos. Guardam essas coisas, mas não respeitam a experiência que há por trás delas". [Ketelaar, 2006; Powell e Kennedy, 2005:174]

Como Rene Baker, muitos dos cem membros e anciãos da comunidade Koorie entrevistados no Projeto Trust and Technology veem os documentos guardados pela Igreja, pelo governo e por outras instâncias relacionadas como *seus*, repetindo, assim, um modo de ver comum em comunidades de outros lugares que foram igualmente submetidas a regimes repressivos e a violações de direitos humanos. Em termos mais gerais, de uma perspectiva Koorie, o conhecimento e as narrativas dos Koorie estão contidos em todos os registros arquivísticos relacionados a seu povo, o que inclui os documentos do governo — e devem estar disponíveis para recuperação em todos os casos. A visão mais tipicamente expressa pelos Koorie em relação aos registros governamentais é a de que aqueles que são objeto de tais registros, ou suas famílias, têm direito de saber que há documentos a eles relacionados sob a guarda do Estado (isto é, o direito de acesso), assim como lhes deve ser permitido acrescentar suas próprias "histórias" aos registros mantidos em arquivos públicos e outras instituições (isto é, o direito de corrigir o registro) e participar como "cocriadores" nas tomadas de decisão quanto ao acesso, à propriedade e ao controle dessas informações.

As citações a seguir retratam as opiniões dos entrevistados Koorie sobre o que seria "corrigir o registro":

> O povo aborígene deve ter a oportunidade de acrescentar suas versões orais da história, ter a oportunidade de dizer "É assim que nós

> vemos as coisas". Essas versões devem ser incluídas para que qualquer pesquisador que venha a ter acesso a esses arquivos no futuro possa tomar conhecimento da posição da família aborígene sobre as informações. [Ross, 2006: ii]

> Conheço muitos aborígenes que ficam muito aborrecidos quando olham seus arquivos e veem as palavras que foram utilizadas pelos assistentes sociais da época, ou como explicam por que as pessoas foram levadas embora. E é tudo só do ponto de vista das políticas da época; então, se o povo aborígene tivesse a chance de dizer: "Não foi assim de jeito nenhum. Sim, eu estava sujo e não tinha comida, mas eu era amado e cuidado". Para que se possa ter também essa perspectiva. [Ibid.:iii]

> Isso mesmo, só para corrigir o registro. "Não foi assim que as coisas aconteceram. Foi desta outra maneira que aconteceram". [Ibid.iv]

O Sistema de Arquivamento Koorie (Koorie Archiving System, KAS) é um resultado muito importante do Projeto T & T. Ele utiliza tecnologias baseadas na rede mundial de computadores para criar um espaço compartilhado entre o Departamento de Registros Públicos de Victoria, a Koorie Heritage Trust Inc., o Arquivo Nacional da Austrália e as comunidades e indivíduos Koorie, de modo que possam trabalhar de forma colaborativa, como parceiros iguais. A concepção desse espaço compartilhado é evidenciada na citação a seguir.

> No Sistema de Arquivamento Koorie, que reúne registros governamentais e registros pessoais e comunitários dos Koorie, o público e o privado irão coexistir — complementando-se, completando-se, equilibrando-se e mesmo contradizendo-se em um espaço compartilhado. Nesse espaço colaborativo, comunidades e indivíduos Koorie, inclusive membros das "gerações roubadas", poderão arquivar seus registros e histórias, associando-os aos documentos oficiais com que estão relacionados, proporcionando assim uma fonte rica e multifacetada para a promoção do conhecimento partilhado, a construção de identidades, a reunião das famílias e a regeneração da cultura e

> das comunidades. Esse espaço virtual será configurado para respeitar, nos registros e protocolos, os direitos de todas as partes envolvidas, e também para promover acessos diferenciados. [Public Record Office of Victoria et al., 2009]

Como um espaço arquivístico compartilhado, o Sistema de Arquivamento Koorie:

- reúne e torna acessíveis os registros existentes relativos às comunidades, às famílias e aos indivíduos Koorie, provenientes do governo, da comunidade e de fontes pessoais;
- dá conta dos conteúdos presentes em diversos formatos e meios (documentos oficiais escritos, depoimentos orais, registros produzidos por organizações Koorie, documentos familiares e pessoais, fotografias, gravações de áudio e vídeo);
- permite que controles e protocolos sejam negociados e estabelecidos de modo a respeitar os direitos dos Koorie nos registros e nos requisitos relativos à sua gestão e acessibilidade;
- fornece um espaço em que comunidades, famílias e indivíduos podem facilmente criar e adicionar novos conteúdos;
- oferece um mecanismo para inclusão de anotações que interpretam, corrigem ou fornecem contextualização adicional (Public Record Office of Victoria, 2009).

O Sistema de Arquivamento Koorie é um exemplo de "multiverso arquivístico", na medida em que visa proporcionar um espaço de registro no qual o controle seja compartilhado e as partes envolvidas possam negociar uma metaestrutura, com múltiplas perspectivas, procedências e direitos coexistindo.

CONCLUSÃO

"A democratização efetiva sempre pode ser medida por este critério essencial: a participação no arquivo e o acesso a ele, em sua constituição e sua interpretação" (Derrida 1996:4). O ideário pós-colonial e pós-moderno, juntamente com novas tecnologias sociais e as formas indígenas de conhecimento, estão abrindo possibilidades muito inte-ressantes para a realização do multiverso arquivístico. De acordo com o *Oxford English Dictionary*, o termo inglês *multiverse* foi originalmente cunhado em 1895, pelo psicólogo William James, sendo atualmente usado para se referir ao conjunto hipotético de múltiplos universos possíveis.[5] Ele tem sido explorado no contexto de muitas disciplinas diferentes, incluindo cosmologia, física, astronomia, psicologia e literatura, mas seu uso na ciência arquivística apenas se inicia. Concretizar o multiverso arquivístico envolve:

- construir espaços arquivísticos compartilhados que permitam a coexistência de múltiplas procedências simultâneas;
- desenvolver estruturas sociolegais, políticas de arquivamento e práticas que favoreçam a cocriação dos registros e a coformação dos arquivos de múltiplas procedências simultâneas, de modo a promover:
  - iniciativas colaborativas de registro e de arquivamento;
  - o acesso diferenciado às informações sensíveis;
  - decisões compartilhadas por todos os parceiros;
  - o exercício de direitos e responsabilidades mútuas;
  - a transformação das relações entre as práticas pessoais e públicas de registros.

As novas tecnologias digitais podem ser utilizadas para abordagens socialmente inclusivas e integradas de registro e arquivamento pessoal e público. Permitem que registros pessoais e públicos assumam novas formas e abrem novas possibilidades de arquivamento. Elas podem:

- representar múltiplas perspectivas e procedências paralelas ou múltiplas;
- permitir o controle compartilhado e o exercício de direitos negociados sobre os registros;

[5] Ver http://en.wikipedia.org/wiki/Multiverse.

- apresentar em paralelo ou em conjunto visões governamentais e perspectivas alternativas e mesmo concorrentes, tudo isso em um espaço compartilhado de arquivamento;
- permitir que as organizações da comunidade integrem os documentos do governo em seus próprios sistemas de conhecimento e de registro, e que os indivíduos interajam com os arquivos públicos e comunitários.

Este artigo apresenta perspectivas auspiciosas para:

- a integração entre as práticas de registros pessoais e públicas, entre o arquivo pessoal e o público;
- a transformação de nossa compreensão da relação entre "provas de *mim*" e "provas de *nós*";
- o "redimensionamento" da natureza do arquivo pessoal e de seu lugar nos arquivos da sociedade.

Sugere, além disso, maneiras pelas quais podemos nos aproximar da efetiva democratização dos arquivos, não só pelo acesso generalizado a eles, mas também pela participação ampla na sua constituição e interpretação.

REFERÊNCIAS BIBLIOGRÁFICAS

Cook, Terry. What Is Past Is Prologue: A History of Archival Ideas since 1898, and the Future Paradigm Shift. *Archivaria*, 43, 1997, pp.17-63.

Derrida, Jacques. *Archive Fever*. Chicago: University of Chicago Press, 1996.

___. Archive Fever in South Africa. In: Carolyn Hamilton et al. *Refiguring the Archive*. Dordrecht: Kluwer, 2002.

Gallen, Katherine. Archiving and Memorialising the Taboo. *Archives and Manuscripts*, 36:1, 2008, p. 46-74.

Giddens, Anthony. *Modernity and Self-identity*: Self and Society in the Late Modern Age. Cambridge: Polity Press, 1991.

Holmes, Richard. *Footsteps*: Adventures of a Romantic Biographer. Londres: Flamingo, 1995.

Ketelaar, Eric. Access: The Democratic Imperative. *Archives and Manuscripts*, 34:2, 2006.

_______. Exploration of the archived world: from *De Vlamingh's Plate* to digital realities. *Archives and Manuscripts*, 36:2, 2006, p.13-33.

McKemmish, Sue. Evidence of *me*. *Archives and Manuscripts*, 24:1, 1996, p. 28-45.

___. Traces: Document, Record, Archive, Archives. In: Sue McKemmish et al. (orgs.). *Archives*: Recordkeeping in Society, Wagga Wagga: CIS CSU, 2005, p. 1-20.

___. Evidence of *me* ... revisited. *Arkivmete 07,* Oslo, 16-18 de abril de 2007.

___. Evidence of *me*, Evidence of *us* ... in a Digital Space. Trabalho apresentado nas VI Jornadas de l'Associació d'Arxivers i Gestors de Documents Valencians, Valencia, Espanha, 5-7 de maio de 2010 (está prevista a publicação em espanhol nos anais do congresso).

___. Evidence of *me* in a Digital World. In: C. A. Lee (org.). *I, Digital: Personal Collections in the Digital Era*. Chicago: Society of Ameri--can Archivists, 2011 (capítulo encomendado, no prelo).

Marr, David. *Patrick White:* A Life. Sydney: Vintage, 1992.

Nelson Mandela Foundation. *A Prisoner in the Garden:* Opening Nelson Mandela's Prison Archive. Londres: Viking, 2005.

O'Reilly, Tim. What is Web 2.0? Disponível em: <www.oreillynet.com/lpt/a/6228>. Acesso em: 9 de abril de 2007.

Powell, Rene e Bernadette Kennedy. *Rene Baker. File #28 /EDP* Fremantle: Fremantle Arts Centre Press, 2005.

Riedlmayer, Andras. Killing the Memory: The Targeting of Libraries and Archives in Bosnia-Herzegovina. *Newsletter of the Middle East Librarians Association*, 61, 1994.

Ross, Fiona, Sue McKemmish, Shannon Faulkhead. Indigenous Knowledge and the Archives: Designing Trusted Archival Systems for Koorie Communities. *Archives and manuscripts*, 34:2, p. 112-51, 2006.

Trust and Technology Interview, 42, p.4.
Trust and Technology Interview, 42, p.14.
Trust and Technology Interview, 43, p.13.
Trust and Technology Interview, 64, p.13.
Stoler, Ann Laura. Colonial Archives and the Arts of Governance: On the Content in the Form. In: Carolyn Hamilton et al. (orgs.). *Refiguring the Archive*. Dordrecht: Kluwers, 2002, p. 83-101.
Swift, Graham. *Ever After*. Londres: Picador, 1992a.
___. *Waterland*. Londres: Picador, 1992b.
Upward, Frank. Structuring the Records Continuum Parts One and Two. *Archives and Manuscripts*, 24:2, 1996, p. 268-85; 25:1, 1997, p.11-35.
Upward, Frank e McKemmish, Sue. In Search of the Lost Tiger by way of Saint-Beuve: Reconstructing the Possibilities in "Evidence of Me...". *Archives and Manuscripts*, 29:1, 2001, p. 22-43.
White, Edmund. *The Burning Library:* Writings on Art, Politics and Sexuality 1969-1993. Londres: Picador, 1995.
White, Patrick. *Letters*, Sydney: Random House, 1994.

2 ARQUIVAR-SE: A PROPÓSITO DE CERTAS PRÁTICAS DE AUTOARQUIVAMENTO

Philippe Artières

A morte, o corpo posto no esquife, o enterro e, depois, na casa do defunto, uma descoberta: uma mala conservada sob o leito do morto. Seu outro corpo. No cofre, um conjunto de papéis pessoais, coleção de lembranças de episódios de vida: segredos, um "jardim secreto"; aqui, um engajamento político, ali, uma paixão amorosa ou uma doença inconfessável. A abertura da mala e a leitura dos arquivos de uma vida; desvelamento do que foi subtraído para ser conservado; pequeno monumento erigido a si mesmo, para si mesmo; recortes de jornal, cartas, mas também, para o herói das brigadas internacionais, um saquinho de terra da Espanha, ou, para a mulher de fazendeiro, uma série de caderninhos íntimos.[1]

Se muitas vezes nos interessamos pela natureza dos arquivos pessoais e pelas práticas que lhes dão origem — a correspondência ou o diário íntimo —, e conhecemos bem as maneiras de fazer, os modelos convencionais, os modos de transmissão e as modalidades de leitura,[2] por outro lado, nada ou quase nada sabemos dos modos de fabricação desse arquivo: do gesto de guardar o objeto na mala, e que dirá da fita que atamos para encerrar o maço das missivas recebidas... Qual é essa série de gestos que transforma as práticas comuns em pequenos altares singulares? Paralelamente à prática profissional do arquivamento, aquela dos arquivistas que selecionam, inventariam, acondicionam e

[1] Referimo-nos aqui aos filmes de Ken Loach, *Terra e liberdade* (1994), e de Clint Eastwood, *As pontes de Madison* (1995), que começam com variações da mesma cena.

[2] Ver respectivamente os trabalhos de Cécile Dauphin e Philippe Lejeune.

marcam documentos, existem práticas específicas desse outro tipo de fabricação do arquivo.

Em um conto escrito em 1906, Virginia Woolf põe em cena uma historiadora medievalista em busca de arquivos privados nos campos ingleses. "Eu me apresento à porta das velhas fazendas, das mansões deterioradas, dos presbitérios, das sacristias, com a mesma pergunta: teria papéis antigos para me mostrar?" Ao descobrir um diário pessoal em uma mansão, a narradora descreve com estas palavras o cômodo onde estavam conservados os arquivos: "A decoração compunha-se de patas e caudas de raposas, e sobretudo de animais mortos, levantando patas inertes, boca aberta, língua de gesso, sobre diversos aparadores e estantes"[3] (Woolf, 1973).

O maço, sua fita e o animal empalhado não indicariam um mesmo gesto, um gesto que ultrapassa em muito as simples circunstâncias de sua realização, e que não é de todo estranho ao ato artístico? E se essa prática, que poderíamos imperfeitamente qualificar de arquivamento de si, revelasse alguma estética da existência?

Ela se chama Janina Turek e é polonesa, nasceu no início dos anos 1920. De 1940 até a morte, anotou em cadernos, com o maior cuidado, mesmo a mais insignificante de suas atividades. Deixou registrada sua vida em Cracóvia: o que comeu, os telefonemas que fez, os programas da televisão polonesa a que assistiu, os encontros com amigos. Inventou uma coleção sobre si mesma que não consistia apenas em uma coleta minuciosa e exaustiva, mas na construção de um receptáculo: um imenso quadro colorido dividido em 32 categorias. Turek acrescentou a esse conjunto de listas uma coleção de livros, cartões-postais, fotografias e até CDs.[4]

A filha de Janina, após a morte da mãe, em 2000, abriu um armário e descobriu aquele estranho objeto, confeccionado ao longo de toda a vida por essa mulher, filha de um funcionário que trabalhava na central elétrica e de uma professora de desenho, que teve a formação em farmá-

[3] *Le Journal de Maîtresse Joan Martyn* [O diário de M. Joan Martyn], In: Virginia Woolf. *La Fascination de l'étang*, Nouvelles, Paris, Stock.

[4] O arquivo Janina Turek foi exibido no Museu Nacional, em Cracóvia. Ver em polonês o trabalho de Joanna Zieba: "Nulla dies sine línea. O praktyce diarystycznej Janinity Turek". In: Ph. Artieres, P. Rodak (red.), Antropologia Pisma. Od teorii do Praktyki, WUW, Warsawa, 2010.

cia interrompida pela guerra. A origem dessa atividade de arquivamento remonta ao momento em que seu marido foi preso pela Gestapo, mas o hábito foi mantido ininterruptamente e ganhou mais força quando teve os três filhos e assumiu o posto de secretária. Nem o menor gesto foi deixado de lado: a roupa de criança encontrada na rua, a chegada de um táxi diante da casa vizinha, ou, claro, a refeição preparada. Coleta de um cotidiano que não se expressa por palavras, como no diário, mas em um registro quase contábil, administrativo do infraordinário da existência. Após o divórcio e a partida dos filhos, ela prossegue seu empreendimento. Assim, anotou jogar bridge 1.500 vezes; dominó, 19 vezes; falar com alguém ao telefone, 38.196 vezes; dizer bom-dia, 23.397 vezes... Vemos o quanto o ato de anotar e, mais ainda, o de inscrever é aqui determinante: o essencial está nessa atividade, que consiste, ao mesmo tempo, em extrair um fato do real, em construí-lo como acontecimento, inscrevendo-o numa lista, e em conservar esse documento. Essa verdadeira base de dados sobre uma existência comum da segunda metade do século XX é também a soma de milhares de gestos mínimos de escrita. Turek arquiva sua vida e, por meio desse hábito, lhe confere um valor inédito, uma beleza estranha; ela a transforma e a multiplica em igual número de anotações, ínfimas cenas do cotidiano.

Em 1865, descobre-se, não muito longe de Hyères dans le Var, no meio da floresta de pinheiros, um homem selvagem chamado Laurent (Mesmet, 1865). O indivíduo vive há muitos meses como eremita nas florestas da região, alimentando-se de produtos da natureza. A convite da Academia de Medicina, o professor Cerise vai ao local para visitar o "Selvagem do Var", "um homem de estatura mediana e de boa constituição física. Sua única vestimenta é um calção de algodão que chega até abaixo da coxa. [...] Sua barba e seus cabelos são extremamente abundantes, têm entre 60 e 70 cm de comprimento". Os visitantes fotografam o personagem e o médico o interroga sobre o sentido dessa existência fora do mundo, o mais próxima possível da natureza. O "Selvagem" responde com prazer às perguntas de seu visitante e não se furta a lhe mostrar a maneira como vive. Cabe agora ao professor ir a Paris ler seu relatório diante da Academia. Esse relatório, monumento de narração científica, relata sobretudo um diálogo insólito, que não deixa de evocar o caso de Janina Turek.

> Ele jogou sobre os ombros um saco de pano que trouxe consigo.
> — Afinal, o que o senhor leva aí?
> — São meus cabelos e minha barba, que junto todo mês, há seis anos.
> — Mas com que finalidade?
> — Fazer uma roupa para mim.
> — Gostaria de nos mostrar?
> Abriu o saco e nos mostrou um maço de cabelos que tinha pelo menos o volume de sua cabeça; depois, quatro enormes novelos de fios de cabelos muito habilmente alinhados; mais uma haste de 70 cm de comprimento, em torno da qual estava atado um número considerável de mechas, todas numeradas e etiquetadas, como o objeto mais precioso que ele tivesse que conservar.
> — O que é isso? — perguntamos a ele.
> — É minha barba de todos os meses; tome a do mês de janeiro.
> Ele tomou uma dessas mechas, tirou-a do rolo, puxou um papel que a envolvia e me pediu que lesse o que estava escrito. Copiei a inscrição à mão; pedi-lhe que aceitasse a minha cópia em troca de seu original para guardar como lembrança dele. Ele consentiu:
> 'na data de 1865, eu,
> Laurent L., idade trinta e 9 anos
> Coleta do mês janeiro
> entre barba e cabelo recolhido em 30 de janeiro'
> Cada pequeno rolo tinha sua etiqueta; o cuidado com que os pelos de sua barba tinham sido reunidos todo mês, raiz por raiz, dava mostras claras da importância do objeto. [...]
> — É também a colheita do meu corpo — ele nos disse.

Trata-se, por meio dessas experiências, de fazer da própria vida, arquivando-a, uma obra de arte. Esse ato implica a adoção de um modo de existência muitas vezes defasado em relação aos modos de vida dos contemporâneos. Por isso mesmo, não são os acontecimentos da vida os valorizados, mas o ato de arquivá-los. Assim, na metade dos anos 1990, vimos emergir figuras inéditas na rede mundial de computadores: internautas que decidiram utilizar esse novo suporte e suas formidáveis capacidades de memória.

Jennifer Ringley, nascida em 1976, está entre eles: de 1996 a dezembro de 2003, ela foi a autora, o tema e o objeto de um site.[5] A originalidade de Jennicam.org foi a de valer-se, pela primeira vez, de uma câmera de computador para fabricar não apenas um retrato instantâneo, mas também um arquivo de si. Jennifer exibiu sua vida na espessura dos dias. Nascida nos Estados Unidos, tinha os pais divorciados, era vegetariana e vivia sozinha num apartamento de quatro cômodos em Washington; gostava de Stephen King, Peter Gabriel e Céline Dion, de seus peixes e de seu namorado.

Ela resolveu instalar uma câmera de computador no meio da sala, conectando-a à entrada USB de seu potente PC. Nela, acoplava-se um *frame grabber*, placa eletrônica que se encarregava de captar, regularmente, de 25 a 30 imagens produzidas pela câmera por segundo. Enquanto isso, um programa a convertia ao formato compatível com a rede. Jennifer se equipara por menos de US$ 1.000. Escolhera colocar sua vida sob vigilância 24 horas por dia, sete dias por semana; dizia não censurar nada e, aliás, nada sabia dos instantâneos que a câmera apreendia; só intervinha de vez em quando para deslocar a câmera. Não era uma montagem imediata, mas um processo de arquivamento complexo.

Seu site era uma *homepage* típica da metade dos anos 1990: numa seção do site dedicada à personalidade de Jennifer e intitulada "Can you keep a secret? ("Você consegue guardar um segredo?"), figuravam um breve relato autobiográfico ("Jennifer vintage"), relatos de sonhos, listas dos livros preferidos, canções de que mais gostava, uma página sobre o ursinho Puff, ou ainda 19 poemas redigidos pela jovem com temas explicitamente autobiográficos — "Fear", "Emily and I", "Note of night". Podíamos consultar também, nas outras páginas, seu diário pessoal: várias centenas de entradas estavam ali depositadas. Um exemplo é a página do diário datada de 15 de novembro de 1998 — décima nona entrada desde 1º de setembro de 1998: trata-se de uma entrada em forma de receita de cozinha e de dieta (ela e os legumes orgânicos), de inventário de guarda-roupa (a lista das compras de novas roupas) e de crônica biográfica de seus gatos.

---

[5] Ver http://web.archive.org/web/19980124153231/www.jennicam.org.

Essa divulgação on-line de seu diário permitia não só a leitura e a releitura de tudo, mas também a cópia e a impressão em papel. Existem, aqui e ali, em todo o mundo, trechos desse diário, os quais um internauta um dia provavelmente deve ter imprimido e guardado em uma pasta, em um dossiê... E há, sobretudo, as imagens: aquela na qual a vemos nua, de costas, em seu quarto — ali, ela enlaça outro corpo nu, o de um homem — não saberemos mais nada; a de Jennifer ao telefone — ela fala, mas não a ouvimos (com quem fala?); a que a mostra diante de seu computador, como o espectador diante do dele — efeito de espelho garantido. Há também a janela totalmente negra: a câmera desconectada e o arquivo desse distanciamento. Se todas essas imagens puderam ser vistas diretamente, elas também foram arquivadas on-line, nomeadas, classificadas em dossiês, etiquetadas, assim como os produtos da coleta de Laurent, o Selvagem do Var. Sob muitos aspectos, é uma forma de álbum fotográfico, mas, quando mergulhamos nele, compreendemos que se trata de algo diferente, de uma experiência de si que não é mais uma enumeração e um registro apenas, mas uma disposição de imagens em série. Nessa vida gravada de Jennifer, a história coletiva não entra a não ser pela televisão, que emite de vez em quando alguns sons; os rostos dos outros não são identificáveis. Faz-se história com esses fragmentos de existência e mostra-se os momentos de vida reunidos à maneira de um Claude Mauriac em seu empreendimento do tempo imóvel. O arquivo funciona como um grande relato a ser descoberto.

O empreendimento de Jennifer se aproxima paradoxalmente daquele feito por outro americano, que viveu 150 anos antes — o antigo escravo Henry Box Brown, nascido em 1815. O que faz Brown em 1848? Manda que o encerrem em uma caixa de madeira, em troca de suas economias. Nessa caixa, de 1,50m de profundidade, 1,20m de largura e menos de um metro de comprimento, Brown percorrerá 442 quilômetros, de Richmond a Filadélfia, num total de 26 longas horas de viagem. Sua caixa transita de inúmeras maneiras: ferrovia, barco a vapor, balsa, carroça de entrega. É violentamente manipulada, revirada... Mas Brown permanece impassível e jamais trai sua presença. Ao chegar ao destino, a caixa é recebida por dois abolicionistas: Miller McKim e William Still. Eles encorajarão Henry a escrever sua autobiografia e a dar o testemunho do que viveu, viu e fez (Brown, 1851).

> Tanto já se escreveu sobre os males da escravidão, e por mãos tão mais hábeis do que as minhas para descrever a sua horrível feição, que eu estaria justificado se decidisse silenciar por completo sobre o assunto; mas, por mais que se tenha escrito, por mais que se tenha dito, por mais que se tenha feito, sinto-me impelido pela voz de minha consciência — em face de minha recente experiência da extensão alarmante que o tráfico de seres humanos alcança, e das crueldades, físicas e mentais, a que são continuamente submetidos os homens na condição de escravos, e também em face do que percebi sobre os efeitos endurecedores e destrutivos que o tráfico produz sobre o caráter daqueles que tratam como bens e mercadorias os corpos e almas de seus semelhantes — sinto-me impelido a somar mais um protesto e mais um testemunho dessa mancha odiosa no estado moral, religioso e cultural da República americana.

Henry, porém, não para por aí, e decide transformar essa autobiografia em um panorama que exibirá em quase toda a Europa. De repente, Henry Brown, o antigo escravo, reencarna seu passado e sua memória. É nisto que o caso de Brown e de seu panorama, "Espelhos da escravidão", torna-se apaixonante: Brown distingue e isola certos elementos de sua existência e os reencena. Aqui, não há necessidade de lápis ou de câmera fotográfica, apenas de um simples gesto de arquivamento, o qual consiste em distinguir acontecimentos e lê-los conjuntamente, para fazer um grande relato de suas proezas. Empreendimento delicado o de Brown, e dificuldades que muitas vezes lhe custarão caro (até terminar a vida muito pobre, só e esquecido por todos) — esse panorama é um verdadeiro acontecimento, que ele próprio encarna. Na verdade, o antigo escravo fugitivo é a sede desse arquivo. Nem etiquetagem nem inscrição, o arquivo, segundo Brown, é menos constituído por papéis do que pelo conjunto das falas ditas, das trocas verbais... Mostrando sua vida diante de cenários pintados, o antigo escravo inaugura uma forma de transformá-la: arquivando-se.

É, sem dúvida, na direção dessa mesma metamorfose que o erudito Georges Hérelle (1848-1935)[6] procura se orientar. Após uma longa carreira como professor de filosofia, uma obra importante como tradutor, depois de uma reputada pesquisa sobre o teatro basco, Hérelle, em segredo, dedica os 10 últimos anos de sua vida a seu ambicioso projeto sobre a história do amor grego. Já se empenhara em uma série de pesquisas: uma sobre o pensamento antigo, traduzindo Aristóteles, e outra continuando o trabalho de um historiador alemão sobre o mesmo assunto. O empreendimento tomara mesmo forma de pesquisa quase sociológica. Com o auxílio de um questionário, Hérelle fez investigações junto a seus amigos e conhecidos, que constituíram um pequeno quadro das práticas homossexuais do fim do século. Quando se empenha, enfim, em sua grande obra, escolhe um padrinho — e dos mais importantes: é a André Gide que submete seu plano. Hérelle redige um enorme manuscrito em que pretende narrar as práticas homossexuais desde a Antiguidade, cruzando inúmeras fontes, que vão desde os textos clássicos e os relatos jornalísticos até as observações que ele mesmo pôde fazer durante suas viagens. Mas não limita sua proposta a isso. Deseja torná-la enciclopédica, e acrescenta ao primeiro volume um vocabulário e uma geografia.

Esse enorme manuscrito jamais se tornou livro, apesar dos esforços contraditórios do seu erudito autor, mas tranformou-se em um incrível monumento de papel, que está guardado na biblioteca da cidade onde ele viveu: Troyes. Se a doação foi póstuma (as caixas foram enviadas por sua governanta), os planos do monumento e sua arquitetura não foram deixados ao acaso. Se o objeto que primeiro aparece desse monumento é o amor grego, ele não é o único — funciona como uma pirâmide profunda com seu túmulo. Sua lógica organizadora é a de um biombo:

[6] Georges Hérelle nasceu em 27 de agosto de 1848. Foi professor de filosofia em diversas regiões da França. Erudito, historiador, tornou-se o tradutor do escritor italiano D'Annunzio, entre outros. Dedicou atenção ao estudo do teatro basco. No fim da vida, trabalhou na redação de um amplo estudo sobre o "amor grego" (uma história, um vocabulário e uma geografia), ao mesmo tempo que organizou seus arquivos, pouco antes de morrer, em 15 de dezembro de 1935, em Bayonne.

cada dossiê nesse monumento de papel serve de panorama de fundo para outro, menos legítimo e também mais pessoal. É como se o *eu* estivesse envolvido numa sucessão de camadas de papel que é preciso desdobrar, uma por uma, para atingir o indivíduo singular. Os arquivos de G. Hérelle na biblioteca de Troyes têm um objeto central que é dado como periférico, o qual é propositalmente ocultado. Esse objeto é o próprio G. Hérelle. A sequência de operações que o antigo professor de filosofia realizou para construir esse dispositivo é de reconstituição complexa — é a metáfora de sua própria existência; a tradução, a coleta, a apropriação e, enfim, a afirmação de si. Conhecer a si mesmo parece ter sido, no fundo, seu único objetivo, não para produzir um saber para os outros, mas para si mesmo.

O verdadeiro ineditismo do acervo Hérelle de Troyes é um dossiê semelhante aos outros (os de trabalho), marmoreado em verde. Recebe um título aparentemente destinado a despistar o curioso que porventura quisesse por lá se aventurar, pela enigmática menção: "As opiniões de Simplice Quilibet". No centro, salta aos olhos um maço de papéis com estas duas letras: "EU", seguidas de "Meu caráter, meus gostos etc.". O maço impressiona pelo volume e compõe-se de um conjunto de pequenos dossiês de tamanhos variados; nos intervalos, lemos alternadamente: "meus ódios (?) e meus amores", "O que amei, 1º: família, 2º: amigos (amiga e *amati*), e 3º: Eu (sublinhado três vezes)", "Minha atividade — minha vontade". Cada uma dessas partes era composta de um ou vários folhetos respondendo a um aspecto: "Sou tímido?", "Como me comporto em relação ao universo?"... É uma montagem de ínfimos fragmentos que compõem um autorretrato; fragmentos como aquele pequeno bilhete enfiado no maço: "Quando eu era criança ficava feliz em cortar e devastar as grandes ervas, em abater os jovens brotos vigorosos das árvores. Ainda temos o instinto de destruição, permanece em nós algo selvagem."

No fundo do arquivo, há uma última pasta, na qual foram riscadas as duas letras da palavra EU, substituída por este título tão retumbante quanto enigmático: "As opiniões de Simplice Quilibet, francês médio". Uma página de título no interior retoma essa denominação, com acréscimos: "Sobre ele mesmo e outrem, sobre a arte e a literatura, sobre o direito e a moral, sobre o mundo e sobre Deus". A página subsequente informava o seguinte:

> Simplice Quilibet, francês médio, divertiu-se, desde a idade de 15 anos, em tomar notas sobre si mesmo. Pareceu então que esse homem qualquer se achava singular. Todos os homens são singulares. Um filósofo disse que não há no mundo duas folhas de árvore absolutamente semelhantes. Também não há duas almas inteiramente semelhantes.
> Além disso, mesmo que todas as almas fossem iguais, cada homem teria o direito de considerar a sua singular, pois ela é a única cuja vida interior lhe é dado conhecer por uma percepção direta, a única que ele sente fremir e palpitar.
> Quando tomamos em nossa mão um pequeno pássaro vivo, sentimos com surpresa as violentas palpitações de seu coração e os tremores de suas asas prisioneiras. Quando observamos a nós mesmos vivendo, nossa consciência é a mão que segura o pequeno pássaro.

Nos folhetos bem-ordenados e paginados que se seguiam, Hérelle redigiu seu autorretrato em primeira pessoa. Tesouro enterrado em meio aos papéis, subtraídos do olhar dos curiosos pelo uso do pseudônimo, eles compõem o túmulo de Hérelle, um túmulo que nenhuma das instituições a que ele serviu, nenhuma das personalidades que ele encontrou estava em condições de construir, um monumento de arquivos dele e para ele.

REFERÊNCIAS BIBLIOGRÁFICAS

Brown, Henry. *Narrative of the Life of Henry Brown*. Manchester: Lee end Glynn, 1851.

Mesmet, E. *Annales Medico-Psychologiques*. Paris: Baillière et Fils, 1865.

Woolf, Virginia. La Fascination de l'étang. *Nouvelles*, Paris: Stock, 1973.

Zieba, Joanna. Nulla dies sine línea. O prktyce diarystycznej. Janinity Turek. In: Artières, P.; Rodak, P. (orgs.). *Antropologia Pisma. Od teorii do Praktyki*. Varsóvia: WUW, 2010.

3 A IMAGEM NOS ARQUIVOS

Aline Lopes de Lacerda

Os arquivos constituem uma das áreas nas quais a fotografia se encontra presente de forma sistemática em nossa sociedade, mas essa situação pouco contribuiu para o desenvolvimento de estudos mais aprofundados sobre o tema dos documentos fotográficos. Embora presentes na maioria dos arquivos — públicos e privados, institucionais e pessoais — e submetidas a tratamento de identificação, arranjo ou classificação e descrição nesses espaços, as fotografias têm sido, no entanto, pouco problematizadas, tanto no que diz respeito às suas características de registro visual quanto em relação aos papéis que lhe são conferidos no processo de constituição dos próprios arquivos.

Tem-se argumentado que o predomínio da documentação de caráter textual nos arquivos, presente desde os primeiros conjuntos documentais, ainda na Antiguidade, seria uma forma de explicar essa "cerimônia" no trato dos registros visuais. De fato, fotografias e filmes, para citar apenas dois tipos de documentos constituídos por imagens, são registros produzidos e acumulados nas eras moderna e contemporânea, presentes a partir da segunda metade do século XIX. Se, por um lado, esses registros são aquisições "recentes" no universo arquivístico, por outro, sua existência representa uma transformação notável na área, modificando profundamente a própria forma de produzir e acumular arquivos, impacto que apenas recentemente foi atenuado pelo surgimento dos documentos eletrônicos.

As imagens, como formas de registro de ação e de informação, são portadoras de "materialidade" e de "recursos de expressão" distintos daqueles que caracterizaram os diferentes registros presentes na massa documental acumulada ao longo dos séculos — calcados na forma verbal. Essa é uma primeira diferença que não podemos desprezar e que tem se mostrado, em parte, responsável pela dificuldade de aplicar a esses novos registros a metodologia arquivística, em função da realidade histórica encontrada nos arquivos.

Somada às diferenças de formas de apresentação e de linguagem, a falta de uma vinculação de origem dos documentos visuais às técnicas e aos procedimentos administrativos aprofundou a lacuna entre esses e os documentos textuais. Segundo Lopez (2000:191),

> "os avanços técnicos no modo de produção dos documentos textuais sempre tiveram estreita relação com os procedimentos administrativos, sendo, portanto, mais facilmente incorporados à realidade da organização arquivística de documentos".

Além disso, a maneira pela qual os registros visuais são produzidos e/ou acumulados nos arquivos envolve ações e procedimentos distintos daqueles que caracterizavam a produção de registros escritos. Como não pertencem à categoria de documentos criados para representar ações com valor jurídico ou legal, não apresentam traços que permitam sua classificação de acordo com uma natureza oficial. Uma vez produzidos, podem integrar diversas espécies ou tipos documentais, ou ser utilizados separadamente, de acordo com os objetivos previstos. Admitem reprodução em novas séries de cópias para outros usos que não o original, aquele responsável pela sua primeira aparição. Por fim, podem ser arquivados sob lógica específica, em total desacordo com a aplicada ao restante do conjunto documental produzido pelo titular do arquivo.

Entretanto, e apesar das peculiaridades, a produção e a acumulação de documentos fotográficos com finalidades instrumentais — provenientes de atividades institucionais ou relacionadas a funções exercidas no domínio mais privado de uma trajetória de vida pessoal — têm sua própria "economia", sua racionalidade de produção, devendo se investigar, nesse contexto de origem, as razões de sua gênese. Do ponto de vista do tratamento arquivístico, esse é o momento mais significativo da vida do documento, aquele capaz de lançar luz sobre as razões e os sentidos dos registros, desses com seus congêneres, e do conjunto com o responsável pela sua existência: o titular do arquivo. Como o trabalho de organização dos documentos para fins de pesquisa, em geral, é efetuado muitos anos após o arquivo estar concluído (no sentido da morte do titular — pessoa física — ou da extinção da instituição — pessoa jurídica), esses vínculos, supostamente mais evidentes enquanto o arquivo estava sendo forjado, frequentemente precisam ser restabelecidos, reconstruídos.

A falta de um investimento de reflexão no campo da teoria e metodologia arquivísticas voltado para as fotografias como documentos de arquivos tem como saldo o tratamento desse material com base em regras e métodos construídos por outras disciplinas, sobretudo a biblioteconomia e a história. As fotografias têm sido sistematicamente organizadas de acordo com o valor informativo do conteúdo da imagem, em detrimento de seu valor de prova e registro da ação documental que a originou, além de serem consideradas, em muitos casos, peças únicas, descritas individualmente, mesmo quando pertencentes a conjuntos documentais mais amplos, em descompasso com os próprios fundamentos da arquivística, que preconizam tanto a manutenção dos vínculos documentais quanto a importância vital da preservação da proveniência dos registros.

Na bibliografia sobre arquivos fotográficos, de modo geral, poucos trabalhos se detêm sobre sua natureza e constituição nos domínios público e privado. A maioria gira em torno de regras e métodos de tratamento técnico, ou sobre a conservação e preservação desses registros. Ainda hoje se discute se as fotografias deveriam ser consideradas documentos de arquivo, considerando que sua forma de constituição estaria mais próxima dos itens de coleção. Em resumo, documentos fotográficos ainda são vistos como "especiais", tanto na área arquivística quanto na dos estudos históricos que se servem dela como fonte ou objeto.

Qualquer imagem pode ser considerada um documento, à medida que o conceito amplo de documento diz respeito a qualquer informação registrada num suporte. Mas as imagens como documentos de arquivo são aquelas que, além de veicularem conteúdos os mais diversos, antes e sobretudo, são produto das ações e transações de ordem burocrática e/ou sociocultural responsáveis pela sua produção. Relacioná-las ao seu universo "gerador" deveria ser a atribuição do tratamento arquivístico, com base em uma abordagem menos naturalizada em relação a esses registros. Contudo, não é o que ocorre. Os materiais visuais e, mais especificamente, as imagens técnicas de produção visual — nas quais estão incluídos a fotografia e o registro fílmico — são tradicionalmente vistos como autorreferentes, imagens de "alguma coisa", sem conexão clara com o restante do arquivo e com a entidade produtora e responsável pela existência do conjunto. A hegemonia do valor factual das imagens determina o tratamento a elas aplicado, e, a despeito do tipo de acervo que se tenha em mãos, os esforços para a identificação e a descrição dos materiais são sempre direcionados para fatos, pessoas, lugares e épocas retratadas.

Tradicionalmente, na organização dos arquivos, tem predominado a regra metodológica de separar os documentos iconográficos do restante, para fins de tratamento técnico específico. Essa regra, que tem justificativa do ponto de vista da aplicação de procedimentos de conservação diferenciados, estende-se à própria organização do material iconográfico, que recebe arranjo e descrição independentes dos aplicados ao restante do fundo, ocasionando perda dos significados daquelas imagens no contexto da produção arquivística do conjunto. Essa situação encontra-se instaurada na maioria das instituições que possuem a guarda de documentos de natureza arquivística. Ao conjunto do acervo é aplicado um quadro de arranjo, enquanto o material iconográfico — e as fotografias, sobretudo — recebe um tratamento individualizado, quase sempre como peças de uma coleção, em que são descritos seu conteúdo e atributos formais, para receberem, depois de analisados, os termos de indexação que representam os assuntos de que tratam.

Nos últimos tempos, e parcialmente em consequência da ascensão da temática dos documentos eletrônicos na pauta de discussões imperativas à teoria e à prática arquivísticas, novos estudos voltam a abordar os documentos visuais, buscando um entendimento desses registros nos ambientes dos arquivos, ao considerá-los peças integrantes do conjunto e, portanto, compartilhando dos mesmos vínculos atribuídos ao resto da documentação em relação ao produtor. Além disso, é preciso considerar nesse movimento o impulso gerado pela crescente valorização das imagens como fonte para os estudos históricos e culturais de forma geral. As fontes arquivísticas têm sua importância reforçada ou renovada por esses estudos, que oferecem análises que podem nutrir o pensamento teórico e metodológico referente aos arquivos num processo de trocas interdisciplinares bastante profícuo.

Mesmo no campo da arquivística, com poucos trabalhos dedicados à questão das imagens, vai se delineando uma discussão sobre a forma de tratamento de fotografias, considerando sua natureza documental, sua presença nas esferas de produção de registros nos arquivos, a existência de elementos no próprio documento visual ou no universo em torno de sua geração que podem corresponder a essa origem documental e, consequentemente, a possibilidade de boas chances de contextualização nos universos geradores. No centro desse debate está a defesa de uma nova postura metodológica em relação aos documentos visuais: a de privilegiar sua contextualização nas etapas de identificação e classificação, em detrimento da supervalorização do acesso à informação contida no documento, que tradicionalmente tem orientado as formas de realização dos trabalhos na área.[1]

No universo dos arquivos pessoais, a ideia de abordar o arquivo como um todo, não mais o fracionando por gêneros documentais, somou-se a outra iniciativa também importante: o estabelecimento de um sistema de classificação coerente com base em um princípio em comum, que busque uma consistência no desenho do arquivo intelectualmente elaborado pelo trabalho de organização. Nesse sentido, a classificação funcional tem sido seguida em muitos casos. Tal sistema de classificação tenta dar visibilidade às funções e às atividades do organismo ou pessoa produtora do conjunto, deixando explícitas as ligações entre os documentos. Busca também evitar sistemas classificatórios calcados em assuntos ou temas vinculados pelos documentos,

[1] Boas reflexões sobre essa questão podem ser encontradas nos trabalhos de Schwartz (1995; 2000; 2002), além do já citado trabalho de Lopez.

ou mesmo em sistemas mistos, que aglutinam os documentos por critérios decididos a cada particularidade de um conjunto documental. A opção pelo arranjo funcional pressupõe que o arquivo de um indivíduo, guardadas as devidas particularidades, reproduz suas relações de produção com os documentos de forma semelhante ao que ocorre nos arquivos institucionais, onde os documentos refletem as funções e as atividades da entidade produtora.

Podemos considerar a existência de padrões na forma de apresentação na maioria dos arquivos pessoais — grande parte da documentação diz respeito às atividades exercidas pelo titular na sua vida pública, profissional. Até porque um indivíduo normalmente tem seu arquivo aceito para doação após o reconhecimento, por parte da sociedade, da importância pública de sua trajetória, em grande parte advinda de áreas de atuação profissional. Essa parcela da documentação encaixa-se, sem maiores contradições, no modelo funcional de organização de arquivos pessoais. Contudo, os registros provenientes da dimensão mais privada da vida do indivíduo carecem ainda de uma investigação que delineie um padrão de comportamento responsável pela produção e pela acumulação de diferentes formas documentárias, típicas da vida privada. Em relação aos *media* domésticos — e às fotografias em particular —, a falta de discussão na área é ainda maior, e não se tem ideia de como esses registros são produzidos, organizados e consumidos no âmbito familiar.

De certa forma, a aplicação do modelo funcional nos arquivos pessoais revigorou o tratamento técnico. No que se refere aos materiais visuais, isso significou um avanço em relação ao quadro anterior, quando esses documentos não eram relacionados ao resto do arquivo num arranjo em comum. Mas é preciso avançar nas discussões. Em que pesem a reconsideração do tratamento conferido ao material visual no universo documental e a centralidade e pertinência que essa tendência teórico-metodológica assume na área de organização de arquivos, a questão é ainda bastante desafiadora, entre outras razões, pela dificuldade de estender um mesmo método ou abordagem a arquivos de naturezas absolutamente diversas e a tipos documentais bastante heterogêneos. Outros aspectos fundamentais são a natureza e o grau de informações sobre as imagens. Somadas às características de conteúdo (assunto, retratados, autor, local e data), as informações sobre as relações dos documentos fotográficos com o titular do arquivo, bem como com os outros documentos do acervo, são importantes chaves para o entendimento do contexto de produção da documentação, na maioria das vezes negligenciadas pelas operações institucionais de tratamento documental.

Um dos principais problemas é a dificuldade em perceber a "função original" para as quais os documentos visuais foram produzidos. Fotografias, por exemplo, não são documentos autoexplicativos de suas funções, pois não foram produzidos com base em procedimentos controlados e de acordo com regulamentação oficial ou preocupação jurídico/legal. Ao contrário de diversos documentos típicos da administração, como atas, relatórios, certidões, diplomas e memorandos, que trazem em sua própria configuração documentária, e de forma muito explícita, a finalidade prática a que vieram satisfazer, em geral consequência da necessidade de cumprimento de uma função, os documentos fotográficos são naturalmente mudos a esse respeito. Como não têm essa força elocutória — ao contrário, como registros, são bastante irregulares e inconstantes —, apenas mostram uma cena repleta de possibilidades de interpretações. Cabe a quem organiza a documentação buscar informações que auxiliem na compreensão do contexto de produção desses documentos. Em se tratando de arquivos institucionais, embora não evidente, é possível realizar a associação documento-função em registros fotográficos se a conduta metodológica inclui pesquisa mais rigorosa de outros documentos no arquivo, no sentido de buscar informações que possam elucidar problemas de identificação de contexto de produção de fotografias. Um exemplo são os projetos corporativos de produção visual, que geram, além dos próprios projetos, contratos de serviço com fotógrafos, pautas e roteiros de produção visual e, mesmo que ao longo do tempo de arquivamento tenham sido apartados dos produtos fotográficos propriamente ditos, podem ser novamente conectados a eles. A produção institucional de registros visuais costuma deixar mais marcas de produção entre os documentos do que ocorre normalmente na produção doméstica de documentos visuais.

Este parece ser o maior desafio para a organização de documentos visuais em arquivos pessoais: compreender a lógica de produção desse gênero documental e dos seus diversos tipos documentários nesse domínio de nossas vidas. Chega a ser contraditório o fato de que, se, de um lado, qualquer pessoa pode hoje, cada vez mais, documentar sua vida das mais variadas formas visuais possíveis, de outro, sabemos ainda muito pouco sobre as relações entre essas formas documentárias e os mundos — tanto das rotinas concretas quanto das formas e relações simbólicas — da vida privada. Nesse sentido, a investigação mais profunda sobre as relações de produção dos documentos nesse domínio da vida é importante para o desenvolvimento da teoria e da metodologia arquivísticas na contemporaneidade.

Cientes da difícil tarefa de determinar significados às fotografias, e convencidos de que esses sentidos nunca poderão ser representados tão somente por sua identificação temática, constituindo o emprego exclusivo dessa abordagem um recurso metodológico empobrecedor do documento, defendemos, em contrapartida, a busca de seu contexto funcional e de produção dentro do arquivo como requisito básico para uma futura recontextualização do documento em situações de pesquisa e de usos os mais diversificados. Cabe a quem se dedica a organizar arquivos a realização dessa tarefa. Com base na leitura e na compreensão do documento numa perspectiva contextual, apresentada pelo arquivo, o pesquisador terá melhores condições de explorar a fonte a partir de seus próprios questionamentos. Se o trabalho arquivístico não alcança essa meta, contribui para reproduzir uma situação na qual os documentos são apresentados como integrantes inertes do que Sekula (1997:118) apropriadamente chama de "inventário de aparências".[2]

[2] Em seu artigo, Sekula — artista, escritor e crítico fotográfico americano — faz uma avaliação um tanto ácida, mas nem por isso menos oportuna, sobre o que denomina "despolitização do significado fotográfico" e a influência do modelo serial dos arquivos sobre o caráter de "verdade" da imagem fotográfica, contribuindo para a naturalização do que é construído culturalmente — como as imagens. Essa naturalização se reflete nos usos posteriores desses materiais, como discursos históricos ou estéticos/artísticos.

Defender a busca de significados dos documentos nos arquivos não representa entender os documentos como detentores do poder de atestar de forma neutra o que se passou "realmente" no momento de produção. Pelo contrário, buscar esse momento é procurar entender o documento como resultado de procedimentos tomados em sua gênese, única forma de restituir à massa documental acumulada durante anos, e já divorciada de suas atribuições originais, contornos mais consistentes sobre sua existência. Ao atomizar as imagens e ao tratá-las em termos de seus conteúdos factuais, estamos contribuindo para firmar um modelo empiricista de verdade, tanto em relação aos arquivos como repositórios neutros de produção, acumulação e colecionamento quanto em relação aos documentos fotográficos como impressões de realidade.

Do ponto de vista metodológico, cabe indagar acerca dos comportamentos domésticos e, portanto, rotineiros de produção e acumulação de diversas formas documentais. O entendimento sobre os sentidos de produção dos registros visuais na face mais privada da vida do indivíduo seria nutrido por pesquisas nesse sentido. Que tipos documentais visuais são produzidos? Quem os produz? Quem os edita em álbuns, caixas ou outras espécies de dispositivos de exibição? Quem os mantém sob custódia? Quem representa o papel de organizador dos eventos registrados visualmente? De quem é a iniciativa de fotografar? Essas e outras perguntas só podem ser feitas a partir de uma abordagem junto aos titulares ou custodiadores do arquivo, às testemunhas e aos informantes do modo de produção e consumo daquela documentação no seu universo. Não podemos esquecer que fotografias adquirem seu significado a partir do modo como as pessoas com elas envolvidas as compreendem, as usam e, dessa forma, lhes atribuem significados.[3]

[3] Chamamos a atenção para a salutar troca de experiências entre pesquisas com imagens em diversos campos do conhecimento e as boas conexões e usos que elas podem acarretar para a área dos arquivos. As abordagens realizadas pelos estudos de cultura visual não são fundamentalmente diferentes, por exemplo, das que podemos imprimir aos estudos sobre contextualização de documentos visuais nos arquivos, sempre levando em consideração os propósitos de cada um.

Outro ponto a ser investigado diz respeito às tipologias documentais e suas relações com determinados comportamentos domésticos de produção arquivística. Podemos citar, com base no trabalho de Chalfen (1998:215-6), algumas formas de comunicação domésticas muito comuns nos arquivos pessoais: fotos em estojos ou medalhas, álbuns de família com instantâneos, retratos de cabines fotográficas, fotos emolduradas de graduação, colagens emolduradas de instantâneos, retratos pessoais em forma de pôsteres, fotos que serão coladas etc. Quais as funções implícitas nas escolhas por determinadas formas de exibição? E o que dizer dos álbuns? Álbuns fotográficos dedicados a assuntos variados, como casamentos, férias, nascimentos, rituais religiosos, bailes de graduação, reuniões familiares e, em menor escala, funerais e serviços militares teriam a mesma função na vida privada? E o que dizer da quantidade de retratos de outras pessoas enviados a um indivíduo ou família, e por eles guardados, e que podem expressar, além das relações de sociabilidade, provas da vivência de outras vidas conectadas às do titular de um arquivo? (Refiro-me aos retratos de bebês enviados por amigos e familiares, de jovens em becas de graduação, de casamentos de familiares e amigos, de viagens, entre tantas outras formas documentárias.)

O campo é vasto e ainda pouco explorado. Diante dos anos de trabalho com arquivos fotográficos e considerando os estudos sobre essa parcela constituinte dos acervos históricos, parece-me cada vez mais pertinente e necessária a ideia de que, nas instituições de guarda desses materiais, haja a iniciativa de criar, em paralelo, um programa de entrevistas sobre os arquivos. Entrevistas com os próprios titulares quando ainda vivos ou com atores diretamente envolvidos na história da documentação são importantes fontes de informação para os trabalhos de organização documental e, como consequência, para os pesquisadores da documentação em geral. Observamos que as lembranças acionadas a partir de sua contemplação são uma fonte

Um trabalho cujos questionamentos nos ajudaram a pensar algumas das ideias expostas nesse artigo é o de Chalfen (1998), antropólogo que discute, entre outros temas, como a construção, a organização e o consumo de fotografias de família podem ser entendidos como atividade social.

de informações para entender alguns significados de imagens do passado. Como, em muitos casos, o tempo entre a doação do arquivo e a sua efetiva organização pode ser bastante longo, os personagens envolvidos na história de guarda do acervo muitas vezes desaparecem. Assim, a busca por essas informações num momento muito posterior à doação torna-se infrutífera, o que só reforça a importância do investimento de pesquisa sobre o arquivo na etapa inicial.

Assumir essa conduta como rotina nas instituições de acervo é uma mudança significativa na execução dos serviços nessas instituições, à medida que se estará valorizando o momento da doação e da recepção do arquivo como etapas fundamentais e já preparatórias dos trabalhos de organização. É nesse momento que a abordagem do arquivo deve ultrapassar a simples contagem de itens, cálculo de volume, visão geral das tipologias documentais e dos temas presentes e a avaliação do estado de conservação. O momento da doação e do contato com a família é o que mais oferece possibilidades de investigações acerca do contexto de produção, tanto dos documentos quanto da construção do conjunto propriamente dito. De maneira geral, essa etapa é vivida de forma bastante burocratizada e sem maiores investimentos por parte das instituições de guarda de acervos.

Essas considerações nos levam a concluir que o trabalho de organização de arquivos é resultado da boa utilização das técnicas já comprovadas de tratamento desses materiais. Contudo, somado a esse fato, afirmamos que o trabalho de organização de arquivos deve ser também investimento de pesquisa. Para Citar Londres (1998:28), em texto sobre a produção de inventários nos trabalhos sobre patrimônio, a lida com os objetos materiais da cultura no âmbito das instituições que detêm sua guarda — e o arquivo é um desses materiais — pressupõe sempre uma contradição: de um lado, é trabalho que requer durante seu desenvolvimento o maior rigor científico possível; de outro, ele é exercido nas instituições como uma prestação de serviço, com prazos e limites de investimento. Como aliar esses dois aspectos constitutivos do métier? Cabe aos que lidam com a organização desses materiais, nas diversas instituições, ter a consciência de que esse trabalho, longe de ser objetivo ou apenas técnico, necessita, para se desenvolver, de movimentos de reflexão, pois só isso permitirá a todos um olhar mais abrangente e qualificado em direção aos arquivos.

REFERÊNCIAS BIBLIOGRÁFICAS

Chalfen, Richard. Interpreting Family Photographs as Pictorial Communication. In: Prosser, Jon (org.). *Image Based Research. A Sourcebook for Researchers*. Londres e Nova York: RoutledgeFalmer, Taylor & Francis Group, 1998. p. 214-34.

Londres, Cecília. A noção de referência cultural nos trabalhos de inventário. In: Motta, Lia; Silva, Maria Beatriz Resende (orgs.). *Inventários de identificação*: um programa da experiência brasileira. Rio de Janeiro: Iphan, 1998. p. 27-40.

Lopez, André Porto Ancona. *As razões e os sentidos*. Finalidades da produção documental e interpretação de conteúdos na organização arquivística de documentos imagéticos. Tese (doutorado) Faculdade de Filosofia, Letras e Ciências Humanas. São Paulo: Universidade de São Paulo, 2000.

Sekula, Allan. Reading an archive. In: Brian Wallis (org.). *Blasted allegories*: An Anthology of Writings by Contemporary Artists. Nova York: The New Museum of Contemporary Art. 1997. p.114-127.

Schwartz, Joan M. We Make our Tools and our Tools Make us: Lessons from Photographs for the Practice, Politics and Poetics of Diplomatics. *Archivaria*: *The Journal of the Association of Canadian Archivists*, 40, p. 40-74, outono de 1995.

___. Records of Simple Truth and Precision: Photography, Archives and the Illusion of Control. *Archivaria: The Journal of the Association of Canadian Archivists*, 50, p. 1-39, outono de 2000.

___. Coming to Terms with Photographs: Descriptive Standards, Linguistic "Othering" and the Margins of Archivy. *Archivaria: The Journal of the Association of Canadian Archivists*, 54, p. 142-171, outono de 2002.

4 ARQUIVOS PESSOAIS EM PERSPECTIVA ETNOGRÁFICA*

Luciana Heymann

Abordar os arquivos pessoais sob um olhar antropológico sugere deslocar a atenção dos documentos para os processos de constituição desses acervos. Nessa mirada, além dos gestos individuais de seleção e guarda dos registros, devem ser considerados os contextos nos quais os conjuntos documentais se inserem: contextos sócio-históricos mais amplos, de uma parte, e contextos arquivísticos nos quais são preservados, tratados e disponibilizados, de outra.

Segundo diversos analistas, esse olhar seria capaz de fornecer pistas para investimentos intelectuais distintos: análises interessadas nas relações entre práticas de arquivamento e uma "estética da existência", no sentido da automodelagem ou da projeção de uma imagem pessoal que sobreviva ao tempo; e análises interessadas nas condições sociais de produção das fontes históricas.

Além disso, gostaria de sugerir que um olhar atento aos sentidos conferidos à acumulação documental pelo indivíduo e às contingências que marcam a constituição de cada arquivo pode constituir uma ferramenta útil para a abordagem arquivística. Seguirei, portanto, duas vertentes: a das possibilidades abertas pela apreensão dos arquivos pelas ciências sociais, e a das possibilidades abertas pelo exercício etnográfico para o tratamento dos arquivos pessoais.

---

* Esse artigo apresenta reflexões que desenvolvi em minha tese de doutorado em sociologia, defendida em 2009, no Iuperj, e posteriormente publicada em livro com o título *O lugar do arquivo: a construção do legado de Darcy Ribeiro* (Rio de Janeiro, ContraCapa/FAPERJ, 2012).

O interesse pelos arquivos no campo das ciências sociais é tributário de reflexões que tiveram início, de forma mais sistemática, no início dos anos 1990, nas áreas da filosofia, dos estudos culturais e da própria antropologia. Promovendo um deslocamento da abordagem tradicional, segundo a qual os arquivos eram vistos como repositórios das "provas" que permitiriam conhecer o passado, essas reflexões passaram a olhar os arquivos como parte do processo de construção de discursos sobre o passado. Na primeira abordagem, predominaria a imagem do arquivo como lugar de guarda da informação a ser explorada por aqueles que buscam a verdade dos fatos, enquanto na segunda o arquivo passaria a ser visto como instância na qual se constroem "fatos" e "verdades".

Esse novo estatuto teórico dos arquivos deve muito a alguns textos de Michel Foucault e Jacques Derrida. De maneira muito geral, podemos dizer que esses textos instituíram o "arquivo" como metáfora do cruzamento entre memória, saber e poder; como constructo político que produz e controla a informação, orientando a lembrança e o esquecimento; e, nas palavras de Foucault, como "a lei do que pode ser dito" (Foucault, 2008 [1969]:147).

O esforço para "desnaturalizar" os arquivos e seus enquadramentos metodológicos e institucionais, para dar visibilidade às narrativas produzidas em torno e por meio deles, foi desenvolvido, primeiramente, por estudiosos interessados nas "narrativas nacionais" que os arquivos ajudam a produzir, nas conexões entre arquivos e dominação colonial, entre arquivos e poder, sendo a atenção da maioria dos trabalhos voltada para os acervos públicos. A antropóloga Ann Laura Stoler (2002), que se debruçou sobre os arquivos coloniais holandeses, se insere nessa corrente. Para ela, muitos *insights* sobre o empreendimento colonial podem ter origem na atenção às modalidades particulares de arquivamento, e não apenas ao conteúdo dos registros — as formas de classificação e de descrição dos documentos configurariam estratégias de dominação semântica aplicadas a contextos culturais distintos. Essa nova forma de apreender o objeto "arquivo", segundo Stoler, levaria o pesquisador a repensar o imaginário que preside a constituição das coleções documentais, bem como as afirmações de verdade que nelas repousam.

Nessa mesma linha se situam vários artigos publicados em 2005, na coletânea *Archive Stories: Facts, Fictions, and the Wrinting of History*, organizada pela historiadora norte-americana Antoinette Burton, cujo objetivo geral era promover um debate sobre como diferentes arquivos, em várias partes do mundo, são construídos e organizados, e sobre os efeitos dessa organização na produção das narrativas sobre o passado. A coletânea reúne textos que discutem desde a diferença radical entre pesquisar o tema da miscigenação no contexto colonial nos arquivos nacionais britânico e indiano até as pressões e contingências que o tempo presente exerce nas pesquisas documentais em contextos como o da abertura dos arquivos do Uzbequistão, ou o da transição política na África do Sul.

Ainda que a produção bibliográfica não permita falar em um campo de estudos delimitado, vem ganhando espaço, nos últimos anos, uma abordagem interessada nas dimensões textual e simbólica dos arquivos, no seu significado como lugar de encontro — e de violência — entre culturas e entre saberes, e nas relações que se estabelecem entre artefatos documentais e arcabouços institucionais, de um lado, e o próprio pesquisador, de outro. Não escapou a essas análises a dimensão ativa da prática arquivística na conformação das fontes históricas, seja na identificação do que tem "valor histórico" e merece ser preservado, seja na dimensão das classificações operadas no processo de tratamento documental.

Uma constatação se impõe, no entanto, com o cotejo dessa bibliografia — de maneira geral, os arquivos pessoais ocupam um lugar periférico nas análises interessadas na construção social dos arquivos. A tendência a associar os arquivos pessoais à "memória individual", a interpretá-los, unicamente, como acúmulos que documentam as atividades do titular ou revelam dimensões da sua personalidade, parece prevalecer. Essa representação, no entanto, atua obscurecendo o caráter construído desses arquivos, tanto no sentido da intencionalidade que preside a acumulação documental quanto no da multiplicidade de interferências a que podem estar submetidos, no âmbito privado e no institucional. Duas análises podem nos ajudar a vislumbrar possibilidades abertas pelo investimento na construção social dos arquivos pessoais.

Trabalhando no Institut Mémoires de l´Édition Contemporaine (Imec), Emanuelle Lambert abordou o sentido atribuído pelo escritor Alain Robbe-Grillet à transferência do seu acervo para uma instituição de memória e para determinada instituição. A forma como o próprio Robbe-Grillet via seu arquivo no momento de entregá-lo ao Instituto é reveladora do investimento do escritor na produção de uma imagem de si, uma imagem que deveria estar à altura de um artista, identidade que, no discurso do titular, remeteria ao atributo da grandiosidade ("todo criador deve ser megalômano", ele teria afirmado). Portador de uma consciência aguda de sua posteridade e de seu estatuto de "grande escritor", Robbe-Grillet teria antecipado o olhar do pesquisador interessado nos vestígios do processo literário de criação, recolhendo todo material que permitisse apreender não somente a sua obra, mas igualmente o que era ser escritor em sua época. Assim, o menor objeto foi cuidadosamente incorporado ao arquivo doado, fosse ele um rascunho, uma carta, uma passagem de trem ou uma declaração de imposto. Cada um desses fragmentos, na perspectiva do titular, atestaria a vida do artista (Lambert, 2005:199).

Além de sugerir uma acumulação documental marcada pela projeção de um devir histórico para uma obra tida como grandiosa, a etnografia produzida por Lambert chama a atenção também para outros dois aspectos interessantes. O primeiro diz respeito aos efeitos do arquivamento na revitalização da obra do escritor. A autora destaca que a entrega do fundo ao Imec deu lugar a uma série de ações de valorização do arquivo (realização de entrevistas com o titular, posteriormente editadas; montagem de uma exposição cuja base foi o arquivo — o catálogo da exposição seria depois publicado), ações que teriam sido determinantes para uma fase que designou de "atualização" de Robbe-Grillet. Para além de um futuro na história da literatura, um futuro que poderíamos qualificar de memorial, mas que uma primeira leitura poderia associar ao fim da trajetória literária do titular, a doação do arquivo teria garantido uma atualização da própria obra, selando um "pacto de vitalidade da obra por meio do arquivo, e não apesar dele" (Ibid.:207).

O segundo aspecto que merece destaque é o fato de o titular ter continuado a exercer um relativo controle sobre o arquivo no espaço institucional, interferindo na definição das condições de depósito e no formato do catálogo impresso, passando pela notação que seria adotada na identificação do fundo. Interessa, aqui, chamar a atenção para o espaço de negociação que pode existir mesmo no ambiente "impessoal" das instituições. A custódia do arquivo por uma instituição não neutraliza completamente demandas e projeções do titular e de seus "herdeiros" sobre ele.

Gostaria de citar ainda outro artigo, que não analisa um arquivo pessoal, mas se dedica ao arquivo da família Bakunin. Nele, acompanha-se não só a trajetória do arquivo até o Instituto de Literatura Russa, em São Petersburgo, onde foi depositado, mas analisam-se também as modificações às quais o arquivo foi submetido nesse trajeto, fosse pela interferência dos membros da família (fundamentalmente as mulheres, guardiãs dos documentos), fosse por parte dos pesquisadores e de arquivistas (Randolph, 2005). Para o historiador John Randolph, a história do arquivo não diz respeito somente à história de sua preservação física, mas às condições que permitiram a manutenção da identidade do conjunto documental dos Bakunin, a despeito das várias peripécias de seu trajeto, e às transformações físicas e intelectuais a que foi submetido ao longo do tempo. É com essa perspectiva que o autor propõe investir nas "biografias" dos arquivos, tal como vem sendo feito com os objetos na mais recente antropologia dedicada à cultura material.[1] Essa abordagem apresentaria duas vantagens:

> Primeiro, ela sublinha o ponto de que os arquivos, como os objetos, agregam sentidos ao longo do tempo — em suas trocas e transformações físicas — e têm significado para nós, hoje, por meio desse processo, e não isolado dele. Segundo, a biografia como uma metáfora

[1] A expressão "biografia do arquivo" foi utilizada por Cunha (2005) para designar o *inventário*, ou seja, o instrumento de consulta por meio do qual o pesquisador tem acesso à descrição das unidades documentais do fundo. Em texto anterior, considerei o inventário, antes, um tipo de "narrativa biográfica" sobre o titular, à medida que ele operaria um encadeamento dos fragmentos que registram a sua trajetória, dotando-a de uma inteligibilidade específica (Heymann, 1997). Ao utilizar a expressão "biografia do arquivo" ao longo de meu texto, faço-o na acepção de Randolph, ou seja, como a história da construção do conjunto documental considerado o "arquivo" de uma entidade, seja pessoal ou institucional.

heurística deve servir para nos lembrar que arquivos, como objetos, são também submetidos à história [Randolph, 2005:210].

À crítica de que essa metáfora possa conter uma dose de vitalismo, Randolph responde esclarecendo que, longe de ser um objeto autônomo e unificado, o arquivo é formado por múltiplos elementos e possui uma identidade contingente, que pode sofrer desmembramentos ou ser reintegrada de formas diferentes, por meio de novas conceituações.

A sugestão de traçar a biografia dos arquivos pode ser interessante na medida em que ela contribua para desnaturalizá-los, de maneira a demonstrar que, assim como os indivíduos, os arquivos são muitas vezes objetos de "ilusões" que fazem desaparecer descontinuidades e deslocamentos, perdas e acréscimos, tanto materiais quanto simbólicas.[2] Não se trata de tomar o arquivo como uma entidade, mas de entender como o arquivo se torna uma entidade com contornos, localização e atributos.

Iluminar o caráter construído dos arquivos, institucionais ou pessoais, investir na sua historicidade, não equivale a negar sua legitimidade, mas a examinar as práticas e os discursos por meio dos quais o "monumento", o arquivo-fonte, encobre o "fragmento", os gestos — múltiplos, diacrônicos, descentralizados — que constituíram concretamente esses conjuntos documentais. Trata-se de uma chave para o uso crítico dessas fontes.

E de que maneira a atenção aos gestos e aos investimentos nos arquivos, por parte do titular ou de terceiros, pode ajudar no tratamento arquivístico desses conjuntos documentais? Com essa pergunta, entro na segunda parte de minha reflexão, que se refere ao papel daquilo que chamo de olhar antropológico para a tarefa de contextualização dos documentos. Esse olhar, no sentido em que o utilizo, não é, em absoluto, prerrogativa de antropólogos ou cientistas sociais. É uma sensibilidade que, se somada aos ditames da arquivologia, pode auxi-

[2] Referimo-nos à ideia de "ilusão biográfica" (Bourdieu, 1989).

liar o profissional que se dedica ao arquivo, e cuja tarefa é conferir a ele um tratamento técnico.[3]

As especificidades dos conjuntos documentais de natureza pessoal — que são assim caracterizados graças à informalidade que caracteriza seu arquivamento e suas razões para a acumulação — que dizem respeito à tipologia de documentos que reúnem, à informalidade que caracteriza o arquivamento e às razões para a acumulação — que dizem respeito à tipologia de documentos que reúnem, à informalidade que caracteriza o arquivamento e às razões para a acumulação —, mas também o de sua acumulação. A defesa de uma abordagem atenta aos vínculos que unem os documentos entre si, e aos vínculos que unem os documentos às atividades das quais se originaram, em nada se choca com essa sugestão.

Apenas se, no caso dos arquivos institucionais, a contextualização implica, fundamentalmente, procurar "entender o motivo da produção do documento, identificando a vontade criadora" (Lopez, 2003:73), no caso dos arquivos pessoais, parece-nos que a contextualização dependerá, em grande medida, de procurar entender o motivo da guarda do documento, identificando a intenção acumuladora.

Vale lembrar aqui uma das primeiras reflexões a tomar o arquivo pessoal como objeto de análise ou, mais precisamente, a discutir o processo pessoal de arquivamento. Trata-se do artigo "Evidence of *me*...", de Sue McKemmish. Nele, a autora relaciona o gesto de guardar documentos pessoais a "um tipo de testemunho" que alguns indivíduos se veriam compelidos a prestar em relação a suas vidas, tanto no sentido de, por meio desse arquivamento, preservar a memória de experiências vividas quanto no de constituir sua identidade pessoal. O texto estabelece conexões interessantes com outros campos de conhecimento que debatem o papel das "narrativas de si" na constituição do *self*, aproximando a produção de arquivos pessoais dessa discussão.

---

[3] Aliás, partiu de uma arquivista norte-americana, Elizabeth Kaplan (2002), a aproximação da arquivologia com a antropologia, disciplina com a qual a primeira compartilharia a preocupação com a representação, a descrição e a autenticidade.

Se é sugestivo pensar o arquivo pessoal como uma forma de "narrativa de si", também é preciso lembrar que nem todo gesto de arquivamento pode ser associado a uma vontade de memória ou a um testemunho. Buscar essa motivação em todos os documentos guardados pelo indivíduo equivaleria a atribuir um significado único (muitas vezes conferido *ex post*) a diferentes gestos, operados em momentos distintos e com motivações as mais variadas.

O arquivo do antropólogo e político Darcy Ribeiro pode trazer luz a essa discussão. Nele, a documentação correspondente ao exercício dos diversos cargos públicos, bem como aquela que diz respeito às suas atividades literárias e acadêmicas, facilmente identificáveis, contrasta com documentos que não se vinculam ao exercício de uma atividade, ao registro de uma transação, e que se relacionam mais a projeções do que a ações, mais a interesses difusos do que a motivações localizáveis com o auxílio de sua biografia.

Em uma parcela da documentação, de acumulação mais tardia, observa-se um padrão distante daquele associado ao acúmulo progressivo e "natural" de registros que remetem às experiências de vida, ao desempenho de atividades e ao gesto intencional de guardar documentos que sirvam como evidências de um passado pessoal. Por meio de entrevistas realizadas com suas secretárias, personagens fundamentais na gestão dos papéis de Darcy, descobrimos a intenção que orientava a guarda de documentos fragmentários, depositados em pastas aparentemente esquecidas, "opacas" ao olhar que buscava contextualizá-los. Segundo uma de suas colaboradoras:

> [Ele dizia:] "Olha, abre uma pasta para isso, para esse projeto", e aquele projeto nunca saiu daquela folhinha, então ficou lá. Ou: "Abre uma pasta para fulano", e a relação não deu frutos... Certamente isso aconteceu. Porque ele era ocasional, ou seja, era um arquivo feito antes, não depois, não é? [...] E era para uso dele.[4]

[4] Entrevista com Gisele Jacon de Araújo Moreira, gravada em 29 de abril de 2008.

As identificações encontradas, quando da abertura das caixas que guardavam os documentos à espera de tratamento, espelhavam na verdade usos projetados por Darcy Ribeiro para aqueles registros. O desejo de intervir, que aparece como um traço marcante da sua personalidade nos seus relatos sobre si e nas análises que o tomaram como objeto, parece ter alimentado seu arquivo com prospectos, projetos, registros de ideias e experiências que ele considerava interessantes, e que, por isso, eram avaliados como dignos de serem guardados para o futuro, para inspirar realizações vindouras. Sobretudo nos últimos anos, quando a urgência na realização das suas "utopias" aumentou — com a perspectiva da doença e da morte —, o arquivo parece ter adquirido importância como instrumento de trabalho capaz de municiar Darcy. Seu arquivo apresentava, portanto, uma dimensão prospectiva e se aproximava, nesse particular, mais de uma agenda aberta do que de um arquivo.

A etnografia do processo de constituição desse conjunto documental revelou um uso distinto daquele classicamente associado à guarda de papéis por um indivíduo. Nem registro do vivido nem prova de ação, os papéis acumulados por Darcy — ou, ao menos, uma parcela deles — se afastam da representação tradicional do "arquivo-memória", e parecem estar mais próximos do "arquivo-projeto". Os contextos de produção dos registros não são identificáveis, de modo geral, mas o contexto de acumulação, reconstruído por meio de entrevistas, dotou de significado a presença de muitos documentos no arquivo.

Entender os conjuntos documentais de natureza pessoal como produto de investimentos pessoais ou coletivos, mais do que como produtos "naturais" da trajetória dos indivíduos, pode nos ajudar a desvendar significados e a avançar na tarefa de refletir sobre procedimentos que possam auxiliar no seu tratamento. Investimentos pessoais, imagem pública e visões de mundo se objetivam nos arquivos pessoais e nos usos que seus titulares ou seus herdeiros lhes conferem, e fornecem chaves para compreender o arquivo que vão além das tradicionais associações entre *trajetória* e *documentos*.

REFERÊNCIAS BIBLIOGRÁFICAS

BOURDIEU, Pierre. La ilusion biográfica. *História y Fuente Oral*, Barcelona, n.2. 1989, p. 27-33.

BURTON, Antoinette (org.). *Archive Stories*: Facts, Fictions, and the Writing of History. Durham & Londres: Duke University Press, 2005.

CUNHA, Olívia. Do ponto de vista de quem? Diálogos, olhares e etnografias dos/nos arquivos. *Estudos Históricos*, Rio de Janeiro, n. 36, julho-dezembro 2005, p. 7-32.

FOUCAULT, Michel. [1969]. *A Arqueologia do Saber.* 7ª. ed. Rio de Janeiro: Forense Universitária, 2008. 236p.

HEYMANN, Luciana. Indivíduo, memória e resíduo histórico: uma reflexão sobre arquivos pessoais e o caso Filinto Müller. *Estudos Históricos*. Rio de Janeiro, n. 19, 1997, p.41-66.

KAPLAN, Elisabeth. Many Paths to Partial Truth: archives, anthropology and the power of representation. *Archival Science*, n. 2, 2002, p. 209-220.

LAMBERT, Emanuelle. Alain Robbe-Grillet et ses archives. *Sociétés et représentations*, credhess, 19, abril, 2005, p. 197-210.

LOPEZ, André Porto Ancona. Arquivos pessoais e as fronteiras da arquivologia. *Gragoatá*, 15, p. 69-82, 2º semestre, 2003.

MCKEMMISH, Sue. Evidence of *me... Archives and Manuscripts*, 24, 1, p. 28-45, 1996.

RANDOLPH, John. On the Biography of the Bakunin Family Archive. In: A. Burton (org.). *Archive Stories*: Facts, Fictions, and the Writing of History. Durham & Londres: Duke University Press, 2005, p. 209-231.

STOLER, Ann Laura. Colonial Archives and the Arts of Governance, *Archival Science*, 2, 2002, p.87-109.

II

ARQUIVOS E HISTÓRIAS

5 ARQUIVOS PESSOAIS E HISTÓRIA DA HISTÓRIA: A PROPÓSITO DOS FINLEY PAPERS[1]

Miguel S. Palmeira

Embora a ida aos arquivos para a descoberta de "documentos" cumpra, entre os historiadores, um papel de exercício iniciático análogo à do trabalho de campo para os antropólogos, o uso de fontes arquivísticas ("pessoais" ou não) em pesquisas de história intelectual, em particular de história da historiografia, está longe de ser algo óbvio. Grande parte dos trabalhos na área concentra seus esforços na interpretação dos textos publicados que compõem a obra de um "pensamento" — ainda que sob a rubrica de autores associados a tal "pensamento" se organizem um ou mais acervos de "manuscritos". Como a funcionalidade dos arquivos para a pesquisa histórica nunca é independente das questões propostas pelo pesquisador, há uma lógica nesse gosto historiográfico: existem objetos de história intelectual cuja construção e cujo estudo prescindem (ou ao menos minimizam a importância) da consulta de material arquivístico, sem prejuízo da investigação. Por outro lado, há maneiras de formular problemas e construir objetos de pesquisa que reclamam, quando não exigem, informações tipicamente encontráveis em arquivos ("pessoais", sim, mas também de instituições de ensino e pesquisa, do Estado etc.).

---

[1] As análises aqui apresentadas resultam de uma pesquisa que contou, em momentos distintos, com o apoio da Fapesp e da Capes. Agradeço mais uma vez a Isabel Travancas, Luciana Heymann e Jöelle Rouchou pelo convite para participar do seminário que deu origem a esta publicação. Sou grato também a Felipe Brandi e a Fernanda Guimarães, com quem discuti muitas das ideias deste texto. Os erros são evidentemente de minha responsabilidade.

Este texto descreve uma experiência de pesquisa em um arquivo pessoal de um historiador. Tal experiência é a base para se tatearem adiante possibilidades abertas, percalços encontrados e cuidados necessários no uso desse tipo de material em investigações de história intelectual.

O arquivo a que farei referência é o de Moses I. Finley (1912-1986), historiador de origem norte-americana a quem se atribui uma série de inovações importantes no campo da história greco-romana antiga.[2] Antes de descrever esse material arquivístico e de problematizar seus usos, convém explicitar minhas interrogações, para que se entenda o que dele tenho procurado extrair.[3]

A consulta ao arquivo ocorreu em um contexto de pesquisa sobre o papel desempenhado por Finley em um debate acadêmico acirrado que mobilizou classicistas nas décadas de 1960 e 1970.[4] De modo geral, esse debate girava em torno do caráter da economia da Antiguidade clássica e das formas adequadas de abordá-la. Travava-se uma disputa para determinar se, entre a economia dos "antigos" e a dos "modernos", havia diferenças de grau ou de natureza; de quantidade ou de qualidade. Isso repercutia nos modos de tratar questões como escravidão, comércio, uso da terra, técnicas, Estado, etc. Discutia-se também se era possível pensar a economia antiga com base nos

---

[2] Finley nasceu em Nova York, em 1912. Sua atuação profissional como historiador se deu entre as décadas de 1930 e 1980. Teve ocupações diversas antes de obter um posto de professor na Universidade de Rutgers, em Nova Jersey, em 1948. Nessa função permaneceu até 1952, quando, tal como ocorreria a outros acadêmicos na década de 1950, perdeu o emprego por se recusar a colaborar com uma das investigações então em curso no Senado norte-americano sobre "atividades antiamericanas" naquele país. Foi convidado a lecionar na Universidade de Cambridge, no Reino Unido, em 1954, e permaneceu nessa instituição até a aposentadoria, em 1977. Morou na Inglaterra até sua morte, em 1986, aos 74 anos.

[3] A pesquisa aqui mencionada resultou em uma tese de doutorado defendida em 2008. No entanto, continuo a me valer do material arquivístico, colhido em 2006, para escrever sobre a trajetória de Finley e o universo intelectual em que ela se deu.

[4] Por uma questão de espaço, simplificarei ao máximo os argumentos do trabalho e restringirei a anotação bibliográfica. Para mais informações, ver Palmeira (2008).

conceitos dos economistas, concebidos geralmente em função da economia industrial moderna. Para Finley e para uma série de historiadores de sua geração, as diferenças entre economias antigas e modernas eram radicais, e isso compelia os estudiosos do mundo clássico a pensar a economia antiga em termos outros que não os nossos; em termos que levassem em conta os significados que os próprios antigos vinculavam às suas atividades econômicas.

No conjunto de textos escritos sobre a "economia antiga", desde a década de 1970, é possível observar a designação, por *scholars* das mais diversas proveniências, de um protagonismo de Finley naqueles debates. A ele se atribui frequentemente um papel-chave no processo de reorganização das formas legítimas de conhecimento sobre a economia antiga. Tomar posição em relação a um modelo esposado por esse historiador — um modelo de interpretação e de intérpretes — ganhou, a partir dos anos 1970, o peso social de uma *obrigação* para quem quisesse se fazer ouvir no campo da história econômica antiga.

A questão principal do trabalho era entender em que condições isso se tornou possível, ou seja, como se construiu e se cristalizou, na percepção e nas atitudes de scholars dos anos 1960 e 1970, o 'êxito' de Finley. Certamente não era um problema de ineditismo. Muitas das concepções de economia antiga abraçadas por ele não eram propriamente de sua "autoria". Para algumas de suas formulações mais célebres, Finley tinha predecessores relegados a um relativo ostracismo e congêneres contemporâneos não tão bem-sucedidos. Tudo indicava, enfim, haver um tempo, um espaço e um modo de elocução sociologicamente adequados ao êxito acadêmico desse historiador e para a construção/propagação do modelo explicativo que lhe foi associado. Construir meu objeto de pesquisa dessa maneira, atentando para o protagonismo intelectual de Finley e, a partir dele, para a constituição de determinado modelo explicativo sobre a sociedade e a economia da Antiguidade, implicava não ignorar a "obra" publicada do historiador como fonte. Porém, ir além dela tal como habitualmente entendida, quer dizer, buscar dados pertinentes que não figuravam nos livros e artigos publicados pelo autor, era recomendável. Diante disso, o arquivo de Finley, aludido (mas não sistematicamente explorado) em alguns trabalhos sobre o historiador, parecia-me um material estratégico para o desenvolvimento da pesquisa.

Aquilo a que se tem chamado "arquivo de Finley" está guardado na seção de manuscritos da biblioteca da Universidade de Cambridge, instituição à qual o historiador foi ligado por mais de três décadas. Sob o nome de Finley Papers (FP), há 20 caixas de arquivo numeradas, cada uma delas contendo um número variado de pastas. As pastas também estão numeradas, mas, além disso, a elas se atribui uma etiqueta, na qual se inscreve um nome que pode evocar um livro, um nome de autor antigo, um projeto de pesquisa, uma editora, um correspondente assíduo etc. Ali se encontram a correspondência ativa e passiva de Finley com colegas, alunos e editores; cadernos com anotações manuscritas para a preparação de aulas e textos; recortes de jornal em que o titular do arquivo figura como autor de artigo ou tema de reportagem; além de recortes de notícias sobre o sistema educacional britânico, debates públicos dos estudos clássicos, artigos de colegas etc. Há também separatas de artigos de Finley e versões preliminares de alguns de seus textos publicados.

MODALIDADES DE USO

À luz de meu problema de pesquisa, o arquivo pessoal de Finley é importante porque ajuda a pensar o historiador *nas suas relações* — com seus objetos de conhecimento, com a tradição da disciplina à qual estava institucionalmente ligado, com outros acadêmicos, editores, alunos etc. Serão oferecidos, a seguir, exemplos de três tipos do uso possível dos FP para mapear essas diferentes ordens de relações. Trata-se de ilustrar como o material do arquivo fornece elementos para a análise (1) dos textos publicados, (2) do processo de consagração de um modelo de história antiga e (3) da trajetória de Finley.

1. Uma das coisas que interessam no trabalho é compreender como a fatura dos textos do Finley favorecia (sem determinar) certo repertório de interpretações díspares de suas ideias. A história intelectual depara, a todo momento, com casos de escritores, consagrados ou

não, queixosos de leituras "equivocadas" ou "mal-intencionadas" de sua obra. Finley não foge à regra. Uma consulta de seu arquivo revela, no entanto, que, de algum modo, o historiador entretinha ambiguidades de seu texto.

Tome-se como exemplo a discussão sobre "classe social", empreendida a partir de *The Ancient Economy* (*AE*). Grande parte da fortuna crítica do mais conhecido livro de Finley se organizou em torno do debate sobre a aplicação desse conceito ao mundo antigo (Finley, 1992). A cadeia de críticos marxistas concentra-se no enunciado do autor em que "status" (termo "admiravelmente vago, que comporta um importante elemento psicológico", para usar suas palavras) aparece como noção mais útil do que "classe". Em geral, esses críticos ignoram o ponto de vista específico a partir do qual se afirma a utilidade do conceito. "Status", nesse contexto preciso, é, para o autor, importante na discussão dos padrões culturais de dispêndio de bens e energias, das "escolhas econômicas" no mundo antigo. Não se afirma, contudo, uma divisão *real* da sociedade antiga em "status" (tampouco em "classes"). Seu problema é estabelecer a categoria adequada para o entendimento de condutas econômicas *típicas*. Pensar em termos de "status" não exclui, *em princípio*, que se fale em "classes sociais" — ao menos numa acepção ampla — em outras situações de análise. Em trabalhos anteriores, Finley já havia se valido da noção "status" — mais precisamente, de "espectro de status" — para descrever a variedade das formas de trabalho compulsório características da Antiguidade grega — levantando objeções pontuais por parte dos marxistas, mas nem de longe tão incisivas quanto aquelas inspiradas por *AE*. O dado novo do livro de 1973 era a crítica aberta, que quebrava o tabu da explicitação de diferenças entre aqueles que haviam combatido do mesmo "lado" nas controvérsias da "economia antiga".[5]

Se não é possível imputar a nenhum autor consciência absoluta das implicações de suas ideias, há elementos no arquivo de Finley

---

[5] Desde o final dos anos 1950, Finley propunha que, para dar conta da diversidade das formas de trabalho compulsório na Antiguidade, se pensasse a sociedade antiga *como* um espectro de status (Finley, 1960). A sugestão é retomada no capítulo III de *AE*.

para considerar que ele entendia, desde a concepção do texto de *The Ancient Economy*, a passagem sobre classe como menos importante *para o argumento*, assim como provavelmente media o peso de uma restrição ao conceito de "classe" manifestada por um admirador declarado de Marx, como ele. A troca de cartas com Geoffrey de Ste. Croix, historiador de Oxford com quem Finley tinha afinidades intelectuais, políticas e, ainda naquele momento, pessoais, sugere isso.

Ste. Croix foi um dos leitores do manuscrito de *The Ancient Economy*. Em julho de 1972, ele escreveu a Finley uma longa carta com suas impressões sobre o texto. De saída, anotava que, discordâncias menores à parte, "classe" era o "aspecto fundamental a respeito do qual tomamos direções muito diferentes".[6] Embora ao assunto fosse dedicado o trecho mais longo dos extensos comentários de Ste. Croix, Finley observou em sua réplica:

> Classe
> Este é o único ponto a que não vou responder longamente. Se não o persuadi, não o farei por carta. Na verdade, não acho de jeito nenhum que nós "tomamos direções muito diferentes". Espero ansioso por suas Gray Lectures, e o fato de que eu as chamaria de "lutas sociais", "conflitos sociais" ou algo assim [ao invés de "lutas de classe", título das palestras de Ste. Croix] tem pouca relação com a substância. [...]
> Finalmente, um pedido urgente e não diplomático: por favor, não discuta comigo sobre classe nas suas Gray Lectures, já que meu livro ainda não vai ter saído.[7]

O livro foi lançado em 1973 e esteve, nos anos seguintes, no centro das controvérsias sobre a "economia antiga". Cerca de seis anos depois, Finley apresentaria em Cambridge, a uma platéia que incluía alguns

---

[6] Carta de Ste. Croix a Finley em 16 de julho de 1972 (grifos do original). FP, Box 2, A38. Nos anos seguintes, Ste. Croix polemizaria com Finley em textos publicados sobre o assunto. À época da carta, ele começava a preparar seu *Class Struggle in the Ancient World* (Londres: Duckworth, 1981).

[7] Carta de Finley a Ste. Croix em 22 de julho de 1972. FP, Box 2, A34.

de seus críticos contundentes (de dentro e de fora da Inglaterra), a primeira de uma série de respostas às objeções levantadas contra AE. Nas notas preparatórias desse texto, ele registrou suas impressões a respeito da polêmica em torno da noção de "classe":

> Eu lamento, aliás, que o tempo não me permita discutir o conceito de "classe" ou indicar o quanto o volume de críticas a *AE* teria sido reduzido se eu não tivesse escrito apenas duas páginas rejeitando classe como uma ferramenta de análise útil para esse assunto.[8]

A passagem sobre classe era, afinal, um excurso, sinalizado no texto como uma espécie de parêntese na narrativa, ao cabo do qual o autor convida o leitor a retomar o fio da análise: "E agora, finalmente, o que tudo isso tem a ver com as restrições morais de Cícero e as realidades econômicas da sociedade antiga?" (Finley, 1992). Finley, no entanto, não se furtou ele próprio a chamar a atenção do público para a questão. Quando, em 1975, Jerôme Lindon, editor da Minuit, solicitou-lhe uma apresentação "de caráter comercial" de *AE*, destinada aos clientes de sua edição francesa, Finley listou os "tópicos discutidos" no livro como atinentes a: "classe, ordem e status, mestres e escravos, senhores e camponeses, cidade e campo, e o estado e a economia".[9] Todos os termos evocam os pares de opostos que dão título aos capítulos de *AE*; a exceção é "classe", nomenclatura sem "relação com a substância", cuja supressão apenas reduziria "o volume de críticas a AE" — sem, presumivelmente, alterar o argumento.

Não é o caso de deduzir daí um conjunto supostamente bem-definido, mas, a rigor, imponderável de intenções deliberadas do autor. De todo modo, é relevante que ele proceda como se sua prio-

---

[8] *FP*, Box 12, E15. O trecho, rasurado nessa versão preliminar, foi suprimido da versão lida na reunião, intitulada "The Ancient Economy and its Critics" (7 páginas datilografas inéditas). Os comentários do autor às críticas recebidas são "The study of the ancient economy. Further Thoughts", *Opus* III, 1984, pp. 5-11; e "Further Thoughts (1984)", texto mais extenso incluído na edição revisada de *AE* de 1985.

[9] Ver FP, Box 12, E17.

ridade fosse ser lido e discutido, mesmo que não necessariamente entendido. Pensada não como — ou para além de — uma inconsistência teórica, a ambiguidade de *AE* aparece como constitutiva da produção e da reprodução da obra. A leitura combinada de fontes de arquivo com fontes publicadas permite inscrever, no ato mesmo de produção do texto, o princípio de uma (in)compreensão — comumente posta na conta das leituras distorcidas — que perverte as análises do autor. Tal perversão, entretanto, termina por se fazer rentável, pois, ao inspirar a verve de uma ampla gama de críticos (alguns dos quais transfigurados em *comentadores*), faculta à obra atributos de perenidade. Entende-se melhor que as elipses da argumentação contribuam para dar às ideias de Finley um caráter consequente, e, ao autor, por extensão, a vantajosa posição no embate intelectual de quem pode dizer ou redizer melhor do que já disse aquilo que *realmente* quis dizer.[10]

2. Quanto ao processo de consagração do modelo de Finley, há, em seu arquivo, indícios diversos de um trabalho social de validação de um modo específico de conceber e praticar história antiga. Escolheu-se apenas um dos muitos exemplos que podem servir de ilustração.

No final dos anos 1960, Finley escreveu uma série de cartas de recomendação para que um de seus alunos mais próximos fosse, depois de formado, aceito como pesquisador em um dos *colleges* que constituem a Universidade de Cambridge. As cartas seguiam um padrão e diziam todas algo parecido com o exemplo citado abaixo:

> Desde que se graduou, [o candidato] recebeu uma formação que vai muito além do normal para historiadores da Antiguidade em potencial. Ele passou uma temporada de verão em Freigburg, trabalhando sobre historiografia com Herman Strasburger (possivelmente, o único rival de Momigliano nesse campo); cinco meses em Paris frequentando os seminários de Louis Robert, Vernant, Vidal-Naquet e outros,

[10] Tudo isso está relacionado a uma série de fatores que não se podem abordar aqui, como a força dos debates sobre classe e estratificação social nos anos 1970 e a posição de prestígio ocupada por Finley quando da publicação de *AE*.

> e [frequentou] durante um ano acadêmico um seminário semanal de sociologia da religião em Londres. [...] Enfatizo tudo isso porque, como é perfeitamente sabido, eu mesmo acredito que o futuro da história antiga esteja com esses jovens que estão preparados para olhar para fora da estrutura tradicional do tema.[11]

A carta de recomendação é um testemunho do movimento (materializado neste caso na atitude de Finley, mas que vai além dela) de reconfiguração do espaço social de produção de saber acadêmico sobre os antigos. As viagens eram concebidas como parte da formação de um *scholar*. De preferência, o jovem classicista britânico, além de períodos na Grécia ou na Itália, deveria estagiar entre alemães, estabelecendo contato com a erudição da *Altertumswissenschaft*. A Alemanha que aparece aqui, no entanto, é a da historiografia, cujo status depreciado na *classical scholarship* era reconhecido mesmo por seus entusiastas; e a França que aqui figura é, sim, a de um epigrafista renomado como Louis Robert, mas também a França de Pierre Vidal-Naquet e Jean-Pierre Vernant, cuja concepção de história, em seu entusiasmo pela antropologia estrutural de Lévi-Strauss e pela psicologia histórica de Ignace Meyerson, ajustava-se mal a um tipo de erudição caracteristicamente filológica, como aquela dos estudos clássicos britânicos.[12] A reconfiguração aludida acima se mostra mais complexa do que a geração espontânea de uma novidade historiográfica por meio de ideias desencarnadas. Trata-se de um movimento que se realiza também na circulação chancelada do aluno por entre práticas e praticantes não convencionais da disciplina (como sociólogos e sociologia da religião). Do mesmo modo,

[11] Ver FP, Box 1, A15.

[12] *Mythe et pensée chez les grecs*, de Vernant, foi, à época de seu lançamento, desqualificado no *Times Literary Supplement* por um resenhista anônimo (mas decerto classicista) como "ensaio" com "substrato de economia marxista" e "interpretações psicológicas extravagantes" (23 de setembro de 1965), o que motivou uma carta de Finley ao jornal (21 de outubro de 1965): "Se o seu resenhista não é capaz de apreciar a vigorosa inteligência refletida em *Mythe et pensée chez les grecs* ou a importante contribuição do livro, é uma pena e é, aliás, privilégio dele" — e segue nessa toada.

tenta-se fazer esse trânsito, em certo sentido peculiar, passar como dado legitimador de uma trajetória.

Alguém poderia objetar que as alianças de Finley com a dupla Vernant/Vidal-Naquet, assim como os usos da sociologia e da antropologia, estão fartamente documentadas em textos publicados. A observação procede, mas só até certo ponto — nem tudo que é dito em público tem o mesmo sentido e o mesmo efeito de quando repetido (ou antecipado) em caráter privado. A mobilização de critérios heterodoxos de avaliação da disciplina história antiga e de seus praticantes no momento de alçar um pupilo a um posto universitário dá indícios concretos de mecanismos sociais de entronização de teorias e visões de mundo cujo êxito os incautos se apressam a atribuir a um mérito intrínseco das ideias.

3. Os Finley Papers prestam-se, finalmente, a uma análise da trajetória do historiador. A carreira de Finley tem um corte significativo em sua saída dos Estados Unidos para a Inglaterra. Os Estudos Clássicos eram, dentro do sistema universitário americano, um conjunto desprestigiado de disciplinas. Internacionalmente, os classicistas norte-americanos tinham em conjunto um peso menor do que os *scholars* britânicos. A saída de um país para outro, portanto, inscreveu na trajetória de Finley novas possibilidades profissionais dentro da história antiga.

O fato de, nos anos 1950, as universidades de Cambridge e Oxford terem oferecido emprego a Finley é comumente atribuído à ideia de que ele "já" era, à época, "o melhor historiador social vivo da Grécia e um dos mais bem-preparados para enfrentar os problemas metodológicos que a história social implica".[13] No início de 1953, Finley perdera seu posto de professor na Universidade de Rutgers (Nova Jersey) por ter se recusado a responder a um comitê parlamentar de "atividades antiamericanas" sobre se em algum momento de sua vida havia sido filiado ao Partido Comunista. "Em retrospecto", lê-se, em uma apreciação típica, "pode ter sido uma benção. Sem emprego, ele acabou

[13] A formulação é de Momigliano (1975:36-8). Ela seria repetida como um mantra após sua citação por B. Shaw e R. Saller (1981).

por receber e aceitar a oferta de uma *fellowship* em Cambridge, o que se provou, em suas próprias palavras, 'uma história à lá Alice no País das Maravilhas'" (Nafissi, 2005:209). Tudo então se ajusta à construção simbólica de um historiador perfeito: o mundo social inerte se curva à ação arrebatadora de um gênio criador, que não mais faria do que dar sequência a uma história de vida pontuada por feitos escolares extraordinários (Finley foi calouro da Faculdade de Psicologia aos 11 anos, bacharelou-se aos 15 e tornou-se mestre aos 17).

A consulta aos Finley Papers ajuda a mostrar, no entanto, que as qualidades intelectuais de Finley, ainda não objetivadas em insígnias de excelência, não foram *o* fator decisivo em sua mudança para a Inglaterra. As ofertas para passar temporadas em Cambridge e Oxford foram precedidas por um trabalho incessante de negociação em que Finley e outros acadêmicos se empenharam. Em abril de 1953, o historiador escreveu a Geoffrey de Ste. Croix (que se manifestara em carta sobre o episódio da demissão de Finley, noticiado em jornal na Inglaterra):

> A história da Rutgers é longa. Ao invés de tentar contá-la em uma carta, enviei-lhe pelo correio normal dois documentos que devem lhe traçar um bom retrato. [...] Aliás, disseram-me que foi publicada uma notícia sobre o caso no Manchester Guardian, mas eu não li. [...] Meus planos estão todos indefinidos. Ainda não consegui achar outro posto de professor ou uma bolsa de pesquisa. [...] A menos que algo surja em breve, possivelmente não terei alternativa senão ganhar a vida do jeito que puder. Isso significará uma considerável redução, senão o cessar completo, de meu trabalho em história antiga.[14]

O que contava, naquela ocasião, era uma *solidariedade de corporação* em favor de um historiador proscrito da vida universitária por motivos políticos. As credenciais profissionais de alguém ainda sem um *nome* não eram determinantes nas costuras políticas para lhe dar

[14] Em 12 de abril de 1953. FP, Box 5, B23. A carta de Ste. Croix que motivou a resposta de Finley não foi preservada.

guarida. Uma carta de Ste. Croix dá a medida das negociações e do desconhecimento de Finley:

> W.-G. [Theodore Wade-Gery, classicista veterano de Oxford] ficou muito preocupado com a sua situação. Isso é ainda mais satisfatório porque as opiniões dele parecem ser fortemente conservadoras e ninguém poderia acusá-lo de "esquerdista". Eu sei que ele recentemente falou ou escreveu a seu respeito com Bloch, Pritchett e talvez outros.[15] [...] Aliás, W.-G. e eu estávamos na dúvida se você começou como advogado e depois se tornou um historiador econômico ou se foi o contrário. W.-G. achou que era a primeira opção, eu, a segunda. Diga-me da próxima vez em que escrever![16]

O convite para ir a Oxford, feito por um classicista importante da Universidade, tratava o conteúdo das atividades acadêmicas a serem desenvolvidas como algo secundário e expunha um problema em relação ao custeio da estada de Finley. Para este, contudo, mesmo a questão financeira era contornável:

> Eu não tenho dinheiro, mas não sugiro que este fato se torne decisivo, pois tudo isso significa muito para mim. Se Oxford nada puder fazer, devo achar o dinheiro por aqui. Tenho bastante confiança de que há muitas fontes às quais eu posso recorrer, se necessário.[17]

O material sobre a primeira ida de Finley à Inglaterra, reunido apesar de sua dispersão pelo arquivo, mas de acordo com os problemas de pesquisa estabelecidos, fornece elementos não só para uma reconstituição episódica, mas — e eis o fundamental — para uma compreensão das injunções da carreira de Finley como *classical scholar* na Inglaterra. Como historiador desconhecido, não encontrou faci-

---

15 Em 12 de julho de 1953. Id., ibid., ms. Na mesma carta, Ste. Croix menciona a avaliação positiva feita por Wade-Gery de *Land and Credit* e de uma resenha por Finley de um livro sobre finanças no mundo antigo.

16 Carta manuscrita de 12 de julho de 1953 em FP, Box 5, B23.

17 Carta de Finley a Anthony Andrewes em 2 de abril de 1954. FP, Box 16, G2.

lidades para *desenvolver sua posição*, numa formulação sua.[18] As propriedades sociais e intelectuais que carregava consigo tinham, naquele universo social, o caráter de estigmas (judeu americano de esquerda; mau linguista, segundo os padrões locais etc.) que, dadas as circunstâncias históricas de deslocamento dos Estudos Clássicos na estrutura universitária britânica,[19] foram revertidos em trunfos de carreira.

O pressuposto de que o êxito acadêmico se realiza naturalmente como decorrência da excelência intelectual, dissociado de configurações sociais e intelectuais específicas, desdobra-se na construção da imagem fantasmática de uma história de vida dotada de coerência. A leitura do arquivo nos termos aqui descritos, no entanto, permite a apreensão das oscilações inscritas na trajetória acadêmica de Finley e uma aproximação dos campos de possibilidades com as quais ele deparou na carreira.

"Arquivos pessoais" de historiadores, então, para quê? Os arquivos podem ser evidentemente submetidos a um uso canhestro. Com frequência, quem se debruça sobre eles não faz mais do que reunir adornos empíricos para a reafirmação de um senso comum sobre o mundo intelectual. Para efeitos de uma história da historiografia,[20] têm pouco valor o detalhe anedótico descontextualizado e a interpre-

---

[18] Empregada em entrevista inédita (cuja cópia me foi cedida por Paul Millett): *Sir Moses Finley interviewed by Keith Hopkins* (1985).

[19] No processo de expansão do ensino universitário britânico no pós-guerra, houve uma diminuição relativa do total de estudantes que optavam por disciplinas clássicas, no mesmo passo em que o financiamento estatal da educação superior era reorientado prioritariamente para disciplinas científicas e tecnológicas. Tudo isso foi vivido por classicistas como uma "crise", cujo emblema foi o fim da obrigatoriedade do domínio do latim como pré-requisito de ingresso nos cursos universitários de Cambridge e Oxford (a exigência mantinha-se no curso de Clássicos, em cujos quadros se formavam os profisisonais de História Antiga). Ver Miguel S. Palmeira, "A nova 'economia antiga': notas sobre a gênese de um modelo", in F. Murari Pires (org.), Antigos e Modernos: diálogos sobre a (escrita da) história, São Paulo, Alameda, 2009, pp. 93-108 (especialmente, pp. 103-105).

[20] Assim circunscrita minha preocupação, deixo de lado a possibilidade, perfeitamente legítima, de ida ao arquivo de um historiador ou cientista social como estratégia de reativação da força heurística de conceitos e teorias e de reaproveitamento de dados de pesquisas do "passado".

tação meramente literal dos testemunhos. O interesse da consulta a um arquivo como os Finley Papers não está em mimetizar as imagens que acadêmicos fabricaram para si, mas em relativizá-las, em desfazer as prenoções a respeito do "autor" e de sua "obra" — o que implica ler as fontes para além daquilo que elas nos dão a ver de imediato. Em outras palavras, a virtude do levantamento de informações arquivísticas reside justamente na oportunidade que instaura de se alterarem as condições de representação da vida intelectual. Esse tipo de material é um terreno privilegiado para a observação da produção de conhecimento como *processo* (algo que a fonte publicada normalmente escamoteia, ocultando as marcas de construção dos produtos intelectuais) e em suas condições *efetivas* (condições que entrevistas e memoriais de acadêmicos tendem a codificar num discurso normativo a respeito de sujeitos isolados postos diante de seus objetos prontos).

A PROPÓSITO DA CONSTITUIÇÃO E DA PRESERVAÇÃO DOS ACERVOS: ALGUMAS QUESTÕES

Fazer uma pesquisa em um arquivo pessoal não é necessariamente o mesmo que produzir uma investigação *sobre* esse arquivo. Minha abordagem do arquivo de Finley afina-se, em virtude das questões já referidas, com o primeiro desses dois modos de proceder. Interessa-me basicamente produzir dados a partir de indícios de atividades sociointelectuais inscritas na trajetória daquele historiador. Tal atitude — de alguém que estuda não *um*, mas *em um* arquivo pessoal — não me desobriga, todavia, do conhecimento do conjunto do arquivo que se estuda.[21] Ao contrário, considerar o modo pelo qual o conjunto documental com que se lida foi formado e preservado é um dos passos necessários de um controle reflexivo do processo de produção da pesquisa.

[21] Isso traduz o espírito da observação de Marcos Alvito sobre a fórmula geertziana dos antropólogos que estudam *nas* aldeias: "O que Geertz *não diz* de forma alguma é que seja possível estudar *na* aldeia, sem que ao menos se tente conhecer, minimamente, o que seja *uma* aldeia ou, pelo menos, *a* aldeia *onde* decorre o estudo" (Alvito, 1998:181, grifos do autor).

O trabalho com os Finley Papers levanta questões com as quais outros pesquisadores provavelmente deparam no trato com outros arquivos pessoais — questões sinalizadas neste texto para pensar um quadro mais amplo de uma história intelectual que se valha de arquivos.

Os Finley Papers ganharam uma forma aproximada à que hoje se conhece em 1990, quatro anos após a morte do historiador. Atendendo ao convite do inventariante do espólio (Dick Whittaker, amigo e colega de Finley em Cambridge), Riccardo Di Donato, professor da Universidade de Pisa, encarregou-se do ordenamento e da classificação do material.[22] Grande parte da organização, segundo Di Donato, já havia sido estabelecida pelo próprio Finley. A preservação de alguns documentos e não de outros teria sido em parte decidida pelo titular, embora não se conheçam os critérios seguidos. O que se pode imaginar é que Finley tenha selecionado seus documentos com vistas à reunião futura deles em um arquivo. A profusão de textos publicados sobre sua obra desde meados dos anos 1970, assim como sua posição institucional e simbólica na história antiga, indicava-lhe a probabilidade de que ocorresse com seus papéis algo similar ao que sucedera aos papéis de colegas acadêmicos célebres, devidamente arquivados. A Finley se atribui ainda a decisão de constituir um arquivo relacionado quase exclusivamente às suas atividades como "trabalhador intelectual"[23] — não há itens relacionados a círculos familiares ou de amizade, ou melhor, não se encontra algo que não esteja de algum modo relacionado à sua atuação como professor e pesquisador.[24] Trata-se de um arquivo, digamos, "profissional", o que constitui apenas uma das dificuldades para qualificá-lo como "pessoal" em sentido estrito.

---

[22] A escolha de Di Donato era estratégica: filólogo de formação, ele tinha alguma experiência na área — havia trabalhado no arquivo pessoal de um importante helenista francês (Louis Gernet) — e era um estudioso da história dos Estudos Clássicos.

[23] A expressão é do organizador do acervo, Di Donato (1991:262).

[24] Di Donato comenta esse fato em um memorando inédito dirigido a Dick Whittaker. É impossível determinar, no entanto, o que do caráter "profissional" do arquivo se deve também à triagem de seu curador.

Juridicamente, os Finley Papers pertencem o Darwin College. Os *colleges* são instituições que constituem à Universidade de Cambridge (assim como a de Oxford), mas têm, em relação a ela, uma relativa autonomia administrativa e simbólica (com estatuto, ritos, hierarquia e recursos próprios). Parte significativa da vida universitária — parte da formação, inclusive — se faz nesse espaço, que reúne membros ligados a disciplinas diversas. Finley foi ligado ao Jesus College (1957-1976) e depois ao Darwin College, que dirigiu entre 1976 e 1982 e do qual era membro quando morreu. Quando houve a organização dos "manuscritos de Finley" (expressão, de uso corrente em Cambridge, que confere certa aura à documentação), previa-se que o Darwin um dia os abrigaria nas novas instalações de sua biblioteca, local em que ficaria também a "biblioteca privada" do historiador (chamada de Finley Collection). Enquanto as instalações não fossem adequadas, os papéis ficariam sob guarda da Faculdade de Clássicos, de cujo corpo docente Finley era membro. Os manuscritos terminaram por ser mantidos na biblioteca da Faculdade por mais de 10 anos. Por motivos alegados de segurança, eles foram transferidos para o Darwin College, em abril de 2001, e, de lá, para a seção de manuscritos da biblioteca central da Universidade de Cambridge, em junho do mesmo ano.

Desta apresentação breve do material, é possível depreender sugestões de reflexão sobre as condições em que se desenvolve um trabalho de história intelectual em um arquivo pessoal. O primeiro ponto importante é que os Finley Papers não são um arquivo estático. O processo mesmo de constituição do arquivo indica mudanças em seu conteúdo. Rasuras e anotações nas etiquetas das pastas que encerram conjuntos específicos de papéis, com alusão a categorias que já não constam no catálogo do arquivo, indicam que Finley reclassificou seus documentos várias vezes. A projeção de sua atividade intelectual na materialidade do acervo pessoal teve variações, e é possível imaginar que os documentos em questão tenham passado por diferentes configurações de ordenamento/censuras/inclusões. Caso Finley houvesse morrido em dois momentos críticos de sua saúde (crises em 1969 e 1982) ou sobrevivido ao ataque cardíaco que o vitimou em 1986, talvez tivéssemos acesso a outros arranjos documentais e, por conseguinte, fôssemos levados a pensar em outros problemas a partir dos "papéis de Finley" — que são, no fim das contas, invariáveis apenas no nome. Assim como em qualquer estudo histórico, a disposição das fontes vale como um dos elementos das condições sociais e epistemológicas em que se inscreve o historiador, e interfere no campo de possibilidades da elaboração de suas interpretações.

Os movimentos do arquivo ocorrem, portanto, nas oscilações do titular quanto ao que merece ser guardado, o que depende em alguma medida de como o indivíduo se apropria de um padrão de preservação que vai além daquele que executa o ato de guardar. Por extensão, a historicidade de um conjunto documental também atinge outros agentes da constituição desse conjunto em "arquivo". Se Riccardo Di Donato não tivesse se ocupado do acervo tão pouco tempo depois da morte de Finley, provavelmente suas censuras seriam outras, de modo que seria diferente o conteúdo dos itens "confidenciais", postos fora do alcance do público segundo o seu critério. Outra dimensão da historicidade do arquivo diz respeito ao próprio pesquisador, às censuras internalizadas que ele adota no trato das informações. Um uso franco dos Finley Papers poderia implicar constrangimentos para pessoas ainda ativas ou para os descendentes daqueles já falecidos. Os "manuscritos" não deixam de ser importantes por ajudar a apurar determinada sensibilidade na leitura de dados "públicos", e podem ajudar silenciosamente na construção de certas interpretações — isto é, sem sua exibição em um aparato erudito de comprovação (notas, citações etc.). Que isso não seja o ideal me parece indiscutível, mas ignorar a existência dessa forma particular de constrangimento nos trabalhos de história intelectual contemporânea é abdicar do monitoramento reflexivo das próprias operações de pesquisa.

Os movimentos dos Finley Papers — mais precisamente, sua criação e seus deslocamentos — lançam luz igualmente sobre as energias sociais consumidas no processo de constituição e preservação desse acervo. Essas energias, fruto do empenho necessário de força de trabalho e de recursos para viabilizar o arquivo, somente podem ser catalisadas em razão de um capital simbólico expressivo, previamente acumulado pelo titular. Em outras palavras, alguém como Finley "merece" ser reproduzido em arquivo não só porque nele se reconhece um historiador importante, mas porque se entende que essa importância tem sua perpetuação favorecida pela organização de um arquivo pessoal. Está em jogo a administração de um patrimônio intelectual, o que já não diz respeito apenas ao historiador morto, mas fundamentalmente às pessoas e às instituições associadas a seu legado.[25] O arquivo, em suma, retém "a marca dos interesses, dos valores e das estratégias dos grupos sociais a que se refere" e engendra "uma atividade de simbolização mediante a qual [certos] grupos manifestam sua existência material, política e intelectual" (Miceli, 2001:249).

Há um princípio e um efeito de sacralização do indivíduo na constituição de um arquivo pessoal com amparo institucional. A inscrição de um conjunto documental heterogêneo sob uma categoria como "Finley" opera um recorte do registro de atividades intelectuais que se ajusta facilmente à voga de restringir as forças atuantes no mundo acadêmico às ações isoladas de alguns notáveis. É legítimo, então, indagar que tipo de registro se fará de homens e mulheres que, em seu tempo, foram considerados pensadores medíocres, mas que, posteriormente, serão alçados ao panteão dos "grandes" de uma área de conhecimento qualquer. Ou, indo além, que tipo de registro será produzido dos medíocres que não obtêm sequer um reconhecimento intelectual tardio, mas que, ainda assim, atuaram de um modo ou de outro na conformação da atmosfera intelectual e acadêmica de uma época. A não observação da dimensão de poder investida na forma "arquivo pessoal" conduzirá os historiadores da historiografia (e das ciências sociais etc.) a relegar os "maus" historiadores a uma espécie de negativo sociológico da história oficial da disciplina, um desvio em relação a uma linha evolutiva preestabelecida — o que atenderá

[25] Logo em seguida a uma passagem minha por Cambridge, em que cumpri algumas jornadas de trabalho na Finley Collection ("biblioteca privada" do historiador), e ao interesse manifestado por outros pesquisadores pela mesma coleção, as minutas de uma reunião administrativa dos bibliotecários do Darwin College anotavam o seguinte: "Finley — [...] Tudo vai bem. A reputação de Finley está sólida" (ver www.darwin.cam.ac.uk/library/minutes/Library_Minutes_February_2005.pdf).

às necessidades de uma axiologia da profissão, mas não às de uma compreensão histórica das práticas dos historiadores.

Todos os pontos até aqui levantados remetem à qualificação como "pessoal" de um conjunto de documentos posto sob a rubrica de um único "titular". Embora seja possível pensar o ato de "arquivar a própria vida" como projeção de uma memória e uma imagem "de si" (Artières, 1998), o historiador da produção intelectual precisa atentar também para o caráter *social* dos arquivos pessoais e disso extrair as consequências devidas.[26] O recorte de um arquivo como "pessoal" deriva de um regime específico de composição, publicação e apropriação de textos, que prescreve uma relação de posse entre singularidades individuais (um "autor") e ideias "suas" (cf. Chartier, 2009). Os Finley Papers, como obviamente outros conjuntos documentais do gênero, guardam, entretanto, um sem-número de fragmentos de vidas diversas, os quais podem ser utilizados com proveito por pesquisadores cujos temas de trabalho tenham pouco a ver com Finley (como existem, aliás, trabalhos que se valem de arquivos alheios para tratar da trajetória de Moses Finley).[27] Creio que o interesse de consulta a um arquivo desse tipo está justamente em, por assim dizer, desindividualizá-lo — até certo ponto, claro —, percebendo, nas relações que constituem o "titular", conexões não previstas nas imagens que substancializam as noções de "autor", "vida" e "obra".

Mesmo no caso do indivíduo que constitui seu próprio arquivo (e, conforme já se observou, isto se aplica em algum grau a Finley), as eventuais idiossincrasias das operações de guardar e classificar documentos convivem, para dizer o mínimo, com percepções e práticas convencionais — isto é, coletivas — de arquivamento. Assim como em outros gestos de celebração da obra de um acadêmico (memoriais e necrológios de acadêmicos, por exemplo), a constituição de arquivos pessoais/profissionais mobiliza valores da corporação a que se pertence. Tais valores presidem os princípios classificatórios

[26] É o que faz Luciana Heymann (2005).
[27] É o caso de Brent Shaw (1993).

do material, ditam a preservação das fontes "importantes" e a exclusão das "comprometedoras", estabelecem as condições de acesso ao arquivo, além, claro, de informarem a decisão primeira de dar existência a esse arquivo.

Esta exposição das características e dos usos dos *Finley Papers* procurou indicar o interesse da exploração de um "arquivo pessoal" e a importância da adoção de uma postura reflexiva no trato desse material. A vigilância constante das questões que movem a pesquisa e a consideração da lógica social das fontes me parecem passos necessários, ainda que não suficientes, para a realização de uma história intelectual que, feita com base nos arquivos pessoais, exercite a preocupação em não naturalizar as vozes e os silêncios desses arquivos. O resultado esperado da afirmação de uma conduta crítica é que os arquivos pessoais, que instituem certos limites à investigação (assim como qualquer conjunto de fontes), não tornem fixos também seus marcos interpretativos. Dito de outro modo, faz-se da reflexividade uma arma para que as representações de uma obra, de um autor ou de um ofício corporificadas em um arquivo não sejam acriticamente incorporadas pelo historiador como explicações acabadas da obra, do autor e do ofício em questão. Tais representações são o ponto de partida de quem investiga, não o de chegada.

REFERÊNCIAS BIBLIOGRÁFICAS

Alvito, M. Um bicho de sete cabeças. In Zaluar, A; Alvito, M. (orgs.). *Um século de favela*. Rio de Janeiro: Editora FGV, 1998.

Artières, Philippe. Arquivar a própria vida. *Estudos históricos*, n. 21, p. 9-34, 1998.

Chartier, Roger. A mão do autor: arquivos literários, crítica e edição. *Escritos* (Revista do Centro de Pesquisa da Casa de Rui Barbosa), a. 3, n. 3, p. 7-22, 2009.

Di Donato, R. The Finley Papers: una introduzione. *Opus*, VI-VIII, p. 261-274, 1991.

Finley, M. I. The servile statuses of Ancient Greece. *Révue internationale des droits de l'antiquité*, 3ª série, n. 7, 1960.

___. *The Ancient Economy*. Nova York: Penguin, 1992 (1ª ed. 1973; ed. rev. e ampliada, 1985). Tradução portuguesa, *A economia antiga*. Porto: Afrontamento, 1980 (ed. rev. 1986).

Heymann, Luciana. Os fazimentos do arquivo de Darcy Ribeiro. *Estudos Históricos*, n. 36, p. 43-58, jul-dez. de 2005.

Miceli, Sergio. Biografia e cooptação (o estado atual das fontes para a história social e política das elites no Brasil). In: *Intelectuais à brasileira*. São Paulo: Companhia das Letras, 2001. p. 345-354.

Momigliano, Arnaldo. The Greeks and us. *The New York Review of Books*, v. 22, p. 36-8, 16 de outubro de 1975.

Müller, Betrand. À la recherche des archives de la recherche. Problèmes de sens et enjeux scientifiques. *Genèses*, n. 63, p. 4-24, junho de 2006.

Nafissi, M. *Ancient Athens and Modern Ideology:* Value, Theory and Evidence in Historical Sciences. Max Weber, Karl Polanyi and Moses Finley. Londres: Institute of Classical Studies, School of Advanced Study, University of London, 2005. p. 209.

Palmeira, Miguel. *Moses Finley e a "economia antiga"*: a produção social de uma inovação historiográfica". Tese (doutorado) — Departamento de História Social. São Paulo: FFLCH-USP, 2008.

Shaw, Brent. The Early Development of M. I. Finley's Thought: The Heichelheim Dossier. *Athenaeum*, fasc. 1, p. 177-199, 1993.

Shaw, Brent; Saller, R. Editors' Introduction. In: Finley. *Economy and Society in Ancient Greece*. Londres: Chatto & Windus, 1981.

6

ARQUIVOS PRIVADOS E HISTÓRIA DOS HISTORIADORES: SOBREVOO NO ACERVO PESSOAL DE GEORGES DUBY*

Felipe Brandi

Não é de hoje que os historiadores se interessam pelos arquivos privados. Já em 1891, Charles-Victor Langlois e Henri Stein chamavam a atenção para o interesse histórico dessa categoria de "fonte".[1] Sua obra, *Les Archives de l'histoire de France*. Um manual. Marco na história dos arquivos privados na França, que muito contribuiria para dissipar a desconfiança então predominante com relação a esses acervos diversos, de proveniência suspeita e de autenticidade incerta. Apesar do impacto da obra dos dois chartistas, é possível no entanto afirmar que essa parcela do material documentário do historiador foi, ao longo do último século, objeto de uma aceitação vagarosa e de um uso reticente e parcimonioso. Num contraste nítido com a atenção crescente que ela vem recebendo, há hoje pelo menos três décadas.

A recente voga de estudos *acerca* e *com base em* arquivos privados coincide com uma renovação da paisagem historiográfica. De um lado, ela é estimulada pela reabilitação do sujeito e dos atores, que tomou conta das ciências sociais a partir dos anos 1980, modificando brusca e violentamente a primazia que a geração anterior de historiadores havia concedido às estruturas e às forças anônimas. De outro, pode-se

---

* Meus agradecimentos sinceros vão para a Senhora Andrée Duby, que acompanha há muito o meu trabalho e me encoraja a pesquisar, com plena liberdade, os documentos do Fonds Duby. Agradeço igualmente à CAPES por ter aceito o meu projeto de pesquisa e, graças à concessão de uma bolsa integral, ter tornado materialmente possível desenvolvê-lo em meu doutorado na França."

[1] Ver Langlois e Stein (1892); cf. sobretudo capítulo IV, "Archives diverses", e em especial a rubrica dos arquivos privados, oriundos de " Familles et châteaux"" (p. 482-4).

afirmar que o vigor com que, durante as décadas de 1970 e 1980, se internacionalizaram, primeiro o modelo da história das "mentalidades" e, depois, o da história cultural, parece ter acarretado, entre outros efeitos, o pleno desprestígio daquela que passou a ser chamada a "velha história desencarnada das ideias", onde estas pareciam autoengendradas, fluindo numa espécie de esfera asséptica, respondendo e nutrindo umas às outras, com pouca, ou nenhuma, interferência externa. Diferentes tradições historiográficas parecem ter assimilado essa crítica própria à história das "mentalidades", renovando assim os estudos sobre a vida intelectual. Atentas para a historicidade das grandes teorias e procurando inserir o conhecimento da história das ciências dentro do universo das práticas, as pesquisas contemporâneas tendem a privilegiar o realce dos alicerces mundanos e institucionais do saber. A história intelectual, ou história dos intelectuais, praticada desde então, tem se mostrado particularmente preocupada em não recair no "velho erro" e ver-se acusada de idealismo, favorecendo, por conseguinte, uma abordagem de sociologia do conhecimento, atenta aos grandes organismos de captação, difusão e concentração da legitimidade intelectual, aos fenômenos de circulação e apropriação dos discursos, assim como às relações de poder e à distribuição dos signos de reconhecimento e distinção acadêmica (prêmios, cátedras, midiatização etc.). São trazidos à tona, precisamente, os alicerces temporais das disciplinas científicas, com seus protocolos e hierarquias internas.

O interesse pelos arquivos privados encontra, nesse contexto, as condições ideais para se propagar. Estes aparecem como o meio idôneo para restituir "corpo" às ideias, devolvendo à história intelectual a sua dimensão mais "humana", satisfazendo, por conseguinte, o apetite do historiador que crê, a exemplo do ogro da lenda, que sua presa é a própria carne humana. Mas para que os arquivos privados desfrutassem da voga que hoje conhecem, foi preciso algo mais do que a simples referência — ela mesma ideal — a alguma dimensão humana e material da história. Foi preciso que todo um repertório de temas, de convicções e de reivindicações viesse a ser mobilizado amparando o interesse pelos arquivos privados e compatibilizando, de um lado, as vantagens que estes últimos tinham a oferecer e, do outro, as principais orientações que acabaram por se impor aos estudos de história intelectual. E, entre umas e outras, diferentes tipos de relação puderam, com efeito, se estabelecer, propiciamente. Apoiada em arquivos, a pesquisa apareceria então "documentada", livre da suspeita de pura interpretação, além de pautada na dimensão humana da vida intelectual. Por sua vez, os arquivos privados de intelectuais traziam, potencialmente, a expectativa de uma eventual luz sobre as disputas e relações de poder, quando não, mais diretamente, sobre a penetração de motivações "extra-intelectuais" na elaboração de uma obra. Há ainda de notar, em terceiro lugar, a identificação, que acabou por se cristalizar, entre esse ponto de vista não idealista da história intelectual e a adesão à crença num extrato inferior, material e oculto, que guardaria a chave de um criador, quando não da própria vida intelectual.

São esses alguns dos pressupostos que se impuseram e, por assim dizer, naturalizaram o laço entre o uso dos arquivos pessoais e a história dos intelectuais. Eles demonstram, por um lado, como o próprio discurso da disciplina e o interesse crescente pelos arquivos de escritores e intelectuais se apoiaram mutuamente, e em diferentes níveis; e por outro lado, como a difusão de pesquisas calcadas em arquivos privados se deveu, em larga medida, ao fato de estes terem sido representados como sendo, não apenas um *material*, mas antes um *instrumento* que permitiria adentrar os bastidores das criações culturais e erigir uma história intelectual realmente sociológica. Esses pressupostos, cabe lembrá-los aqui, para começar, precisamente porque é sobre o desmantelamento dessas convicções que parecem, hoje, prosseguir as pesquisas trabalhando sobre fundos privados.

É justamente desse duplo papel dos arquivos privados, como *material* e como *instrumento*, que eu gostaria de partir, para tentar apresentar algumas considerações bem gerais acerca da pesquisa que venho desenvolvendo no arquivo do medievalista francês Georges Duby (1919-1996), conservado no Institut Mémoires de l'Édition Contemporaine (IMEC), em Caen. Nesse sentido, dirijo minha atenção não para a problemática dos "arquivos pessoais" como um todo, mas para uma subcategoria: a de arquivos de historiadores, limitando-me ao campo bem específico da historiografia, isto é, o da história do pensamento e dos estudos históricos, pensada, ela mesma, como "uma forma de história intelectual" (Hartog, 2003:18).

*

Os estudos de história da historiografia não permaneceram estanques à atenção crescente da qual os arquivos privados foram objeto nas últimas três décadas. Já em 1976, Charles-Olivier Carbonell publicava sua tese, a partir de um exame minucioso, estatístico, da correspondência de toda uma geração de historiadores entre os anos de 1865 e 1885 (Carbonell, 1976). Privilegiando uma abordagem de sociologia do conhecimento, sua pesquisa partia de um entendimento da "historiografia" como estudo dos quadros mentais e ideológicos que circundam as obras historiográficas.

Nessa esteira se situa grande parte da produção historiográfica francesa dos últimos 30 anos, fortemente marcada, de um lado, pelos êxitos da história cultural (ou das "mentalidades") e, de outro, pela desconfiança contra qualquer tipo de reflexão de teor excessivamente teórico ou epistemológico. Públicos ou privados, os arquivos não tiveram que transpor muitos obstáculos para se impor como material de base de um campo de estudos cuja legitimidade parecia depender, em larga medida, de sua distância em relação às análises estritamente teóricas. Uma reticência ante o recurso a arquivos privados parece, no entanto, se manifestar em trabalhos que têm por objeto a historiografia contemporânea, isto é, autores ou escolas que pertenceram ao século XX, e mais especificamente ao pós-guerra. De fato, os empecilhos são, neste caso, diversos, e bem conhecidos: em primeiro lugar, muitos acervos ainda não estão constituídos, seja porque o autor, ainda em vida, não os legou a uma instituição competente, seja porque seus papéis se encontram geograficamente dispersos na residência dos beneficiários. Além de o pesquisador ter de deparar com problemas de direitos de autor ou de reticência por parte dos herdeiros, há de considerar, ainda, a ausência do recuo temporal, que constrange, epistemológica e eticamente, o olhar e a palavra do historiador. Tal proximidade parece constituir, do ponto de vista teórico, o principal obstáculo. O historiador não é o jornalista e deve, ao contrário deste, se manter consciente de que tanto seu olhar quanto seu discurso são faculdades cujo desempenho está estritamente relacionado à sua distância em relação ao objeto.

A título de exemplo de pesquisas sobre historiadores contemporâneos, privilegio os estudos sobre a escola histórica francesa e os historiadores ligados à revista *Annales*, pelo simples fato de estarem mais próximos à minha própria pesquisa mas também porque aí me parece exemplar o cruzamento dos questionários respectivos à história intelectual e aos estudos de historiografia e, pela massa do material documentário, ao que se convencionou chamar a história do tempo presente.[2] Nem Bertrand Müller, nem Olivier Dumoulin, nem mesmo André Burguière fizeram, em trabalhos recentes, a opção pelos arquivos. Embora tivessem todas as qualificações e requisitos para obter acesso a arquivos custosos a qualquer jovem pesquisador sem igual patente, todos os três privilegiaram a parte publicada das obras de Lucien Febvre, de Marc Bloch ou da "escola" dos *Annales*.[3] Decerto, tal prudência diante do uso dos arquivos suscita um número considerável de interrogações, e não poderia deixar o historiador indiferente. Se Bertrand Müller foi capaz de justificar tal retraimento, detendo-se na atividade crítica de Lucien Febvre, o mesmo não se pode dizer do trabalho de Dumoulin, ao mesmo tempo retrato de Marc Bloch e balanço de sua aura póstuma, e menos ainda do livro de Burguière, história vista *de dentro* da tradição "annalista". Ainda que nenhum dos três autores esclareça as suas motivações, a precaução comum frente às fontes de arquivo é, nos casos citados, tanto mais surpreendente que, dez anos antes, já em finais da década de 1980, toda uma leva de investigações sobre a escola francesa contemporânea parecia indicar uma tendência em proveito dos materiais coletados em arquivos.[4] A

---

[2] Ver Vários autores (1993); Bédarida (2001).

[3] Ver Müller (2003), Dumoulin (2000) e Burguière (2006). Note-se que os arquivos de L. Febvre foram confiados, por Henri Febvre, em 1998, aos Arquivos Nacionais, e os de Marc Bloch, depositados progressivamente desde 1979, foram doados também em 1998.

[4] Entre os trabalhos sobre a escola francesa publicados na virada da década de 1990 e que se serviram de material de arquivos, pode-se lembrar a tese de Mazon (1988), escrita com base nos arquivos de fundações norte-americanas (sobretudo,

falar a verdade, tal precaução seria, na virada do séc. XXI, estarrecedora, não fosse, por si mesma, expressiva do desconforto sentido pelos historiadores junto a uma matéria recente e que envolve os melindres da historiografia hoje dominante na França. Desbravar um arquivo é, com efeito, entrar em terreno desconhecido, cujas revelações são inesperadas; não é de todo ausente o risco de deparar com informações comprometedoras, suscetíveis de expor seus autores, e contorná-los talvez seja o meio mais seguro de se evitar conteúdos polêmicos.

Mas queremos dizer com isso que se assiste a um declínio, entre os historiadores da historiografia contemporânea, do interesse pelos arquivos privados e que a presente popularidade destes não seria mais do que uma miragem? Ao contrário, se a prudência manifestada nos trabalhos mais recentes citados acima nos interessa, é pelo que, negativamente, ela testemunha do peso desses arquivos no imaginário e na prática da comunidade historiadora. Em outras palavras, pode-se tanto mais estimar o *valor* que a corporação dos historiadores atribui aos arquivos privados quanto mais cautelosa parece ser sua utilização. Indicativo disso é a atenção que se tem dado, nos últimos vinte anos, à edição de papéis privados, correspondências e textos não publicados, de alguns dos protagonistas da historiografia francesa do séc. XX.[5] De recontro à reticência expressa em alguns trabalhos atuais, tal profusão de edições oriundas de arquivos privados indica que, se a recomendação de prudência continua imperando, é sem lugar a dúvidas sobre a base de papéis pessoais que os historiadores franceses esperam edificar as pesquisas de historiografia e de história intelectual de amanhã.

Dentro desse cenário, o historiador da historiografia encontra certamente razões para se alegrar. Não lhe faltam, aliás, exemplos bem-

Rockefeller e Ford), o estudo de Gemeli (1990), para o qual foram consultados os arquivos da École Normale Supérieure, e o livro de Fink (1989), que examina diferentes acervos privados, reunindo os vestígios espalhados dos papéis de Marc Bloch.

[5] Cf. notadamente, "Une correspondance entre Lucien Febvre et François Simiand à l'aube des 'Annales'" (1989), mas também os três volumes da correspondência dos fundadores da revista *Annales*, aos cuidados de Müller (1994-2004); cf. igualmente Bloch (1992) e Febvre (1997); e, mais recentemente, os dois textos de Lucien Febvre, aos cuidados de Brigitte Mazon (1996 e 2009).

-sucedidos de recurso a fundos privados sobre os quais se apoiar — notadamente no caso de estudos recentes sobre a obra de grandes expoentes de outras ciências sociais.[6] Mas talvez seja importante, antes de cantar vitória, tentar abrir um pouco mais o campo de observação e interrogar não tanto o *lugar* dos arquivos na prática historiadora, mas o discurso disciplinar do qual o historiador da historiografia é, ao mesmo tempo, herdeiro e tributário. Seja para discernir melhor as perspectivas que se lhe abrem, seja para distinguir as determinações que o constrangem.

*

Seria fastidioso evocar aqui os laços que ataram os arquivos e a tradição dos estudos históricos. Laços duráveis. Laços tão profundamente enraizados na representação que a disciplina histórica faz de si mesma que o próprio historiador nem sempre é o melhor colocado para tentar empreender uma observação crítica desse material que lhe é tão essencial e familiar. Com efeito, foi amiúde dentro de interrogações de ordem filosófica que a reflexão sobre os arquivos fez seus maiores avanços. Henri-Irénée Marrou e, mais tarde, Paul Ricœur[7] mostraram o quanto a observação histórica se vê obrigada a dobrar-se frente a uma deficiência de base, uma vez que não pode atingir diretamente o passado e que é apenas por meio de retalhos de uma realidade extinta que o historiador pode esperar apreender o que, desaparecido com o tempo decorrido, já não é mais. Os arquivos são, dito de outro modo, o frágil expediente de que se serve uma ciência cuja operação é a de apreender o que deixou de ser e não se pode, portanto, observar diretamente. Seu enigma está em oferecer o paradoxo de dispor passarelas entre o visível e o desaparecido, entre ações pretéritas e o registro que delas se conserva, mas apenas sob a condição de instaurar e de fazer reconhecer a desunião profunda, e intransponível, do passado e

---

6 Por exemplo, Mariot (2006) e, mais recentemente, Hirsh e Potin, "Présentation" (2010), que contêm uma verdadeiro achado nos arquivos de Paul Rivet.

7 Cf. Marrou (1975:64 e *passim*); Ricœur (1985:4e parte, espec.175-83 para a problemática da "*trace*").

do presente. Incorporando, para perpetuá-lo, esse atributo da "*trace*" (rastro) como signo que subsiste, os arquivos, já notava Ricœur, existem, ou melhor, perduram como, a um só tempo, *praesentia* do passado, *praesentia* enquanto passado e *praesentia* do que é do passado. Como bem lembra Claude Lévi-Strauss, o valor que atribuímos aos arquivos se deve ao seu "sabor diacrônico" (Lévi-Strauss, 1976:277), ao fato de serem "o passado materialmente presente" (1976:273).

> A virtude dos arquivos é por-nos em contato com a pura historicidade [...]: por um lado, constituem o acontecimento na sua contingência radical, [...] mas também estabelecem uma existência física à história, porque neles apenas fica superada a contradição de um passado terminado e de um presente, em que ele sobrevive. Os arquivos são o ser encarnado da 'acontecimentalidade' [1976:277-278].

Ora, enquanto setor da pesquisa histórica, os estudos de historiografia não teriam podido permanecer impermeáveis ao valor simbólico de que são investidos os arquivos no seio da comunidade historiadora. Prova disso é o peso do uso (quando não expressamente recomendado, ao menos esperado) de peças de arquivos em trabalhos de historiografia, sobretudo em teses de doutorado. Sua valorização é evidente: a legitimidade daquele que se apresenta candidato a pesquisador continua a ser tanto mais assegurada quanto maior a quantidade de "fatos novos", isto é, de material inédito, que ele fornece à comunidade por ocasião de sua acolhida entre os mandarins. As razões de tal apreço remontam a uma concepção cumulativa da história, herdada do século XIX, onde cada "achado" num arquivo era representado como um passo a mais na direção de uma completude ideal, vislumbrada ainda que jamais discernível. A apresentação de material inédito pelo candidato continua a ser um sinal, ou mesmo a prova de uma tarefa bem cumprida, quando não de uma vocação de historiador. Como se, muitas vezes, a "caçada" fosse ela mesma "muito mais importante do que o animal capturado" (Duby, 1993:28).

Não faltam, aliás, exemplos, na história da historiografia do século XX, de pesquisas determinadas pelo conselho dos orientadores, que dissuadem seus alunos de despender esforços em peças documentárias já exploradas: "Este material já foi consultado; não há nada de novo aí.", orientando-os para outro *corpus* de maior valor simbólico, seja porque inédito, seja, quando editado, porque por ora praticamente intacto.[8]

De fato, o "valor" de um arquivo é proporcional à dificuldade de seu acesso e à sua reduzida manipulação. Qualquer pesquisador de arquivo tem a experiência, sempre renovada, do controle vigilante do acervo, da sua entrega parcimoniosa, uma peça de cada vez e somente após paciente espera. O abismo que se cria entre pesquisador e arquivista, encarregado de velar tenazmente pela conservação do depósito do qual tem a guarda, já serviu de tema a numerosas glosas. Significativos são o conjunto de procedimentos e o tempo de espera comumente requeridos para se obter acesso aos arquivos. Nos Arquivos Nacionais, em Paris, por exemplo, a espera para a entrega de um documento pertencente a um acervo privado é, atualmente, de 15 dias — tudo, enfim, para recordar que aquela peça sai do domínio do ordinário; isto é, que o arquivo possui um estatuto singular, exclusivo, no universo "escriturário". Quantas vezes, ao chegarmos pela primeira vez a um arquivo, não esperamos ganhar a simpatia do arquivista, mostrando-nos diligentes e respeitosos com o acervo do qual é o conservador, inclinados a reconhecer seu valor e a consultá-lo "com os cuidados devidos a coisas sagradas" (Lévi-Strauss, op. cit.: 275)?

O que assim se entretém é todo o discurso da disciplina acerca do documento de arquivo como um patrimônio, que não se dilapida. Discurso que não cessamos de reproduzir e do qual, talvez, dependamos para desprendermos tanto tempo e dedicação no cuidado e manuseio dessa miscelânea de escritos.

---

[8] É esse, aliás, o caso do próprio Georges Duby, cuja tese e boa parte de sua obra ulterior tem como pedestal o *Recueil des chartes de l'abbaye de Cluny*, rico documento aconselhado por seu orientador, Charles-Edmond Perrin, naquela que foi, segundo Duby, "a recomendação que decidiu meu futuro. Perrin disse-me que seria bom, antes mesmo de definir um tema e seu contexto, debruçar-me imediatamente sobre um documento de fácil acesso, já editado e impresso, para praticar. Mas um belo documento, de grande consistência, um filão rico, e que ainda estivesse praticamente virgem" (Duby, 1993:19).

No caso específico dos arquivos privados, talvez seja importante notar, ademais, a inversão de perspectiva propriamente historiográfica que acompanha a sua presente voga. Outrora, o historiador privilegiava os documentos oficiais e, ainda assim, quando submetidos a uma rigorosa crítica erudita, de modo a eliminar destes toda substância subjetiva e a libertá-los, por assim dizer, de todo resíduo *interessado*, parcial, partidário ou tendencioso. Agora, ao contrário, é à própria dimensão subjetiva do documento que se procura dar relevo. De toda evidência, os arquivos pessoais não poderiam sair mais beneficiados de tal reviravolta. Poder-se-ia, é certo, utilizá-los para se estabelecer fatos "seguros", isto é, aqueles que corroborem outras versões dos mesmos acontecimentos. Mas parece ser isso o que menos interessa. Ao invés de pôr à prova a sinceridade, a competência e a exatidão do testemunho, é a visão pessoal, íntima, a despeito de sua parcialidade ou partidarismo, que se procura agora fazer sobressair. No entanto, o realce da dimensão subjetiva contida no material privado de arquivos de intelectuais não é isenta de armadilhas. Ele comporta o risco de fazer da substância subjetiva um dado cru e transparente de toda uma parcela do material documentário (correspondências, diários etc.), assim como de atribuir ao conteúdo desses arquivos uma genuinidade, com frequência, ilusória. Não seria, de fato, inútil observar com cuidado a atual ênfase nas "intenções" e nos "interesses" dos testemunhos. Ainda que seja, simplesmente, porque tende a ocultar o problema da outra vertente da subjetividade e da "intencionalidade", a mais difícil na verdade de se lograr determinar, e que diz respeito não tanto às intenções dos atores, mas às do próprio historiador-pesquisador (admitindo-se que este já não se imagine como transparência neutra).

Ora, importa lembrar que os arquivos pessoais que servem de material para nossas pesquisas são construções — em diferentes níveis. *Construções*, primeiro, dos próprios autores, que selecionam parte dos papéis que acumulam em vida e os conservam segundo critérios específicos e de acordo com determinados fins; em seguida, daqueles a quem é confiada a guarda desse patrimônio que o submetem a uma nova ordenação e classificação; e em última análise, do próprio investigador, que o toma por objeto e o recorta de acordo com o seu questionário. No caso de trabalhos de historiografia utilizando arquivos privados, o problema da natureza *construída* desses últimos, parece-me, está na base das reflexões empreendidas presentemente. Mas ele, na realidade, não será solucionado enquanto não ocasionar o que se poderia chamar de um "efeito de espelho" sobre a abordagem do próprio investigador. Isto é, aquele que, atentando para a historicidade, não do acervo, mas, desta vez, da pesquisa que dele se serve, dá relevo às condições de inteligibilidade e de apreensão do arquivo em função do estado presente da problemática científica, de modo a pôr em evidencia, ao mesmo tempo, os recursos e os freios epistemológicos, mas também éticos de seu estudo.

*

Sedutoras, as fontes privadas contêm, desse modo, algumas ciladas ao pesquisador. Entre elas está, em primeiro lugar, a sensação — ela sim, bastante real — de se ter, finalmente, acesso ao autor "real", despojado de todas as máscaras da vida pública, tal como ele genuinamente foi. Ora, a própria constituição, organização e disposição dos arquivos é já uma tela deformadora, que distorce a vista do pesquisador e lhe impõe, ainda que de modo não friamente calculado, determinada orientação. Inelutavelmente. Pois o arquivo pessoal é, ele mesmo, um filtro, e o importante talvez seja procurar, não tanto transpor ou dissipar a tela (o que, por direito, é irrealizável), mas tomá-la, primeiro, como um objeto em si mesma e, logo depois, como ferramenta facultando a observação do autor estudado. Isto é, fazer desse filtro não mais um obstáculo a ser superado, mas um artefato auxiliar do questionário do investigador.

Talvez, um primeiro passo nessa direção seja o de diluir, até certo ponto, a dicotomia estrita e assaz austera público/privado. Operação custosa, uma vez que tal partição se encontra no limiar dos estudos sobre arquivos pessoais. Mas tanto mais salutar que ela permitiria, atentando para a sutil imbricação de ambas as esferas, indagar em que medida os arquivos de diversos literatos não procedem à construção de uma representação segunda, em decalagem com a figura pública, mas cuidadosamente velada para projetar e fazer valer uma (determinada, mas não qualquer) imagem daquilo que se espera poder atribuir ao campo da vida íntima e privada.

As correspondências, que são um dos materiais privilegiados pelas pesquisas sobre arquivos privados e que, dentro destas, constituem um objeto de estudo em si mesmas, ilustram bastante bem esse ponto. Pois as correspondências jamais são transparentes, mas contêm tantos quando não mais "filtros" ou "máscaras" que a parte editada, portanto pública, da obra de um autor. Repletas de convenções sociais, dizem-nos, muitas vezes, menos acerca de seu autor do que das categorias de percepção, das formas de apresentação de si, próprias a uma época. Como bem assinala Angela de Castro Gomes, "a correspondência é lugar de sociabilidade" (1996:124); enquanto tal, supõe, ademais, uma descontração e uma espontaneidade apenas relativas. Mesmo em correspondências longas, que se estendem por vários anos, deixar-se convencer pelos sinais de familiaridade e de confidência pode ser uma emboscada. Os correspondentes cumprem um papel social, que aparece através de todo um conjunto de elementos, que vão desde a busca de estilo, a utilização de lugares-comuns, até a precaução por parte de cada correspondente de manter o registro elevado de suas cartas, e que funcionam como tantos outros sinais de distinção social. Ainda aí, pois, a abertura de si e a confissão são compensadas pela preservação de uma postura, mediante a qual cada um dos correspondentes se faz valer como tal.

Podemos, assim, fazer nossas as admoestações de Christophe Prochasson, para quem "[e]ssa pressa em apontar o autêntico na fonte, como se refletisse um desnudamento do humano, faz parte de um discurso ingênuo sobre os arquivos privados" (in Prochasson, op. cit.:114), e que observa, justamente:

> As armadilhas que as correspondências estendem aos historiadores são [...] numerosas. A impressão de pegar desprevenido o autor de uma carta que se destinava unicamente ao seu correspondente, o sentimento de violar uma intimidade, garantia de autenticidade,

> quando não de verdade, são às vezes bastante enganadoras. Existem correspondências que traem uma autoconsciência que não engana ninguém. Existem cartas ou documentos privados cujo autor mal disfarça o desejo, talvez inconsciente, de torná-los, o quanto antes, documentos públicos. [...] Nada corre o risco de ser mais falso do que a "bela carta" ou o arquivo privado "que se basta a si mesmo", que é "tão revelador" [Ibid.:11-2].

*

Para tentar extrair as considerações expostas acima da abstração, talvez seja hora fazer menção, ainda que rápida, da pesquisa que, no quadro de um programa de doutorado, venho desenvolvendo sobre a obra do medievalista francês Georges Duby (1919-1996). Embora inclua a consulta de alguns acervos privados, sobretudo dos arquivos pessoais de Georges Duby, trata-se, fundamentalmente, de uma tese teórica, concebida e parcialmente redigida antes da obtenção do acesso aos arquivos, e interessada, acima de tudo, em pôr em evidência alguns elementos do que considero ser a contribuição do medievalista à reflexão sobre o fazer historiográfico. O que não significa que seja uma tese "desencarnada", abstrata, não contextualizada ou normativa.

Essa ressalva, a meu ver, é indispensável, pois, ainda que abarque, em parte, arquivos pessoais, minha pesquisa não os tem como objeto. Eu a situaria, de bom grado, *aquém* dos trabalhos mais atuais sobre arquivos privados, que, em vez de encarar o acervo como uma mina da qual se extraem revelações desconhecidas sobre uma obra e o seu autor, procuram, ao contrário, unir o estudo de um autor ao exame da configuração geral e da economia de seus papéis pessoais, enfocando menos o conteúdo desse material do que as condições de produção e as práticas das quais resultam esses arquivos (Artières Kalifa, 2002:10). E há de reconhecer todo o interesse e o fascínio que representaria uma pesquisa aprofundada *sobre* o arquivo de Duby; isto é, que tenha por objeto não o medievalista ou sua obra, mas — o que é, evidentemente, algo distinto — o Fonds Duby: *o que* ali se guarda, *como* se guarda, sem renunciar a arriscar, quando possível, a questão do *porquê*.[9]

Na esteira do acordo (2001) entre o Collège de France e o Institut Mémoires de l'édition contemporaine (Imec), os papéis pessoais do medievalista foram confiados a esta última instituição, em 2003, pela senhora Andrée Duby.[10] Constituiu-se, assim, o Fonds Duby, o qual contém 132 caixas e de cujo estado atual, eis a relação sumária:

1. Dossiês relativos à tese, os quais se estendem por quatro caixas inteiramente dedicadas à *La société aux XIe et XIIe siècles dans la région mâconnaise*, publicada em 1953 (cota: DBY 24 — DBY 27).
2. Manuscritos de uma dezena de livros, publicados de 1973 em diante, entre os quais destacam-se: *Le Dimanche de Bouvines*, *Guerriers et paysans*, *Saint Bernard et l'art cistercien*, *Les Trois ordres ou l'imaginaire du féodalisme*, *Guillaume le Maréchal* e *L'Histoire continue*.
3. Correspondência, a qual se divide em: a) correspondência privada, classificada em ordem alfabética, num total de seis caixas, e que remonta, por vezes segundo o correspondente, a finais da década de 1950; b) correspondência profissional com editores (sete caixas); c) cópia carbono da correspondência enviada por Georges Duby a destinatários diversos durante o período entre 1978 e 1995, perfazendo alguns milhares de cartas, distribuídas cronologicamente em sete caixas.

[9] Com efeito, há já em marcha um conjunto de trabalhos imponentes que vão nesta última direção, talhando uma reflexão que permite alargar tanto a metodologia quanto o conhecimento que o historiador tem de sua própria prática, tirando, no caso, seu envolvimento com o estudo dos arquivos privados de uma relação exclusivamente prática, de usuário. Restringindo-me, uma vez mais, aos trabalhos franceses, envio o leitor aos números especiais "Histoire et archives de soi" (*Sociétés et représentations*, op. cit.); "Lieux d'archives" (*Sociétés et représentations*, no 19, 2005); e "Sciences sociales: archives de la recherche" (*Genèses*, n. 63, 2006). Gostaria igualmente de mencionar o seminário "Mise en archives", que anima Yann Potin na Ecole des Hautes Études en Sciences Sociales.

[10] Sobre o depósito dos papéis pessoais de Georges Duby, feitos por sua esposa e seus herdeiros, cf. Dalarun (2004:33-4).

4. Trabalhos universitários, anotações de trabalhos e fichas para a preparação de cursos e conferências. Estão ali reunidos, igualmente, relatórios de missões, de defesas de teses, além de prefácios, discursos e homenagens, feitos entre os anos de 1980 e 1996.
5. Manuscritos de artigos diversos, entre 1977 e 1990, aos quais se podem ainda acrescentar os dossiês dedicados exclusivamente aos diferentes escritos que Georges Duby consagrou a artistas contemporâneos, redigidos entre 1961 e 1990.
6. Criação radiofônica e televisiva, a qual inclui os roteiros das séries de televisão *Le Temps des cathédrales* (1977) e *Les Croisades* (1983). Dossiê que se desdobra nos documentos relativos ao envolvimento de Georges Duby com o canal de televisão cultural francês La Sept (1986-1992).
7. E, para terminar, os detalhados dossiês relativos ao seu seminário no Collège de France, incluindo a transcrição datilografada de muitas sessões, fotocópias de documentos utilizados, textos dos participantes etc. Particularmente rica, essa documentação se estende por algo como 20 caixas, entre as quais, apenas para os anos dos seminários sobre os temas das "três ordens" e do "casamento e sexualidade nos séculos X-XII" (1971-1978), contam-se, aproximadamente, 130 pastas.

Desde o meu primeiro contato com o acervo, tive clareza da extensão e da riqueza do material ali reunido, assim como do infundado de qualquer ambição de esgotá-lo e, enfim, do quanto um trabalho sistemático de toda essa documentação desviaria, inevitavelmente, a tese de sua direção primeira — mais propriamente, de sua silhueta teórico-historiográfica. Outra impressão forte foi, a despeito da extensão do acervo assim constituído, a das lacunas, consideráveis, nele existentes; melhor dito, a da orientação que lhe foi, de algum modo, infligida. Salta à vista, com efeito, o hiato entre os dossiês relativos à tese (inícios da década de 1950) e os manuscritos lá conservados, que datam dos anos 1970 e 1980. As décadas de 1950 e 1960, cruciais na evolução da pesquisa e da reflexão de Georges Duby, não estão, salvo raras exceções, representadas no arquivo. Os anos em que lecionou na Faculdade de Aix-en-Provence, mas ainda trabalhos como *A economia rural e a vida do campo no Ocidente medieval*, "O feudalismo: uma mentalidade medieval?", "Os laicos e a paz de Deus", "As origens da cavalaria", "A vulgarização dos modelos culturais", apenas para citar alguns, mais famosos, aos quais se juntariam os três volumes publicados pelas edições Skira e *O ano mil*, marcam o acervo de uma lacuna surpreendente. A qual é, enfim, ampliada quando se descobrem os vazios na correspondência, ou ainda em alguns dos manuscritos. Na realidade, tal lacuna se torna patente assim que consideramos o volume de cópias-carbono das cartas avulsas, enviadas pelo autor aos mais diversos destinatários: conservada a partir de 1978, essa correspondência se propaga por um total de sete caixas, das quais apenas a primeira, relativa aos anos 1978-1980, contém mais de 1.060 cartas. A consulta aos outros anos dessa correspondência permite pensar que cada caixa comporta aproximadamente o mesmo número de cartas, numa média de 300 a 350 para cada ano. A sistematicidade da reprodução desse conjunto, assim como de sua conservação, leva a crer que tal prática nada tinha de acessória, o que torna ainda mais chamativa a ausência de cartas de 1977 para trás e levanta questões acerca do caráter arbitrário dessa data como marco inicial da correspondência profissional.

Isso não é tudo. Para dar apenas alguns rápidos exemplos, os dois mais antigos manuscritos de livros lá conservados, o de *Guerreiros e camponeses* e o do *Domingo de Bouvines*, são já versões bastante avançadas da redação. Do *Domingo de Bouvines*, por exemplo, não há o primeiro borrão, enquanto a versão manuscrita de *Guerreiros e camponeses* já é a prova tipográfica contendo algumas correções manuscritas de punho do próprio Georges Duby. Mesmo o manuscrito das *Três ordens ou o imaginário do feudalismo*, melhor representado, com diversas variantes manuscritas e diferentes versões datilografadas, organizadas em pelo menos cinco pastas, contendo os primeiros esboços do plano geral da obra (não do texto), intriga o pesquisador. A versão mais antiga lá conservada se assemelha, ainda que submetida a uma reescrita, surpreendentemente à versão final do livro. Algumas passagens, é certo, foram retrabalhadas, mas a conformidade é tal que o leitor não deixa de se perguntar se o apuro formal dos escritos de Duby é espontâneo e de um jato, ou se todos os rascunhos preliminares não desapareceram.

A esse respeito, é forçoso reconhecer que a dificuldade aqui reside no problema de se saber até onde é necessário remontar a origem dessas omissões. Ao próprio autor? Aos herdeiros? Ou à instituição, que ainda não teria concluído a coleta e o inventário minucioso da documentação? Tendo como único material de trabalho o acervo em seu estado atual, importa, enfim, abordá-lo de uma perspectiva outra que não a da simples relação de usuário, procurando discernir os laços que mantêm unidos seus papéis pessoais, assim como as práticas e os propósitos de arquivamento que lhes são específicos. E isso, levando em conta o fato de não se ter a confortável segurança de que o seu estado atual corresponda, seja à sua configuração definitiva, seja à triagem do próprio autor. Apenas posso, nessas circunstâncias, arriscar algumas aproximações, à espera de que elas sirvam de indicação para o exame das condições de produção de seu acervo. Certo, há nele outras lacunas, mais pontuais, além das já mencionadas. Mas não tão espetaculares. De modo geral, o Fonds Duby aparece organizado em grandes eixos: a tese, os livros, os seminários, a correspondência, os documentos audiovisuais, ou ainda os editores, a Sept, os escritos sobre artistas etc. Contudo, é o corte cronológico que parece dar uma unidade a esse acervo. Como bem indica a cronologia dos manuscritos de artigos e dos dossiês de criação de rádio e televisão, o fundo Duby, na sua maior parte, tem como verdadeiro limiar a segunda metade da década de 1970, sendo os anos 1980, com diferença, o período ali melhor representado. Ora, as suas lacunas poderiam servir como ponto de partida para uma pesquisa sobre seu arquivo. Elas levantam questões importantes acerca dos critérios que presidiram à triagem e à conservação de seus papéis pessoais. Qual a sistemática por detrás da sua seleção? Melhor: houve alguma? Há de ter? E essa sistemática, se é que ela existe, responde à trajetória ou à prática de Georges Duby como historiador, de modo tal que elas se elucidem mutuamente?

Para tentar esboçar uma resposta a essas indagações, as cópias em carbono da correspondência avulsa de Georges Duby merecem reter, uma vez mais, nossa atenção.

A diligência na preservação de uma copiosa correspondência é, em si, um dado biográfico assaz eloquente acerca de um autor. Quais as motivações que levam não somente a guardar, mas a guardar cuidadosamente, volumosas correspondências que se estendem ao longo de anos, quando não de décadas? Conservamos nossas correspondências em função de seu conteúdo, de seus remetentes que julgamos importantes, ou, fundamentalmente, por causa das lembranças que essas cartas encerram? O volumoso dossiê das cópias em carbono das cartas avulsas enviadas por Georges Duby atiça a curiosidade de todo aquele que se interesse pela prática e pela consciência arquivista do autor. Em primeiro lugar, por se tratar não de cartas recebidas, mas daquelas que ele mesmo enviou, copiadas primeiro metodicamente, e, em seguida, conservadas, no caso, quase vinte anos, para as mais antigas. Em segundo lugar, porque nem o conteúdo nem o destinatário parecem justificar a conservação individual ou coletiva dessas cartas. É bem verdade, a cópia em carbono consistia numa prática bastante utilizada nas correspondências profissionais. Porém, o dossiê em questão é demasiado heterogêneo. Um amontoado de cartas, desprovido da sequência que faria dele uma verdadeira "correspondência". Dirigidas aos mais diversos destinatários, essas cartas não dão continuidade umas às outras. Com frequência, tratam de formalidades. Do ponto de vista do historiador das idéias, documentam bem a rotina do professor do Collège de France: convites e as solicitações as mais diversas, contratos, cronograma de atividades acadêmicas, mas não são exatamente o lugar do debate de opiniões e pensamentos. E apresentam, claramente, nesse sentido, menor relevância do ponto de vista intelectual. Provavelmente ditadas e datilografadas por sua secretária, a senhora Kondratovitch, sua reprodução sistemática e, depois, o seu armazenamento seriam o indício de uma possível consciência de Georges Duby quanto a seu valor intelectual e renome? Teria o medievalista, desde cedo, clareza quanto ao destino que reservaria a essa documentação de relevância incerta, ou a armazenava aguardando que ela viesse, algum dia, a constituir um sólido dossiê, representativo de sua atividade como professor do Collège de France? Em todo caso, o zelo na conservação dessa correspondência nos permite recolocar a questão da integridade do seu acervo, tornando mais espantosa a ausência das cartas anteriores a 1977, além de nos levar, mais diretamente, a indagar acerca do processo de constituição de seus arquivos pessoais.

Ao arquivarmos nossos papéis, observa Philippe Artières, "construímos uma imagem, para nós mesmos e às vezes para os outros", no intuito de "talvez entender um pouco melhor quem somos nós" (1998:10). Muitas vezes, porém, o arquivamento é levado a cabo obedecendo a motivações estritamente pragmáticas, segundo as necessidades do momento: uma mudança, por exemplo, ou simplesmente para evitar que sejamos soterrados pelos papéis que acumulamos ao longo da vida — bilhetes, recados, cartas familiares ou profissionais, formulários administrativos, contratos, recortes de viagem. Selecionar, classificar e ordenar papéis é um expediente para facilitar, a nós mesmos, o acesso a determinada informação, que julgamos poder vir a ser útil. Mas quando percebemos que um documento ou um dossiê, conservados até então com zelo, deixaram de servir? Quando, no caso da ausência dos primeiros rascunhos de Duby em seu acervo, se determina que o processo de redação atingiu uma nova etapa e que todos aqueles esboços, carregados de frases hesitantes, de expressões tateantes, perderam sua utilidade e não mais merecem ser guardados?

Toda a dificuldade está, uma vez mais, em apreender o real alcance dessas ausências, desses intervalos. Como prática, o arquivamento está, com efeito, submetido às contingências do cotidiano: acidentes, necessidade de espaço ou descuido são fatores que, naturalmente, devem ser levados em conta. Há, ademais, em jogo uma parte, sem dúvida importante, de impressões pessoais, conforme as recordações que guardamos daquilo de que estamos mais ou menos orgulhosos: uma má prestação num congresso, uma conferência decepcionante ou, simplesmente, aquele texto que sabemos que foi feito com menos cuidado — e pelo qual temos pouca estima — são razões que pesam no momento da triagem.

Podemos indagar se a "consciência arquivista" — o cuidado e o empenho na classificação, na ordenação e na preservação dos papéis pessoais — supõe, ela, um perfil sociológico específico. É difícil crer que o apego à correspondência, por exemplo, seja próprio de homens de letras, enquanto outros grupos profissionais se aferrariam mais a contas, contratos, vestígios da infância ou exames médicos. Todas as combinações parecem, com efeito, possíveis: há quem não atribua valor algum a uma carta desprovida de teor mais íntimo, assim como há aqueles que apenas se afeiçoam à correspondência associada a seu ofício. Dito isso, podemos nos perguntar: 1) os arquivos de historiadores trazem o selo de atividade intelectual a que se entregam, em contraste com os de especialistas de outras disciplinas? Ou, ainda: 2) por sua prática e seu longo contato com os arquivos, está o historiador mais aplicado na conservação de sua documentação privada? Nada parece indicar que seu ofício o predisponha a uma atitude singular em relação aos seus próprios papéis, ainda que sua experiência junto a arquivos o torne sagaz e maliciosamente lúcido, logo, cauteloso diante do uso que deles pode vir a ser feito.

Assim, para responder às perguntas colocadas mais acima, parece-nos temerário postular qualquer relação entre o trabalho de Georges Duby como historiador e a modalidade de arquivamento de seus papéis privados. Quanto ao problema do nexo entre sua trajetória intelectual e a constituição de seu acervo, duas considerações merecem atenção. Se prosseguirmos com a indagação acerca das lacunas do acervo, a progressão da carreira do autor pode servir como pista para examinar sua constituição. Podemos, com todo o direito, nos perguntar se o armazenamento e a conservação de arquivos não se intensificam à medida que o medievalista se torna um autor consagrado e que se eleva o valor de seus escritos autógrafos. Aliás, essa é a aparência geral do seu acervo, cujo corte cronológico coincide rigorosamente com o momento em que Georges Duby se transforma em personalidade pública, conhecida além do círculo dos seus pares. Na segunda metade da década de 1970, toda uma parcela da escola histórica francesa se torna objeto de um vivo e inédito interesse midiático. À frente desse fenômeno de demanda social massiva por trabalhos históricos,

Georges Duby alcança notoriedade excepcional fora dos meios universitários. São organizados números especiais de revistas em sua homenagem e vem à luz uma profusão de entrevistas nos mais diferentes meios de comunicação, das quais destacaria, a título de exemplo, as emissões da semana especial de *Radioscopie* que lhe foi consagrada e o livro *Dialogues.*[11] Não tardarão a se consolidar os projetos autobiográficos, na esteira de um curto texto onde, já em 1977, expunha as memórias de infância na casa da avó, em Bourg-en-Bresse: primeiro, o projeto de um escrito de "ego-história" (1982-1987), mais tarde, o livro *L'Histoire continue.*[12]

Ora, a ausência em seu arquivo, salvo raras exceções, de documentos anteriores aos anos 1970 sustenta a hipótese de uma transformação da atitude do autor frente a seus papéis pessoais, de sua preservação e organização sistemáticas, quando da expansão de sua notoriedade. Ao menos é o que a aparência geral do acervo, em seu estado atual, parece indicar. No caso de Georges Duby, "consciência de autor" e "consciência arquivista" teriam, assim, concorrido se reforçando mutuamente. No entanto, seria possível concluir, a partir daí, que a constituição dos documentos reunidos no Fonds Duby esteve motivada por essa maior projeção social do historiador, incitado a se confiar por ocasião das sucessivas entrevistas e levado a compor, mais de uma vez, um relato autobiográfico?

Desse ponto de vista, a figura de Georges Duby aparece como posto de observação privilegiado, uma vez que sua consagração é contemporânea daquilo que se convencionou chamar de "o retorno do sujeito", que, após a voga das estruturas, irrompe no decorrer dos anos 1980. A excepcional demanda de história que, nessa mesma época, tomou conta da sociedade francesa incitará, por sua vez, os historiadores a não mais se ocultarem atrás de suas obras, proporcionando-lhes uma visibilidade social comparada à de grandes nomes da literatura. Tal promoção social da comunidade historiadora coincide, ademais, com o momento em

[11] Ver Duby e Lardreau (1980); *Radioscopie*, com Jacques Chancel, primeira emissão 20 de setembro de 1978; *Radioscopie*, semana especial inteiramente consagrada a Georges Duby, de 8-12 de junho de 1981.

[12] Ver Duby (1977:2; 1987:109-38; 1991).

que se assiste ao despertar de uma consciência historiográfica entre os historiadores franceses e que tem, entre outros, por efeito o maior reconhecimento da parte que compete à subjetividade na construção do saber histórico. Mas, cabe indagar, estará o historiador determinado a abrir mão do recolhimento do erudito e a responder, com desembaraço, às requisições da demanda midiática? A renúncia ao resguardo e ao retraimento, adequados a um ofício de erudição, representa decerto uma façanha para o historiador, mais habituado a reduzidas plateias. Parece ser essa, aliás, uma das dificuldades apontadas pelo próprio medievalista quando, na emissão que encerra a semana especial de *Radioscopie* a ele consagrada, reconhece como traço de seu caráter:

> une sorte de repli sur moi-même (...), cet excès de pudeur qui confine à la timidité (...) ; dans ces conversations, vous me mettez tellement à l'aise, mais il reste quand même un certain retrait, et je ne sais pas si les auditeurs ne sentent pas que je suis obligé de m'arracher à moi-même un certain nombre de paroles

Confissão decerto surpreendente em um historiador que, desde muito cedo, empregou com afinco a primeira pessoa em seus escritos e que, incansavelmente, defendeu o pleno reconhecimento da subjetividade do discurso histórico. A utilização obstinada da primeira pessoa e o recorrente elogio à imaginação do historiador, tão marcantes em sua obra, parecem ir de encontro ao retraimento acima evocado. Talvez eles expliquem, em parte, a posição de destaque que ocupou Georges Duby em meio ao furor provocado pelos trabalhos dos historiadores. Empenhou-se em expandir a audiência da história universitária na França e atendeu, para isso, às solicitações de todos os meios de comunicação. O que, por sua vez, não o impediu redigir toda a primeira versão de seu ensaio de ego-história em terceira pessoa. Procurando se convencer de que ele não seria nem mais nem menos estranho para si mesmo do que o era Júlio Cesar ou São Francisco de Assis.[13]

---

[13] Como escreve em uma das diversas frases que, em três folhas não numeradas, se encontram junto ao plano geral do texto — possivelmente para servir de *incipit*.

Esse apelo à terceira pessoa em seu escrito autobiográfico, "no intuito de guardar [suas] distâncias" (Duby, 1987:109), responde, na realidade, a uma tomada de consciência quanto à vã pretensão de objetividade em qualquer biografia, como também aos ardis da memória. Certo é que Georges Duby não fez repousar seu relato unicamente sobre suas recordações. Serviu-se de seus papéis pessoais para escorar a sua reconstituição. Com efeito, tudo leva a crer que os consultou. Minuciosamente. Sua correspondência com Fernand Braudel, conservada no acervo deste último, na Academia Francesa, confirma o tom e os detalhes da passagem onde nos narra, em "Le plaisir de l'historien", o episódio de sua candidatura ao Collège de France (ibid.:135). Outro exemplo é a menção que faz em seu livro *A história continua* à carta agridoce que recebe de Charles Samaran, acusando a recepção de seu artigo "História das mentalidades", presente no volume *L'Histoire et ses méthodes* — passagem que, na realidade, é uma variante levemente retocada de um trecho destinado ao projeto de ego-história, como atesta a sua primeira versão, datada de maio de 1983, o que indica que o mesmo episódio já havia, anos antes, retido a atenção de Duby, parecendo-lhe digno de figurar em suas memórias.[14] A hipótese do recurso à sua documentação pessoal durante a redação destas parece, enfim, se confirmar em uma passagem da mesma versão de maio de

---

Fonds Duby, Imec, DBY 11, pasta "Articles", "article Egohistoire II". É evocando esse projeto abandonado de escrita na terceira pessoa que Georges Duby inicia a versão final de "Le plaisir de l'historien" (1987:109). É necessário acrescentar que a primeira versão do ensaio de ego-história de Georges Duby foi, recentemente, publicada na revista *Le Débat*, aos cuidados de Patrick Boucheron e Pierre Nora: Georges Duby, "Ego-histoire. Première version inédite, mai 1983", *Le Débat*, nº 165, mai-août 2011, pp. 101-120.

[14] Cf. Fonds Duby, Imec, DBY11, pasta "Articles", "Article Egohistoire 1er Projet", fo 38. A pasta, com a primeira versão do que viria a ser "Le plaisir de l'historien", contém 40 folhas numeradas A-4, datilografadas com correções manuscritas feitas com esferográfica de cor preta e às vezes vermelha, seguidas de quatro folhas em formato A-4, com o cabeçalho do Collège de France e, no verso, a redação manuscrita a esferográfica preta, com correções em vermelho, assim como uma folha de formato 13,5 X 21cm, com o cabeçalho da Chaire d'Histoire des Sociétés Médiévales do Collège de France, contendo, frente e verso, o manuscrito. A passagem acerca da carta de Charles Samaran se encontra em *A história continua* (op. cit.:91). Cf. também Duby (1961:937-66).

1983, também ela eliminada, e onde, ainda que sob a forma de denegação, o próprio autor se refere à utilidade do uso de seus arquivos pessoais na composição de seu relato, afirmando:

> Il conviendrait d'établir, ici, année par année, un inventaire des rencontres, des publications, des contrats, analogue à celui que les artistes, lorsqu'ils exposent, placent au dos d'un catalogue. Faute de sources, faute d'archives bien tenues, la chronologie reste ~~très~~ imprécise. *Je ne puis* ~~Sans~~ dresser dans le détail ce tableau simple et utile, *je note* ~~notons~~ pourtant les articulations majeures[15]

A passagem é intrigante, pela menção da ideia mesma de documentar suas próprias recordações, mas também pela alusão a uma eventual má conservação de seus papéis. Não é, portanto, de todo infundado pensar que tanto a relação de Georges Duby com seus documentos privados quanto a função que ele lhes destinava são alteradas quando, na segunda metade da década de 1970, começa a tomar forma sua aventura midiática e autobiográfica. E podemos nos perguntar se a preservação e a ordenação de seus arquivos não passaram a se fazer ainda mais imperativas, na medida em que estes se tornavam capazes de escorar as lembranças que serviriam, doravante, de matéria à sua fala pública.

Assim, se nossa observação for correta, os relatos autobiográficos de Georges Duby estão assentados, ainda que em um grau difícil de avaliar, em dados extraídos de seus papéis pessoais. No entanto, essa é apenas uma das aproximações que podemos tentar estabelecer, no seu caso, entre arquivos e autobiografia. Outra, não menos importante, nos parece ser o concurso do exercício autobiográfico e da prática do arquivamento no lineamento de uma representação pública de si. O que nos reconduz, antes de concluir, à circunspecção e ao pudor

---

[15] Cf. Fonds Duby, Imec, DBY11, pasta "Articles", "Article Egohistoire 1er Projet", fo 37. Os termos tachados aparecem tal qual no documento; as palavras em sobrescrito e itálico são os acréscimos interlineares manuscritos, com esferográfica de cor preta.

que, como vimos, acompanhavam sua disposição em atender à solicitação midiática.

*

Entre retraimento e ânimo para aparecer publicamente, toma corpo o discurso autobiográfico de Georges Duby. Na primeira versão de seu ensaio de ego-história, de maio de 1983, procurou introduzir informações acerca de sua infância e de seus familiares, relatando a ocupação de seus pais e avós, seus costumes e estilo de vida. Conta-nos não apenas as origens e a ocupação deles, mas expõe ainda os traços de sua psicologia, como a espontaneidade da mãe, parisiense, "*toute de primesaut, aimant le jeu, riant sous cape*",[16] ou o ambíguo sentimento de seu pai, borgonhês, por Paris, ao mesmo tempo atraído pelas oportunidades da capital e apegado à sua origem provincial. No entanto, dispondo-se a relatar esses detalhes familiares que serão suprimidos na versão final, Duby recorreu, contudo, à terceira pessoa. Com o intuito, talvez, de contornar, através da distância, o sentimento de impotência do qual nos fala, diante da dificuldade de arrumar as suas próprias lembranças:

> Aussi suis-je très fortement tenté de truquer, persuadé d'ailleurs que, sans en être conscient, je truque, que je bricole mes souvenirs, qu'ils se sont d'eux-mêmes bricolés tandis que je menais ma vie (1987:110).

Mas não só. Renunciou a seu projeto inicial, assumindo a primeira pessoa, mas para tornar ainda mais radical o distanciamento. Retira as passagens onde expunha em detalhes o modo de viver de seus antepassados. Para restringir o seu relato à narração não de sua vida, mas de uma parte de si: a do homem público, a do historiador profissional, autor de livros de grande tiragem e de sucesso de vendas. A do *ego-faber*. Tal resguardo, talvez um pouco altivo, é na realidade um dos êxitos do texto, conferindo-lhe uma discrição elegante, toda ela assentada sobre a distância que afasta o *je* e o *moi*.

---

[16] Fonds Duby, Imec, DBY11, pasta "Articles", "Article Egohistoire 1er Projet", fo 3.

De fato, essa disjunção está presente desde o instante em que ele alinhava o primeiro borrão do que viria a ser seu ensaio de ego-história. Ela aparece, num primeiro momento, desassociando, debaixo de um mesmo nome próprio, o memorialista e o biografado, o primeiro induzido "*à tenir pour un autre celui dont on parle autour de lui en prononçant son nom*".[17] Ela permanece, mais adiante, quando o projeto de ego-história deixa de ser concebido à maneira de uma "heterobiografia"; mas, dessa vez, para apartar do relato o que provém da intimidade. Ela seguirá, anos mais tarde, por ocasião do livro *A História continua*, autobiografia intelectual isenta de toda referência à vida doméstica, onde é narrada essa história que, adverte, "não é apenas a minha" (1991:8), mas também a da escola histórica francesa. Certo é que essa disjunção, advertindo que o *je* aqui não é *moi*, atravessa não apenas seus escritos autobiográficos, mas também as inúmeras entrevistas, conferências, depoimentos, discursos, que, em seu conjunto, constituem o testemunho de Georges Duby.

Singular faceta do historiador da "vida privada", do historiador do *je*, cujo projeto intelectual esteve desde cedo intimamente ligado a uma forte consciência autoral e ao recurso aos diferentes meios de comunicação, em prol da difusão do discurso do historiador e da ampliação de seu público. O seu testemunho está, todo ele, erguido sobre a cisão que separa, de um lado, o *ego-faber* e, de outro, a esfera doméstica. A preservação desta e o anseio por comunicar o que diz respeito à "vida pública" aparecem, em seus depoimentos, proporcionais, mas simetricamente invertidos.

Nada impede de pensar que tal cisão, que se destaca tão fortemente em seu testemunho, não esteja, por sua vez, reproduzida também no acervo que Georges Duby constitui para albergar os seus arquivos pessoais. Aqui também, não é a vida doméstica que é dada a conhecer mas, outra vez, de maneira exclusiva, a parte do *ego-faber*. O Fonds Duby não conserva cartas familiares, informações sobre seus passatempos e lazeres, tampouco notícias de suas amizades para além da profissão. Parece determinado, ao contrário, a manter erguido "o 'muro' da vida privada, cuja solidez continuamos ciosamente a defender" (Duby e Ariès, 1991:12).

[17] Frase pertencente à primeira versão suprimida, datada de maio de 1983. Fonds Duby, Imec, DBY11, pasta "Articles", "Article Egohistoire 1er Projet", fo 40.

Não seria, a esse respeito, sem interesse recordar a definição mesma de "privado" apresentada pelo próprio Georges Duby:

> [...] uma zona de imunidade oferecida ao recolhimento, onde todos podemos abandonar as armas e as defesas das quais convém nos munir ao arriscar-nos no espaço público; onde relaxamos, onde nos colocamos à vontade, livres da carapaça de ostentação que assegura proteção externa. [...] No privado encontra-se o que possuímos de mais precioso, que pertence somente a nós mesmos, que não diz respeito a mais ninguém, que não deve ser divulgado, exposto, pois é muito diferente das aparências que a honra exige guardar em público [Ibid.:10].

Georges Duby é, enquanto historiador, um desses "profissionais do testemunho" (Revel, 1998:34), raramente ingênuos, prudentes na hora de ordenar o relato de suas experiências de acordo com aquilo que gostariam de mostrar de si mesmos. Consciente e zeloso de sua imagem pública, põe em prática essa adequação da imagem íntima de si àquela que, do profissional, faz valer publicamente, quando, em seus escritos autobiográficos, se dirige "*non pas à des êtres qui me connaissent, qui me sont chers, mais à des gens que je n'ai jamais vus*" (1987:110). É possível levantar a hipótese de que é o selo dessa consciência e desse zelo que mantém coeso seu acervo privado, construindo e preservando, por seu lado, uma representação de si, à exata medida de seu perfil de historiador. Corroborando seus depoimentos e as narrações de suas memórias profissionais.

Talvez, e é ainda uma hipótese, considerar essa construção de sua imagem social permita melhor apreciar as lacunas e a configuração geral de seu acervo. Podemos, com efeito, nos perguntar se, como bem observou Patrick Boucheron, a ausência de grande parte dos dossiês preparatórios de seus livros em proveito das folhas manuscritas de onde, as esferográficas azul, negra e vermelha entrecruzando-se, emerge, resoluto, como brotando de uma pintura, o texto, quase definitivo, de suas publicações —, podemos nos perguntar se esta ausência não seria, ela enfim, o indício do desejo de Georges Duby de constituir para si um acervo de escritor ou, mais propriamente, de um artista.[18] Que o pesquisador que ali busque apreender o homem "real" por trás do autor esteja, portanto, advertido: o Georges Duby que seu acervo dá a conhecer não é outro que o professor do Collège de France, o presidente da *Sept* e o membro da Academia Francesa, *primo inter pares*, assegurando o alcance de seu renome e a posição que ocupou, não apenas entre os historiadores, mas junto aos homens de letra da França de seu tempo.

Vestígios concretos e não se poderia mais próximos da existência física do sujeito, os documentos pessoais de intelectuais ocultam, ao mesmo tempo em que revelam. Inigualáveis em sua faculdade de acercar o historiador ao indivíduo cuja vida procura apreender, constituem, no entanto, um material de delicado manejo. Não isentos de artifícios, a sua autenticidade é, amiúde, equívoca. No mais profundo deles, as capas subsistem.

REFERÊNCIAS BIBLIOGRÁFICAS

Artières, Philippe. Arquivar a própria vida. *Estudos históricos*, v. XI, n. 21, "Arquivos pessoais", 1998.

___. Kalifa, Dominique. L'historien et les archives personnelles: pas à pas. *Societes et representations*, n. 13, "Histoire et archives de soi", 2002.

Bédarida, François. Le temps présent et l'historiographie contemporaine. *Vingtieme siècle*, n. 69, 2001, p. 153-160.

Bloch, Marc. *Écrire* La Société féodale. Lettres à Henri Berr. Paris: Éditions de l'Imec, 1992.

Boucheron, Patrick. La lettre et la voix: aperçus sur le destin littéraire des cours de Georges Duby au Collège de France, à travers le témoignage des manuscrits conservés à l'Imec. *Le moyen age*, v. CXV, n. 3-4, 2009.

Burguière, André. *L'École des Annales*. Paris: Odile Jacob, 2006.

Carbonell, Charles-Olivier. *Histoire et historiens: une mutation idéologique des historiens français, 1865-1885*. Toulouse: Privat, 1976.

[18] C.f. Boucheron (2009:487-528, espec. 521-2).

Delarun, Jacques. Georges Duby: la part cachée de l'œuvre. *La Lettre du Collège de France*, n. 10, p. 33-34, fevereiro de 2004.

Duby, Georges. L'histoire des mentalités. In: Charles Samaran, *L'Histoire et ses méthodes*. Paris: La Pléiade, 1961.

___. Mercuriale. *L'humanite*, 7 de setembro de 1977.

___. Lardreau, Guy. *Dialogues*. Paris: Flammarion, 1980.

___. Prefácio a Ph. Ariès e G. Duby. História da Vida privada, t. I.

___. Advertência. In: Philippe Ariès e G. Duby (orgs.). *História da vida privada*. São Paulo: Cia das Letras, 1991. t. II.

___. Le plaisir de l'historien. In: Pierre Nora (org.). *Essais d'ego-histoire*. Paris: Gallimard, 1987, "Bibliothèque des Histoires".

___. *L'Histoire continue*. Paris: Odile Jacob, 1991.

___. *A história continua*. Trad. Brasileira. Rio de Janeiro: Jorge Zahar Ed; Ed. UFRJ, 1993.

___. Ego-histoire. Première version inédite, mai 1983. *Le Débat*, n. 165, p. 101-120, mai-out, 2011.

___. Chancel, Jacques. *Radioscopie*. Primeira emissão, 20 de setembro de 1978, semana dedicada a Georges Duby, 8-12 de junho de 1981.

Dumoulin, Olivier. *Marc Bloch*. Paris: Presses de Sciences Politiques, 2000.

Febvre, Lucien. *Honneur et patrie* (org. Brigitte Mazon). Paris: Perrin, 1996.

___. *Lettres à Henri Berr* (org. e apres. de Jacqueline Pluet e Gilles Candar). Paris: Fayard, 1997.

___. Une correspondance entre Lucien Febvre et François Simiand à l'aube des "Annales". *Vingtième siècle*, n. 23, p. 103-110, 1989.

___. *Vivre l'histoire*. Paris: Robert Laffont, Armand Colin, 2009, col. "Bouquins".

Fink, Carole. *Marc Bloch, a Life in History*. Cambridge: Cambridge University Press, 1989.

Gemeli, Giuliana. *Fernand Braudel e l'Europa universale*. Veneza: Marsilio Editori, 1990.

Gomes, Ângela de Castro. Nas malhas do feitiço: o historiador e os encantos dos arquivos privados. *Estudos históricos*, v. 11, n. 21, 1998.

Hartog, François. *Régimes d'historicité*. Paris: Éditions du Seuil, 2003, col. "La librairie du XXIe siècle".

Hirsh, Thomas; Potin, Yann. Présentation. In: Lévi-Strauss, Claude. *Les structures élémentaires de la parenté.* Paris: Flammarion-Le Monde, 2010.

Langlois, Charles-Victor e Henri Stein. *Les archives de l'histoire de France.* Paris: Alphons, Picard et Fils, 1892.

Lévi-Strauss, Claude. *O pensamento selvagem* (1962). Trad. Brasileira. 2 ed. São Paulo: Ed. Nacional, 1976.

Mariot, Nicolas. Les archives de saint Besse. Conditions et réception de l'enquête directe dans le milieu durkheimien. *Genèses*, n. 63, 2006, p. 66-87.

Marrou, Henri-Irénée. *De la connaissance historique.* Paris: Seuil, 1975, col. "Points Histoire".

Mazon, Brigitte. *Aux origines de l'École des Hautes Études en Sciences Sociales.* Le rôle du mécénat américain (1920-1960). Paris: Éditions du Cerf, 1988.

Müller, Bertrand. *Lucien Febvre: lecteur et critique.* Paris: Albin Michel, 2003.

Prochasson, Christophe. Atenção: verdade! Arquivos privados e renovação das práticas historiográficas. *Estudos históricos*, v. 11, n. 21, 1998.

Revel, Jacques. L'homme des *Annales*? In: Jacques Revel e Jean-Claude Schmitt (orgs.). *L'Ogre historien; autour de Jacques Le Goff.* Paris: Gallimard, 1998.

Ricoeur, Paul. *Temps et récit.* Paris: Seuil. 4e partie, t. III, 1985.

Vários autores. *Écrire l'histoire du temps présent.* Paris: CNRS, Éditions IHTP, 1993.

___. Histoire et archives de soi. *Sociétes et représentations*, op. cit.

___. Lieux d'archives. *Sociétes et représentations*, n. 19, 2005.

___. Sciences sociales: archives de la recherche. *Genèses*, n. 63, 2006.

Documentos audiovisuais:

Georges Duby, *Radioscopie*, com Jacques Chancel, 12 de junho de 1981.

Documentos de arquivo:

Fonds Duby, IMEC, DBY 11, pasta "Articles", "article Egohistoire II".

Fonds Duby, IMEC, DBY11, pasta "Articles", "Article Egohistoire 1er Projet".

7 DA SALA DE JANTAR À SALA DE CONSULTAS: O ARQUIVO PESSOAL DE GETÚLIO VARGAS NOS EMBATES DA HISTÓRIA POLÍTICA RECENTE*

Letícia Borges Nedel

Ao remeter à ideia de deslocamento entre os universos doméstico e institucional, a designação de certa forma ambivalente dos arquivos pessoais já sinaliza o caráter problemático de seu estatuto historiográfico, arquivístico e patrimonial. Sua inscrição entre dois mundos anima aproximações contraditórias, sustenta interesses múltiplos, alimenta uma circularidade nem sempre consentida entre as experiências metodológicas da pesquisa, os investimentos comerciais de editores e a curiosidade do público sobre os bastidores da atuação de personalidades públicas. Inversamente, a natureza equívoca desses conjuntos contribui para que dentro da reflexão arquivística eles ainda ocupem um lugar periférico, que se reflete na escassez de literatura específica sobre o tema e nas incertezas metodológicas quanto ao tratamento desse tipo de material.

Enfrentar analiticamente essas aproximações e desencontros supõe refletir sobre os desafios colocados à ciência arquivística e à história pelas dinâmicas variáveis de produção e acumulação dos registros de natureza pessoal. Significa, igualmente, compreender as relações que

* Este artigo apresenta resultados de pesquisa apoiada pelo CNPq. Agradeço à Isabel Travancas, Joëlle Rouchou e Luciana Heymann pelo convite à participação no evento do qual se origina este livro, especialmente à Luciana Heymann, com quem tenho tido o privilégio de uma interlocução mais sistemática a propósito dos arquivos e suas possibilidades de análise.

os atos biográficos, entre eles "o arquivamento de si" (Mckemmisch, 1996), mantêm com a esfera pública. A chave do deslocamento me parece estratégica. Ela se aplica particularmente bem ao que talvez seja a maior singularidade dos conjuntos pessoais em relação a outros tipos de configuração documental: sua situação em uma zona da fronteira — como toda fronteira, móvel — entre a casa e a rua, entre o individual e o coletivo, entre a memória e a história, entre os arquivos e as coleções.

Neste artigo, pretendo trazer alguns elementos para essa discussão, acercando-me, para isso, de parte da trajetória percorrida por um arquivo em particular: o espólio documental de Getúlio Vargas, um fundo dotado de grande riqueza temática, há mais de 30 anos intensamente consultado por pesquisadores da história republicana e, desde 2007, consagrado Patrimônio Nacional pelo Comitê Brasileiro do Programa Memória do Mundo da Unesco. Minha exposição tentará dimensionar o peso das redes de reconhecimento pessoal atuantes no processo de patrimonialização desse acervo, examinando, no curso de seu deslocamento pelos ambientes doméstico e institucional, as formas de apreensão da memória, da história e do arquivo mobilizadas por herdeiros e usuários envolvidos nas disputas que cercaram sua disponibilização aos pesquisadores acadêmicos durante o regime militar.

A adoção dessa linha de abordagem, centrada nas condições de circulação e nos usos sociais do arquivo Vargas, visa ampliar o debate acerca dos desafios metodológicos impostos pelos arquivos pessoais à teoria arquivística e busca restituir à dimensão narrativa, já sublinhada pela epistemologia histórica que privilegia sua textualidade, as dimensões prática e material dos arquivos, de modo a recuperar sua historicidade intrínseca. Como pressuposto, tem-se por estabelecido que somente a análise da trajetória social dos arquivos pessoais possibilita interpretar as trocas, os interesses e os investimentos que fizeram deles, meios de transmissão da memória e fontes documentais da história.

No que diz respeito à historiografia praticada no Brasil, o investimento sobre sua utilização como fonte documental encontra-se na confluência do processo da criação de centros de documentação destinados à pesquisa, ao tratamento, à guarda e à conservação desse tipo de acervo. Tal movimento entrelaça a trajetória institucional dos arquivos pessoais às demandas de memória presentes no debate cívico em um momento particularmente tenso da história política brasileira — o regime militar. Naquela conjuntura, junto com "o retorno ao arquivo" e o investimento sobre um tema candente de análise — o "autoritarismo" —, outro acontecimento historiográfico vinha sendo gestado: a atração de pesquisadores pela escrita de uma história contemporânea, temporalmente próxima a eles.

Trabalhando com esse recorte, tento estabelecer um diálogo possível entre duas disciplinas que têm nos arquivos o elemento constituinte da identidade de seus praticantes. A tarefa, que espero cumprir com precavida modéstia, uma vez que não sou arquivista, é movida por minha própria experiência em arquivos. Cumpre dizer que o lugar de onde falo é o de uma historiadora que há muito tempo lida com fontes históricas, mas é apenas familiarizada com o universo teórico e prático da arquivologia. Esse processo de familiarização teve início em 2006, no decurso de um estágio de pós-doutorado, realizado no Centro de Pesquisa e Documentação da História Contemporânea do Brasil (CPDOC), da Fundação Getulio Vargas (FGV).

Reconhecida instituição acadêmica, especializada na guarda e na conservação de arquivos de membros da classe política republicana, o CPDOC foi criado em 1973, estando diretamente condicionado à custódia do legado documental de Getúlio. Ali, quase 35 anos depois da recepção do arquivo pessoal de Vargas, fui convidada a participar, na condição de pesquisadora bolsista, junto com Regina da Luz Moreira, da organização de um arquivo "vizinho" ao de Getúlio — o de Alzira Vargas do Amaral Peixoto, filha, herdeira e guardiã da memória do estadista. Foi, portanto, do arquivo pessoal de Alzira que extraí as fontes que me permitem agora vislumbrar a participação do arquivo de Vargas nas disputas políticas e acadêmicas da história recente do Brasil.

Acrescente-se que essa experiência arquivística, condicionada que esteve pela atuação prévia como usuária, e não como organizadora de arquivos, foi vivida sobretudo como uma experiência de campo. Como tal, esteve propícia à revisão de conceitos, já que o tempo — breve, mas intenso — passado "do outro lado do balcão de atendimento" me permitiu reconhecer certas "deformações de ofício" comuns a mim e a outros pesquisadores. Entre elas, a tendência a obscurecer, na análise histórico-documental, as interferências do trabalho crítico de organização sobre a apresentação final dos arquivos em que ela se baseia. Para mim, como para a maioria dos colegas de ofício, não era novidade dizer que as fontes são uma construção do historiador. Já reconhecer que os acervos também são construções — sobretudo o modo como são construídos — exigia uma disposição de espírito pouco habitual.

Como compensação pelo esforço autocrítico, a experiência de "dublê" de arquivista serviu para reforçar a convicção da historiadora de que as especificidades que cercam os arquivos pessoais, assim como a desigualdade de posições que ocupam em diferentes tradições disciplinares, poderão ser mais bem esclarecidas se levarmos em conta o papel que os arquivos, entendidos como artefato cultural e objeto de colecionamento, cumprem na vida social.

Feitas essas considerações, inicio a análise com um rápido apanhado do tratamento dado aos arquivos pessoais na história, na arquivologia e na legislação arquivística, opção que me permite explicitar melhor para o leitor as razões pelas quais se afigura problemática a sua inscrição nessas áreas de intervenção e conhecimento. Em seguida, exploro as relações de Alzira com o universo dos arquivos e da pesquisa acadêmica. Argumento em favor de uma leitura articulada dos arquivos Alzira Vargas do Amaral Peixoto (Avap) e Getúlio Vargas (GV), procurando demonstrar a relação de estreita continuidade entre eles — o que convidaria, talvez, a problematizar a titularidade deste último fundo. Porém, mais que explorar com profundidade essa possibilidade, interessa para o argumento que aqui defendo observar como a intenção e a dinâmica de arquivamento se articulam ao conteúdo dos arquivos. Feito isso, recupero as tensões de ordem política e acadêmica que condicionaram o devir institucional e historiográfico do fundo GV, demonstrando o caráter contingente de seu destino historiográfico, arquivístico e patrimonial. O mesmo, evidentemente, se aplicaria à história, que deve à memória as suas condições de escrita.

ARQUIVOS PESSOAIS E TRADIÇÕES DISCIPLINARES

No campo da história, a trajetória dos arquivos pessoais, que já foi de adesões e recusas, parece ter se estabilizado no auge de seu poder de atração sobre os pesquisadores. Depois de prestigiados pela escola metódica e rejeitados pelos estruturalismos de diferentes matizes, esses arquivos cumpriram, afinal, um destino próximo ao da biografia e da história política. Há cerca de 30 ou 40 anos, foram "redescobertos" e passaram a orientar material e discursivamente as incursões analíticas de historiadores e epistemólogos, que, em intenso debate com a teoria literária, a filosofia da linguagem e a antropologia, operaram o deslocamento do próprio estatuto epistemológico da prova documental, ao investir sobre o nível micro das inter-relações indivíduo e sociedade, história e memória.

Decisiva para os arquivos, essa transformação, a um só tempo histórica e historiográfica, não poderia deixar de atingir também as noções correlatas de indivíduo, documento, verdade, tempo, memória, história. Como sugere Angela de Castro Gomes (2004), o esgotamento de uma ideia de verdade factual, objetiva e unitária conecta a história de uma história que reavalia seus limites e potencialidades às atualizações de nossa cultura individualista. Cultura que abriga, junto com outras modalidades biográficas, a constituição de uma identidade de si (de outrem, ou de um legado),[1] realizada pelo recolhimento de documentos.

Nesse contexto sociocultural, que, como todos sabem, caracteriza-se por um grande apetite de memória, novos sentidos foram sendo

[1] Utilizo o conceito formulado por Luciana Heymann, que privilegia, ao lado do conteúdo substantivo ligado às realizações de alguém, a relação com a produção de um discurso memorial sobre a pessoa. Nesse caso, a materialidade do legado reveste-se de uma dimensão social e simbólica, na medida em que mobiliza o investimento na memória de uma trajetória exemplar, certificada como patrimônio histórico. Portanto, como herança coletiva "materializad[a] em arquivos, objetos e toda sorte de registros que remetam ao personagem, ao período ou ao tema em questão, que passam a ser objeto de ações de preservação e divulgação, por meio das quais, por sua vez, o conteúdo associado ao personagem, período ou tema são constantemente atualizados e renovados" (Heymann, 2005).

agregados à noção de verdade — nomeadamente o sentido de "sinceridade", associado às ideias de foro íntimo e de experiência de vida. A noção passou a comportar, a partir daí, a subjetividade profunda e a dimensão fragmentada da vida e da memória de cada indivíduo. "A verdade, sem prejuízo de solidez, passa a ser pensada em sentido plural, como são plurais as vidas individuais, como é plural e diferenciada a memória que registra os acontecimentos da vida" (Gomes, 2004:14). Daí que aos historiadores de hoje já não seja lícito esperar dos arquivos o registro objetivo de fatos. Em lugar disso, espera-se que construam, *com base nos arquivos*, eles próprios construções anteriores, fontes que documentam a repercussão subjetiva e retrospectiva de acontecimentos singulares, gestados e experimentados pelos atores sociais, individual e coletivamente.

Se, entretanto, os acervos pessoais, também chamados "autobiográficos", tiveram participação fundamental no germinar de temas e de abordagens alinhados com essa mudança de perspectiva, os mesmos atributos de intencionalidade, subjetividade e informalidade que legitimaram sua autoridade testemunhal aos olhos dos historiadores serviram, na arquivologia, para excluí-los da agenda teórico-metodológica da disciplina. Nesse domínio, a palavra "arquivo" continua a designar, se não exclusiva, ao menos prioritariamente, os fundos produzidos ou acumulados por organismos públicos. E é para o tratamento desse tipo de acervo que se volta o saber constituído da ciência arquivística.

Representativo do estatuto controverso dos arquivos pessoais nesse campo é o título aparentemente redundante de um artigo publicado na *Revista do Arquivo Público Mineiro*, de Ana Maria Camargo: "Arquivos pessoais são arquivos". Com essa provocação, a autora adverte para a "necessidade de submeter tais documentos à abordagem própria dos arquivos, em benefício das pesquisas que, sob diferentes ópticas, deles se alimentam" (Camargo, 2009:28).

A advertência não só procede como assume uma conotação histórica. Considerados artificiais, subjetivos e antinaturais pela teoria clássica, os espólios documentais produzidos por indivíduos foram tradicionalmente encarados no meio arquivístico não como arquivos, mas como coleções, e como tais permaneceram muito tempo sob a jurisdição das bibliotecas e da biblioteconomia. Definidos tecnicamente como coleção — "Conjunto de documentos com características comuns, reunidos intencionalmente" —, os arquivos pessoais receberam tratamento distinto[2] daquele reservado aos conjuntos naturais, necessários, instrumentais e, consequentemente, probatórios, resultantes das transações documentais (Cook, 1998; Camargo e Goulart, 2007; Carmargo, 2008). Ao fim, quando tardiamente se incorporaram aos acervos de instituições arquivísticas (e é bom lembrar, com Ana Maria Camargo, que os arquivos de escritores ainda são tradicionalmente depositados em bibliotecas públicas), os papéis pessoais ficaram definidos, por exclusão, aos conjuntos documentais produzidos pelo Estado. Foram classificados como uma subcategoria dos arquivos privados, isto é, como um "conjunto de documentos produzidos e acumulados por uma entidade coletiva de direito privado, família ou pessoa, no desempenho de suas atividades, independentemente da natureza do suporte".[3]

No âmbito jurídico e patrimonial, foi com essa definição que a chamada Lei Brasileira de Arquivos, sancionada em 1991,[4] deu assen-

[2] Na abordagem bibliográfica, as relações orgânicas que os documentos de um mesmo fundo mantêm entre si são desconsideradas. Entendidas como coleções, suas unidades descritivas são dotadas de significação autônoma, como os livros, que não mantêm com o resto do acervo da biblioteca uma relação necessária. Quebra-se, dessa forma, a unidade de sentido entre a parte e o todo, ao mesmo tempo que se desconsidera o contexto gerador dos documentos, que passa a não vir ao caso. Ver Camargo (2008:6).

[3] Verbetes "arquivo" e "arquivo privado" cf. Subsídios para um Dicionário brasileiro de terminologia arquivística (2004:27 e 35). Segundo Heloísa Belloto, "a conceituação de arquivos pessoais está embutida na própria definição geral de arquivos privados, quando se afirma tratar-se de papéis produzidos/recebidos por entidades ou pessoas físicas de direito privado. O que se pode aqui especificar é que, sendo papéis ligados à vida, à obra e às atividades de uma pessoa, não são documentos funcionais e administrativos no sentido que possuem os de gestão de uma casa comercial ou de um sindicato laboral. São papéis ligados à vida familiar, civil, profissional, e à produção política e/ou intelectual, científica de estadistas, políticos, artistas, literatos, cientistas etc. Enfim, os papéis de qualquer cidadão que apresente interesse para a pesquisa histórica" (Bellotto, 2005:254).

[4] A lei brasileira qualifica-os da seguinte maneira: "Consideram-se arquivos os conjuntos de documentos produzidos e recebidos por órgãos públicos, instituições de caráter público e entidades privadas, em decorrência do exercício de atividades específicas, bem como por pessoa física, qualquer que seja o suporte da informação ou a natureza dos documentos" (Lei nº 8.159/91, art. 2º).

to jurídico à norma dos manuais. Consignou, igualmente, o interesse do poder público sobre os acervos documentais privados, à condição de serem considerados "conjuntos de fontes relevantes para a história e desenvolvimento científico nacional" (Lei nº 8.159, art. 2º). No que concerne aos arquivos pessoais, a relevância provém da presumida ligação orgânica dos fundos com a atuação destacada dos titulares nas áreas da política, das artes e das ciências. É na qualidade de registros dessa atuação pública que eles são entendidos necessários à escrita da história. Tudo se passa como se, ao serem consagrados patrimônio coletivo, os fundos particulares devessem cumprir a mesma excepcionalidade exigida, na fase inaugural de implantação das políticas de patrimônio pelo Sphan, de outros bens culturais herdados. E não casualmente, como observou Luciana Heymann (2009:49), os arquivos de homens com reconhecida atuação pública é que têm servido, no Brasil, às primeiras experimentações metodológicas voltadas ao tratamento dos arquivos pessoais.

Nesses casos, a inter-relação estrutural entre as unidades constitutivas do conjunto é geralmente buscada nos contextos de atuação profissional dos entes produtores. Pautadas pela associação entre produção documental e desempenho público, essas abordagens têm pela frente o desafio de cobrir a diversidade de situações, estratégias e intenções com que os indivíduos produzem e acumulam documentos ao longo da vida. Desafio maior é dar conta da paisagem arquivística atual, cada vez mais diversificada pela "febre de registro", que incita à especificação dos acervos e à multiplicação dos fundos de pessoas comuns.

A despeito das evidências de pluralidade, tanto do ponto de vista legal quanto arquivístico, a base conceitual dos arquivos é dada pela natureza jurídica da entidade produtora. No que tange aos arquivos pessoais, esse pressuposto se expressa metodologicamente no fato de que, entre os autores que advogam a autoridade disciplinar da arquivologia sobre o tratamento dos fundos pessoais, embora seja comum observar sua natureza específica, não lhes é reservado um tratamento distinto daquele aplicado aos conjuntos de procedência institucional. (Mckemmish, 1996; Bellotto, 2005; Camargo e Goulart,

2007; Heymann, 2009). Em ambos os casos, a aplicação do princípio da proveniência[5] baseia-se na identificação da função instrumental do documento no desempenho das atividades realizadas pelo ente acumulador. Juntas, as marcas da funcionalidade do documento para o cumprimento dessas atividades perfazem o contexto gerador dos registros, conferindo-lhes caráter probatório.

Aqui, aplicadas à arquivologia, as noções de "contexto" e "prova" têm, como na história, uma dimensão fundante. Porém, têm um significado inteiramente distinto, pois se trata, neste caso, de identificar o elemento constitutivo (a "naturalidade" do processo de acumulação) dos arquivos em oposição à "artificialidade" das coleções, para, a partir daí, serem definidos os enquadramentos epistemológicos, legais e institucionais que afetam o objeto da ciência arquivística. Como afirma Ana Maria Camargo:

> A ideia de que só se obtém informação qualificada quando se compreende seu significado no contexto em que foi produzida é [...] partilhada pelos praticantes de várias disciplinas. Para a arquivística, no entanto, a correlação entre a atividade e o documento que a viabiliza (e que por isso lhe serve de prova) é crucial e constitui o núcleo básico dos procedimentos que conferem à área caráter científico, distinguindo-a, inclusive, de outras disciplinas com as quais tem sido frequentemente associada [Camargo, 2009:31].

Contudo, a variedade formal, processual e finalística dos documentos passíveis de se encontrar em arquivos pessoais costuma reservar, aos profissionais envolvidos no arranjo, descrição e indexação dos acervos, muitas surpresas e inquietudes, especialmente quando se trata de cumprir o preceito de neutralidade. Se isso acontece é porque, ao contrário do que ocorre em arquivos de organizações juridicamente assentadas, os arquivos criados na informalidade têm fisionomias

[5] "Princípio básico da arquivologia segundo o qual o arquivo produzido por uma entidade coletiva, pessoa ou família não deve ser misturado aos de outras entidades produtoras. Também chamado princípio do respeito aos fundos." Ver *Dicionário brasileiro de terminologia arquivística* (2004:135).

particulares e muito distintas entre si. Exatamente por estarem sujeitos às idiossincrasias dos autores, com suas diferentes motivações e estratégias de acumulação, eles resistem a categorizações pautadas por um princípio único de classificação.

De conteúdo tão variável quanto imprevisível, esses arquivos não são conhecidos apenas pela intencionalidade e pela arbitrariedade que lhes são intrínsecas, mas também por terem obscurecidos os contextos de produção dos registros. Se assim ocorre, não é tanto pela falta de metadados, mas pelo que essa ausência sinaliza: um processo de acumulação que se constrói do plano da descontinuidade de tempos, contextos e intenções. Não é casual a presença abundante, nesses acervos, de documentos investidos de múltiplas funcionalidades, como os papéis reaproveitados para finalidades distintas da original — o verso de uma nota fiscal usado para anotar um número de telefone, cadernos de aula que se tornam diários. Também é comum encontrarmos registros que, em vez de resultarem de transações e terem uma finalidade probatória, servem a propósitos mais difusos e intimistas, como a autorreflexão, o auto adestramento etc. No final, quando se trata de arquivos acumulados na intimidade, resta sempre uma margem considerável de indeterminação quanto ao que ficou guardado por apego, propósito ou acaso.

Não bastasse isso, no trajeto que vai da intimidade ao espaço regrado das instituições, as contingências que interferem na configuração final dos acervos se multiplicam. Submetidos aos processos sociais de autenticação, que lhes conferem o estatuto patrimonial necessário à custódia institucional, os arquivos transcendem as intenções probatórias ou monumentalizantes de produtores e/ou donatários, e adquirem funções e feições inauditas. Retirados de sua existência ordinária, eles ressurgem em novos contextos como depositários da experiência histórica e das propriedades distintivas de uma coletividade. Elevados à condição de semióforos — artefatos mediadores entre os mundos sensível e intangível (Pomian, 1984) —, os papéis de arquivo materializam uma ordem de valores que orienta seus usos e sua circulação — ficam sujeitos à proteção especial; são acessíveis ao olhar. Nessa altura de sua trajetória, quer tenham sido originalmente acumulados em razão de uma funcionalidade primária, quer tenham participado da construção de uma imagem de si ou de outrem, passam por uma nova etapa de seleção intelectual, a qual dará o veredito final sobre o que fica e o que sai do arquivo. Essa etapa, por ser tecnicamente fundamentada, nem sempre é visível aos que se utilizarão dele na pesquisa acadêmica.

As consequências mesmas que incidem sobre a configuração final dos acervos, segundo sejam compreendidos como constructos teórico-cognitivos da história, da biblioteconomia ou da arquivologia, são por si só indicativas de que a presença dos arquivos neste ou naquele lugar envolve ações direcionadas para sua transfiguração física e simbólica. Sob esse ponto de vista, a desigualdade de posições ocupadas na história e na arquivologia não é mais que uma entre tantas outras contingências derivadas dos usos e das atribuições de sentido de que são alvo os arquivos no curso de sua existência.

Pensar a trajetória institucional dos arquivos implica, pois, ter em conta que valores e características atribuídos aos acervos são tributários de uma sucessão de trocas materiais e simbólicas realizadas, entre outros meios, pela reunião e pela transmissão de documentos. Vão-se os dedos, ficam os anéis, que vão vestir outros dedos. É com esse sentido que John Randolph (2005), inspirado nas reflexões de Appadurai (2008 [1986]), justifica a escolha de uma abordagem biográfica dos arquivos, compreendo-os como coisas investidas de significados, à medida que circulam socialmente. A metáfora biográfica lembra-nos de que, em sua materialidade, os arquivos não se restringem a servir de ferramenta para a história. São objeto dela, e suas histórias particulares começam antes das intervenções dos arquivistas ou do escrutínio dos historiadores. Suas histórias (assim como as histórias de vida que permitem retraçar) se articulam a outra de maior duração e envergadura. Uma história que os ultrapassa e os conecta ao que está fora do arquivo, ao que talvez nem tenha sido registrado, ou ao que dele tenha sido excluído.

Em artigo publicado na *Revista do Arquivo Público Mineiro*, já citado, Luciana Heymann alertou a comunidade acadêmica sobre as consequências da ideia de equivalência entre trajetória e arquivo no que diz respeito à configuração das fontes históricas. Como estratégia que visa atender às lógicas variáveis de cada conjunto — lógicas essas que escapam à análise funcional —, a autora recomenda alguns "deslocamentos de ênfase", necessários à elaboração de metodologias mais flexíveis e mais atentas às especificidades dos arquivos pessoais. Entre eles, o deslocamento da ênfase dada ao contexto gerador do registro, na direção de uma perspectiva interessada na intenção acumuladora dos agentes, o que implicaria considerar estratégias e expectativas projetadas pelos titulares e herdeiros sobre seus papéis (Heymann, 2009:49-50).

Ao acatar essa sugestão, proponho-me a deslocar a ênfase tradicionalmente dada aos vínculos que unem o arquivo à trajetória do titular para a trajetória do arquivo e de seus usuários. Mais exatamente, para os sentidos que lhe foram emprestados por dois tipos de usuários. Primeiro, pela herdeira, que, além de organizá-lo por mais de dez anos, manteve-o sob custódia por quase duas décadas, entre a morte do titular e a transferência do arquivo à instituição em que se encontra até hoje. Depois, pelos pesquisadores, a quem Alzira franqueou a consulta e com quem, ao fazê-lo, trocou informações, estabeleceu cumplicidades e firmou compromissos.

Para ser coerente com esses objetivos, inicio a segunda parte do texto de maneira um pouco heterodoxa, ou seja, não pela apresentação do fundo Vargas nem dos vínculos que unem o titular à sua papelada. Começo me concentrando na relação que Alzira, a titular do arquivo que ajudei a organizar, manteve com o arquivo, a história e os artífices da historiografia relativa à chamada "Era Vargas". Procuro demonstrar que os arquivos de Getúlio e Alzira se iluminam mutuamente. Em outras palavras, que o arquivo de Alzira dá inteligibilidade ao arquivo de Getúlio, à medida que documenta seus usos. Em contrapartida, o arquivo de Getúlio participa ativamente da trajetória biográfica representada e fabricada pelo arquivo de Alzira.

OS FUNDOS AVAP E GV

Antes de tudo, é preciso assinalar a relação de estreita continuidade entre os fundos GV e Avap. A existência de uma intimidade maior que a simples vizinhança entre os dois arquivos ficou evidente no processo de organização desse último fundo. Em diferentes níveis. Desde o que se poderia chamar anedótico, como a descoberta do mapa astral de Getúlio em meio à documentação pessoal de Alzira, até o mais estrutural, como a criação de um dossiê[6] com registros das condições de consulta, do processo de doação e da forma com que se encontrava organizado o arquivo Vargas, no tempo que esteve aos cuidados da herdeira.

O espólio documental de Getúlio foi doado por Alzira ao CPDOC em 1973. Com cerca de 30 mil documentos, registra episódios importantes da vida nacional, ocorridos entre 1930 e 1954. Embora guarde registros da vida pessoal e familiar de Getúlio, o conjunto privilegia, como não poderia deixar de ser, as experiências vividas na política e na administração pública. São abundantes pronunciamentos, projetos de lei, listas ministeriais, relatórios de instituições públicas e privadas. Na correspondência, ganham primazia as negociações partidárias, as crises de interventorias, a campanha de 1950. Raros são os registros anteriores à formação da Aliança Liberal. As informações do período que se estende de 1946 a 1950 concentram-se principalmente no PTB e nas articulações da sucessão presidencial. No geral, temas caros à pesquisa dos anos 1960 a 1980, como o Estado Novo, a siderurgia no Brasil, as relações Brasil-Estados Unidos, encontram-se bem documentados.[7]

O fundo Avap foi doado ao CPDOC pela própria titular, em 1985, mais de dez anos depois do fundo GV. Integralizado depois da morte de Alzira, reúne documentos produzidos em um intervalo de tempo maior, entre as décadas de 1930 e 1990. Seu conteúdo não foge à regra dos arquivos que, como ele, têm uma sistematicidade de recolhimento ritmada pelo cotidiano. No arquivo de Alzira, que ela justificadamente comparou a uma "gaveta de sapateiro", encontramos documentos de todo tipo — desde os marcadamente

6 Na subsérie Acervo Getúlio Vargas da série Getúlio Vargas do fundo Avap. As outras séries são Vida Privada, Vida Pública, Getúlio Vargas e Recortes de Jornais.

7 Sobre o conteúdo temático do fundo GV, consulte-se a Base Accessus, no portal do CPDOC, onde está aberto à consulta virtual. Ver ainda Silva (1994).

probatórios, como certidões, diplomas, relatórios e balanços financeiros das instituições filantrópicas que dirigiu, até os de mais difícil classificação, como papéis rabiscados com desenhos, números e frases soltas, os desabafos íntimos, as notas incidentais, textos interrompidos e cartões avulsos de apresentação.

Enquanto o fundo GV está estimado em cerca de 30 mil registros, o arquivo de Alzira não chega a 4 mil. Porém, também para o mundo dos arquivos vale o antigo ditado de que tamanho não é documento. Na sua diversidade formal e tipológica, o pequeno fundo Avap constitui um verdadeiro campo de provas para a ciência arquivística. Sua fisionomia, ao mesmo tempo compósita e intimista, prende-se, em alguma medida, à informalidade com que os papéis pessoais são acumulados no âmbito doméstico. Vista mais de perto, a informalidade aparece como marca autobiográfica, um traço distintivo do arquivo, e converge com determinada imagem pessoal, de cuja construção ele participa.

A julgar pela quantidade de manuscritos intimistas que deixou, Alzira pensava escrevendo, e preenchia boa parte do tempo com essa atividade. Ao lado dessa rotina reflexiva, o arquivo expressa também certa rotina de gênero, própria de quem, na divisão de papéis, assume a responsabilidade com os filhos, os parentes e com o funcionamento da casa. Daí as listas de compras, os muitos recibos e outros documentos decorrentes de transações com empregados. Tanto nos escritos de caráter privado quanto nos registros de suas manifestações públicas, em entrevistas e ocasiões solenes, o tom coloquial e incisivo da fala de Alzira impressiona. Contudo, o que mais chama a atenção é a confidencialidade de grande parte dos documentos arquivados e a rota seguida por eles para chegar ao arquivo. Estou me referindo aos bilhetes interceptados de adversários políticos, aos relatos de espionagem partidária e a uma parte da correspondência familiar, em que estão registrados os códigos usados na comunicação escrita e gestual entre Alzira e Getúlio. Os registros remetem ao *modus operandi* de uma atriz política especializada na ação de bastidores, política praticada na condição de mulher e filha, e que, portanto, tem no espaço da intimidade e das relações pessoais o seu palco privilegiado.

O conjunto expressa, tanto na dinâmica de acumulação quanto no conteúdo formal e informacional dos documentos, o papel fundante desempenhado pelo arquivo na construção de uma "carreira política com visibilidade e eficácia próprias e indissociável de sua inscrição feminina" (Gomes, 1996).

Alzira costumava dizer que não fazia política, vivia imersa nela.[8] Não é exatamente verdade. Conseguiu criar, da coadjuvação de filha e mulher, a possibilidade de uma autonomia de ideias e de ação suficientemente fortes para se fazer reconhecida, admirada, temida e odiada pelos contemporâneos. Ao circular pelos espaços menos frequentados dos palácios, ela inventou um modo próprio de fazer política — para o que não precisava mais, como disse certa vez a um jornalista, do que um telefone, alguns amigos e muita informação privilegiada.[9] Não será o caso de analisar aqui toda a extensão e complexidade de sua atuação, integralmente orientada pela fidelidade ao clã, não aos partidos. Restrinjo-me a ampliar, a partir deste ponto, reflexões anteriores (Nedel, 2010), em que procurei demonstrar o uso sistemático dos arquivos (o próprio e o paterno) no exercício dessa atuação pública "discreta", desdobrada entre a pré e a pós-orfandade.

Alzira Sarmanho Vargas, Amaral Peixoto por casamento, era a terceira dos cinco filhos de Getúlio Dornelles Vargas e Darcy Sarmanho Vargas. Nasceu em São Borja, no Rio Grande do Sul, em 1914, e faleceu no Rio de Janeiro, em 1992. Foi, em momentos não necessariamente coincidentes da vida, filha, sobrinha, irmã, esposa e sogra de homens públicos.

Na crônica política dos anos 1949 e 1950, ficou conhecida como Alzirinha, a pessoa de confiança do presidente, uma jovem sagaz, carismática e impetuosa, para alguns impertinente, mas de inegável sensibilidade e influência política, que acompanhava Vargas por todos

---

[8] "Não sei se o meu retraimento a cargos políticos é intencional, mas ao menos é definitivo. Aliás, cumpre dizer que nunca fiz política, mas sempre vivi dentro dela" (entrevista de Avap, "Alzira Vargas em suas próprias palavras", *Revista do Globo*, Porto Alegre, 6 a 19 de agosto de 1960:41-2).

[9] "Getúlio Deveria ter resistido. A filha do presidente fala da peça 'Vargas' e do pai" (entrevista de Alzira Vargas do Amaral Peixoto a Zuenir Ventura, *Isto É*, 19 de outubro de 1983:92-4).

os lugares. Aos 20 anos, já era apresentada na imprensa internacional como "*l'amie de tout repos*", "confidente" e biógrafa de seu pai.[10] As memórias viriam muito mais tarde, mas a posição de "segunda consciência" (Peixoto, A. V. A. Depoimento:13) do homem mais poderoso do país estava em via de ser definitivamente conquistada. Para alcançá-la, Alzira lançou mão de seus conhecimentos de inglês, de sua discrição, da capacidade de discernimento e de pequenos favores. Começou datilografando textos, decifrando documentos secretos e operando o "mata-borrão" da secretaria da Presidência. O expediente de rotina passou a andar mais rápido, dando ao pai "lazer para conversar comigo sobre assuntos sem importância, como se estivesse a medir cautelosamente até que ponto poderia se apoiar em meu discernimento" (Peixoto, 1960:87).

Um ano antes de ingressar na Universidade do Distrito Federal, em 1932, "entediada" com a calmaria reinante no palácio ao fim da movimentação constitucionalista, pediu para cuidar da biblioteca e do arquivo paternos. O proprietário aceitou, com a condição de que a filha se matriculasse no curso de direito. Satisfeita a exigência, foi "aprendendo a despachar com ele". (Amaral Peixoto, 1960: 131) Cuidou do arquivo corrente até o fim do Estado Novo. Com a primeira fornada de documentos, a perda da inocência política:

> O que era corrente no público era mentira. A verdade estava ali, nos papéis [Peixoto, A. V. A. Depoimento, p. 13].

> Fiquei com medo de mim mesma. O que aqueles documentos me revelavam. A verdade verdadeira sobre fatos e homens. A causa real de certos acontecimentos, deixaram-me petrificada. Como é dura, cruel e fugidia a verdade! Uma nova perspectiva da vida política de meu país se abria para mim e eu perdia mais uma tonelada de ilusões [Peixoto, 1960:101].

[10] "Curiosas declarações da filha e secretária do sr. Getúlio Vargas. A senhorita Alzira Vargas está escrevendo as memórias do presidente da República" (entrevista concedida a Josephina Pena, redadora da revista argentina *Hogar*, publicada em *O Jornal*, 11 de agosto de 1934).

Um ano antes de se formar, Alzira ingressou oficialmente no governo, sendo nomeada oficial de gabinete. Àquela altura, "o arquivo tinha entrado na rotina e nenhuma revelação política tinha o poder de me espantar" (ibid.:203). Aprendera a administrar a responsabilidade com os segredos da República. "Mandei fazer um armário especial, onde encerrei todos os papéis, e escondi a chave de mim própria... Adotei uma política de censura. Sobre mim mesma. Jamais lia os documentos da atualidade. Guardava-os até que saíssem do cartaz. No ano seguinte, eu os organizava e classificava" (ibid.:101).

Com a experiência do arquivo e a supervisão atenta do pai, Alzira adquiriu rapidamente a sabedoria de quem não vê a política nos livros, mas a pratica dentro de casa. Mais tarde, ao buscar as razões por que se tornara, desde tão cedo, depositária de tamanha confiança e responsabilidade, avaliou: "Ele [Getúlio] temia por mim. Eu tinha aberto os olhos fora da época, sem preparo e da pior maneira possível, através do texto frio dos livros científicos. Jogou-me então definitivamente, sem piedade, no mundo calculista e sem entranhas da vida pública" (ibid.:98).

Sem piedade nem cerimônia. Ao casar-se com o então oficial de Marinha Ernani do Amaral Peixoto, em 1939, Alzira foi convidada pelo pai a passar a lua de mel nos Estados Unidos. Lá, atuou pela primeira vez (tornando a fazê-lo mais tarde) como mensageira entre Vargas e o presidente americano Franklin Roosevelt. Mas foi depois de abandonar o cargo oficial, com a deposição de Getúlio, que se tornou sua interlocutora e emissária indispensável, estendendo sobre ele e outros líderes um grande poder de influência. Em 1945 atuou como articuladora do trabalhismo, o que lhe rendeu o apelido de "babá do PTB". Liderando o heterogêneo grupo queremista, articulou a volta de Getúlio ao poder e garantiu sua permanência em São Borja, mantendo-o informado da movimentação política na capital. Na última reunião ministerial do segundo governo, não só esteve presente como desafiou Vargas e quantos achassem impossível resistir ao golpe preparado pelos militares. Terminada a reunião ministerial, Getúlio teria mostrado à filha e ao irmão Benjamim a chave do cofre, e dito: "Se alguma coisa me acontecer, apanhem a chave do meu bolso e retirem tudo que o cofre contém.[11] Os valores são da Darcy e os papéis, da Alzira."[12] Na manhã seguinte, Alzira encontraria, entre os papéis, o documento síntese de seu futuro político: a primeira via assinada da carta testamento.

DOIS ARQUIVOS, MUITAS POLÍTICAS

> Depois de [19]45, mudei de casa tantas vezes que até para conseguir fugir com aquele arquivo, de quarenta e tantos volumes, nas vistas da polícia, foi uma lenha. Eles estavam secos atrás dos papéis; havia documentos que comprometiam muita gente [Amaral Peixoto, Depoimento:13].

Sem cargo oficial, mas exercendo a função intransferível de "clone" (não raro de escudo) do presidente, Alzira dividiu com o pai os rigores e as desventuras da política. Nas memórias que publicou em 1960, assim como nos dois depoimentos prestados ao setor de história oral do CPDOC, em 1979 e 1991, mais que um recurso ocasional, o arquivo aparece como elemento mediador de sua preparação ao ingresso na vida pública. É no arquivo que ela descobre, junto com a natureza tortuosa da verdade aplicada à *realpolitk*, uma face desconhecida da vida política do país. Guardando os "segredos" do arquivo, ela ganha a confiança do presidente, e é no manejo de provas e informações confidenciais que põe em ação a percepção suprapartidária, personalista e polarizada de política que marcou seu desempenho (Gomes, 1994).

Não é de admirar, pois, que no fundo Avap a imagem de Alzira se deixe tantas vezes atravessar pela de Getúlio. Nos manuscritos, nas memórias, nas entrevistas, na correspondência, em toda parte encontramos a figura do pai herói, do estadista traído pela ambição de seus

---

[11] Ver "Alzira Vargas, filha de Getúlio Vargas, em seu primeiro depoimento para a história", *Última Hora*, 30 de agosto de 1954, p.3 ("relato íntimo" de Alzira Vargas a familiares diante do repórter e dos demais presentes no velório em São Borja).

[12] Entrevista concedida a Lourenço Dantas Mota, publicada em *O Estado de S. Paulo*, 17 de julho de 1978, p.6-8.

auxiliares, do homem público injustiçado, "ditador" eleito e amado pelo povo, que teria pagado com sangue a continuidade temporária da vida democrática. Em segundo plano transparece Alzirinha, filha, interlocutora e confidente de um chefe poderoso, a eminência parda do segundo governo, aquela que, sem nunca ter-se filiado a partidos, manteve inimigos, aliados e espiões em todos eles. Nesse caso, é a segunda consciência de Getúlio, a voz dissonante da última reunião do presidente com seu Ministério, quem fala.

Em diferentes séries, diferentes documentos permitem supor que tenha se disseminado, ao lado da imagem de personalidade influente junto a instâncias e pessoas decisórias, a de uma mulher sensível à dificuldade dos pequenos. Tais documentos remetem à ação filantrópica de Alzira, praticada primeiro em companhia da mãe, dona Darcy, depois sozinha, à frente de instituições assistenciais. Avultam pedidos, agradecimentos e manifestações de apreço recebidos de beneficiários de auxílios, próximos e desconhecidos. Nos recortes, são abundantes as colunas sociais dos anos 1930, 1940 e 1950, que destacam as ações de caridade praticadas pela filha e pela esposa do presidente. Nessas notas, Alzira é descrita, seja na condição de aprendiz (quando jovem), seja na de mestra (já madura), como habitante sensível de um universo masculinizado, uma mulher próxima do poder, pouco afeita à liturgia dos cargos e avessa às meias-verdades da política. Outra figura habitual é a da mulher moderna, retratada em matérias dirigidas ao público feminino, nas quais Alzira figurava como exemplo de comportamento. Quando, já na idade madura, era perguntada sobre a possibilidade de, em plena década de 1930, ter se formado bacharel, aprendido inglês e dirigir o próprio carro, foi ao pai que Alzira creditou seus pendores emancipatórios.[13]

---

[13] "Até então, devido à influência alemã no Rio Grande, havia a ideia de que os três kás eram a exigência feita à mulher [criança, cozinha e igreja, que em alemão começam com "k"]. E papai modificou inteiramente esse conceito: 'Não, mulher precisa saber datilografia' (ele viu que eu estava aprendendo datilografia), 'precisa saber dirigir automóvel e aprender inglês'. Nem a liberalidade do pai nem os pendores emancipatórios da filha passaram despercebidos entre os parentes. Minha tia e madrinha [Alda, irmã mais velha de Darcy] dizia que eu — e isso, no Rio Grande, naquela época era um grande elogio — havia nascido errado,

Os documentos do arquivo de Alzira mostram que, depois de herdar o arquivo do pai, ao longo dos mais de vinte anos em que o manteve consigo, utilizou-o sistematicamente, com o objetivo explícito de fazer valer sua versão, naturalmente entendida como a única verdadeira, dos acontecimentos que preencheram a trajetória política de Vargas e a sua própria. Um marco importante foi a escrita do livro de memórias *Getúlio, meu pai*, cuja elaboração encontra-se fartamente documentada na susbérie de mesmo nome, dentro da série GV. Redigido nos duros anos seguintes à morte do pai, quando era embaixatriz brasileira em Washington, o livro encerra um doloroso processo de recomposição identitária e inaugura o ingresso definitivo da autora na carreira de memorialista. Feita para "esclarecer a história", "provocar polêmicas", "romper silêncios" e trazer verdades à tona,[14] a incursão autobiográfica de Alzira lançou-a de volta à esfera pública.

A esse respeito, a série GV, uma das mais volumosas do fundo, é significativa, pois demarca o corte temporal que introduz a Alzira da pós-orfandade à vista do observador. Angela de Castro Gomes, nas duas vezes que a entrevistou juntamente com Maria Celina d'Araújo, em um intervalo de 25 e 47 anos depois da morte de Getúlio, observou nos depoimentos os indícios de um cuidadoso trabalho de solidificação da memória, que Alzira nutria com uma interpretação quase invariante e muito coerente dos acontecimentos por ela testemunhados:

nascido feito homem. E que eu devia ter sido homem. Aliás, meu avô também dizia isso: 'A bacharela é quem ajuda o Getúlio'. E, realmente, papai tinha tanta confiança em mim que, quando chegava perto de mim e dizia 'O que há com a tua mãe?', eu perguntava: 'Por quê?' Ele: 'Ela está zangada por alguma coisa.' E eu dizia: 'Só pode ser falta de dinheiro. Dá uns cobres aí para ela que vai ver que melhora logo'" (Amaral Peixoto, Depoimento, 1979), Rio de Janeiro, FGV/CPDOC-História Oral, 1981, 130 p. dat., pp. 12 e 40.

[14] "Procurei com ele [...] esclarecer a história [...] Dizem que desejei provocar polêmicas. Eles têm razão, porque assim, através delas, romper-se-á o silêncio inexplicável dos homens que serviram a meu pai. Deste modo, a verdade virá à tona" ("Alzira Vargas, em suas próprias palavras" *Revista do Globo*, op. cit., p.41-2).

> [...] tratava-se de uma depoente que explicitamente se atribuía o dever de guardar e reproduzir a memória de seu pai: de "falar" por ele como pessoa privada e pública, já que Getúlio era um dos mais importantes personagens da história do Brasil. Em o fazendo, portanto, ela não só reconstruía a memória de sua família, como a de toda uma época estratégica para nossa história. Entretanto, seu relato, ao delinear o perfil do pai — pois não era casual que a entrevista sobre ele se estruturasse — instaurava uma imagem de Alzira sobre ela mesma, cuidadosamente conformada através do tempo: a de guardiã da memória [Gomes, 1996].

Nos relatos, como no arquivo, é com a modéstia típica de quem sustenta um legado e deve, portanto, reverenciar a memória de outrem que Alzira constrói para si uma biografia em segundo plano. É lícito presumir, como faz Angela de Castro Gomes, que a atividade de gestão dos registros da memória familiar não tenha servido unicamente à construção de um sentido politicamente honroso para a chamada "Era Vargas". Serviu também para atualizar a identidade daquela Alzirinha que Getúlio levara consigo. Regenerada pela memória, eis que surge, no lugar dela, "dona Alzira", testemunha ocular da história, proprietária das fontes e amiga dos historiadores.

NO CAMINHO DO ARQUIVO, A HISTÓRIA

O despertar do interesse de pesquisa sobre os arquivos pessoais no Brasil teve a história política contemporânea como principal fonte de inspiração. Esse interesse foi tensionado pela conjuntura repressiva do início da década de 1970, época em que acadêmicos e arquivistas, vivamente mobilizados em favor da preservação da memória documental do país, realizaram os primeiros congressos brasileiros de arquivologia e criaram os primeiros centros de documentação ligados à pesquisa do país.

No campo acadêmico, a chegada institucional dos arquivos pessoais é atravessada pelo conflito com pesquisadores estrangeiros, sobretudo norte-americanos. No auge da ditadura militar, o interesse dos "brasilianistas"[15] pela história política latino-americana e brasileira, assim como o seu acesso privilegiado, muitas vezes pelo alto e por vias extraoficiais, a fontes em geral inacessíveis aos intelectuais do país, alimentou na grande imprensa, nos encontros acadêmicos e nas instituições políticas uma acalorada discussão sobre a legitimidade da presença estrangeira em nossos arquivos. O debate chamou a atenção para uma série de questões importantes, como a da segurança e a da preservação da memória documental, o espaço ainda diminuto ocupado pela pesquisa social nas universidades, o potencial heurístico dos arquivos pessoais, a conveniência do recurso aos testemunhos orais, a imperiosidade de uma escrita até então pouco praticada pelos historiadores.

Diante do vazio historiográfico existente sobre o passado político recente, a abundante produção escrita sobre a história contemporânea que aportaram os pesquisadores norte-americanos, mesmo identificada por muitos como metodologicamente inconsistente e politicamente mal-intencionada, indiretamente estimulou o aumento dos investimentos de pesquisa na área (Moreyra, 1990). O número significativo de centros de documentação, especializados em arquivos pessoais surgidos no intervalo de apenas três anos, entre 1971 e 1973,[16]

[15] Noção cunhada no Brasil para se referir aos estudiosos estrangeiros interessados em assuntos brasileiros. Foi usada pela primeira vez 1969, por Francisco de Assis Barbosa, em apresentação ao livro de Thomas Skidmore, *Brasil, de Getúlio a Castelo*. A palavra, seguidamente acompanhada de outra noção — o brasilianismo —, designava de forma pejorativa os beneficiários dos vultosos financiamentos para pesquisa liberados pelo governo norte-americano nos anos 1960-1970. A Revolução Cubana de 1959 e, posteriormente, o golpe de 1964 foram eventos determinantes desse interesse sobre a América Latina em geral e o Brasil em particular. A repercussão alcançada pelo investimento norte-americano na pesquisa sobre a América hispânica — a qual tomava parte em uma estratégia mais ampla de reorientação de sua política externa — envolveu, além dos efeitos de uma conjuntura política de exceção no Brasil, a assimetria entre um sistema universitário plenamente configurado e outro, em que o exercício regular da pesquisa ainda estava por se consolidar. Ver Massi (1990) e Moreira (1990).

[16] Entre 1971 e 1973 foram criados, além do CPDOC da Fundação Getulio Vargas, que é de 1973, o Centro de Documentação do Instituto de Filosofia e Ciências Humanas da Universidade de Campinas, Unicamp (1971), e o Centro de

sendo dois deles voltados para a política recente, mostra que a "volta aos arquivos", no Brasil, concentrou-se em um tipo de documentação que até ali despertara pouca ou nenhuma curiosidade científica. É no contexto marcado pela censura e pelo autoritarismo político que ela, juntamente com a documentação oral, desperta o interesse de uma parcela da comunidade acadêmica.

Não casualmente os arquivos pessoais vieram à cena trazidos por institutos de pesquisa. A frustração política do momento convidava a refletir sobre o passado recente: as razões e os descaminhos de uma vida democrática periodicamente interrompida, o aparente conformismo de um proletariado em nada semelhante às caracterizações dos autores clássicos, os pendores golpistas de nossos militares — eram questões que demandavam uma explicação histórica documentalmente fundamentada. Tanto quanto a democratização do acesso à informação, estava em jogo a necessidade de renovar os parâmetros da teoria política elaborada até ali. Mais que os docentes dos cursos superiores de História, quem parece ter se encarregado disso foi um grupo politicamente combativo de sociólogos da política, então em luta por firmar posições no exíguo campo institucional da pesquisa. Dessa geração, tomaram parte Celina do Amaral Peixoto (que acabava de chegar da Sorbonne, onde iniciara estudos de doutorado) e Aspásia Camargo, ex-professora de Celina no curso de Sociologia e Política da PUC-Rio. Com a volta de Aspásia, que concluía seu doutorado na França, as duas amigas, contando com a colaboração de Alzira e de Ernani do Amaral Peixoto, inspiradas pelo exemplo cebrapiano e, à época, bastante próximas da sociologia paulista, dariam início aos trabalhos do CPDOC. Nele, lançariam as bases de uma nova abordagem dos arquivos e da história política contemporânea.

O terreno para isso era considerado vasto, mas baldio. Ambas sentiam, como depôs Aspásia, que, "intelectualmente, a década de 1930 era uma década de ninguém, que não se tinha ainda refletido e apro-

Memória Social Brasileira, do Conjunto Universitário Cândido Mendes (1972), onde atuava o historiador Hélio Silva. Do mesmo ano é o Arquivo-Museu de Literatura brasileira, sediado na Fundação Casa de Rui Barbosa.

fundado nada sobre aquilo. Na época saiu o livro de Boris Fausto, e começaram a sair os trabalhos de Hélio Silva, Carone etc." com documentação maciça, que marcavam uma vontade de se familiarizar mais com os fatos. (Camargo, 1999:241). Pairava no ar o sentimento de que uma sociologia política mais próxima dos acontecimentos, menos incauta do que a erudição documentária e mais distanciada de teorias pré-fabricadas, pudesse explicar as bases históricas do regime ao qual se lançara a sociedade brasileira.

Os arquivos de pessoas ligadas aos acontecimentos da Revolução de 1930, do Estado Novo, ligadas à redemocratização e à instalação de um novo regime ditatorial figuravam como ferramenta indispensável ao cumprimento dessa missão. Mas os obstáculos para chegar a eles eram inúmeros, pois os arquivos públicos estavam fechados à consulta e os arquivos pessoais se encontravam sob guarda de herdeiros e personagens vivos da história política. Nesse contexto, o arquivo pessoal de Getúlio Vargas, que havia anos vinha circulando informalmente entre pesquisadores próximos ou amigos de pessoas próximas de Alzira, adquiriu um sentido e um valor mais estratégicos. Ciente dele, e incentivada pela filha, Alzira doa o arquivo de Getúlio à fundação que leva o nome de seu pai.

A doação e a escolha da instituição receptora foram calculadas, discutidas, negociadas e viabilizadas em família. A fundação vinha sendo presidida, desde a criação, em 1944, por Luís Simões Lopes, amigo de Alzira dos tempos de serviço no gabinete da Presidência. Simões Lopes, por sua vez, solidário e reverente à memória do ex-chefe e correligionário, dispõe-se a criar, na FGV, uma unidade expressamente destinada à custódia documental e à pesquisa histórica, batizada CPDOC. Entrega-o aos cuidados de Celina, filha de sua grande amiga, menina que vira crescer e que trataria como "filha" (Peixoto, 1999: 237).

Dessa forma, o espólio documental de Getúlio teve sua entrada institucional condicionada pela conjuntura política e acadêmica da ditadura e pela fluidez das fronteiras entre o público e o privado. A situação política desaconselhava qualquer esforço no sentido de levar os arquivos para dentro das universidades, àquela altura devassadas pelas forças de repressão. Na cena acadêmica, o interesse e a familiaridade dos brasilianistas pelo arquivo de Vargas trazia para o CPDOC uma clientela de potenciais aliados. É o caso de Richard Morse, representante da Fundação Ford no Brasil, que, por um bom período, sustentou financeiramente os projetos de história oral encampados pelo centro (Peixoto, 1999: 232). Finalmente, a solução negociada, entre Alzira, Celina e Simões Lopes, permitiu abrigar, dentro de uma instituição de viés conservador, um instituto de pesquisa frequentado por intelectuais de esquerda e para o qual o arquivo fazia as vezes de salvo conduto e pedra fundamental.[17]

Nos anos imediatamente anteriores à criação do CPDOC, o peso exercido pelas redes de reconhecimento pessoal na disponibilização de acervos documentais, sobretudo aqueles referentes aos capítulos mais recentes da história republicana, vinha repercutindo amplamente nos meios intelectuais. Entre os envolvidos na polêmica estavam dois dos mais assíduos frequentadores da residência de Alzira, que percorriam os arquivos de Vargas em meio a longas "aulas de história"[18] oferecidas pela depositária dos papéis. Entrincheirados em campos opostos — do lado "ianque", Stanley Hilton, do lado "nacional", Hélio Silva —, ambos tiveram também papel desbravador nessa história sujeita a riscos, solicitações e desmentidos do presente.

Ao participar do Primeiro Congresso Brasileiro de Arquivologia, no Rio de Janeiro, em 1972, Hilton acabara de ser contratado pela Capes para implantar e dirigir o Centro de Estudos de História Contem-

---

[17] Não só o arquivo de Vargas, mas o conjunto do acervo atualmente custodiado pelo CPDOC é, a esse respeito, emblemático. A aquisição de boa parte dos fundos deve-se às gestões de Celina e de Alzira, junto aos herdeiros de ex-auxiliares e contemporâneos de Getúlio, trazidos ao conselho de doadores da Fundação. Autora de trabalhos importantes na área da legislação arquivística, ex-dirigente do Arquivo Nacional, Celina permaneceu à frente do CPDOC até 1990, quando passou a exercer as funções de superintendente e, depois, de sucessora de Simões Lopes (entre 1993 e 1997). Mentor da Fundação e do Dasp, do qual foi diretor entre 1938 e 1943, Simões Lopes permaneceria à frente da FGV até um ano antes de sua morte, em 1994. Em abril de 1993, Luís Simões Lopes deixa a presidência para ocupar o cargo de presidente de honra da FGV. Falece em fevereiro de 1994. Seu arquivo encontra-se depositado no CPDOC.

[18] Cf. carta de Stanley Hilton a Avap (13 de fevereiro de 1980). Avap gv acgv 1944.05.05.

porânea do Brasil, núcleo ligado ao Arquivo Nacional, onde coordenaria a catalogação de documentos relativos ao período 1925-1959.[19] No congresso, o historiador apresentou o texto intitulado "O estudo da história contemporânea", no qual lamentava o descaso dos historiadores brasileiros para com esses estudos, atribuindo-o a um "traço básico do comportamento social brasileiro": o "personalismo, ou seja, uma ênfase no relacionamento pessoal" que, lamentavelmente, deixava "a história mais recente [...] como domínio do jornalista ou do historicista". Hélio Silva, historiador veterano do jornalismo político, estava na plateia. Imediatamente interrompeu o expositor para demonstrar a índole falaciosa de suas declarações. Foi impedido pelo presidente do congresso, que diplomaticamente eximiu o professor norte-americano de responder. Encerrado o evento, as acusações continuam pela grande imprensa,[20] com novas declarações de Hélio Silva e da representação "brasileira" na contenda.[21]

Menos de uma semana mais tarde, Hilton viu a discussão repercutir no Congresso Nacional na voz do marido de sua "patroa",[22] o senador Ernani do Amaral Peixoto. Este, em pronunciamento no Parlamento, argumentara que todos os países do mundo procediam no sentido contrário ao adotado pelo governo brasileiro, declarando não compreender "que se entregue no Brasil uma parte da nossa história — a dos últimos cinquenta anos da vida política — a um cidadão estrangeiro".[23]

---

[19] Carta de Stanley Hilton à Avap (5 de março de 1972), Avap, gv acgv 1944.05.05.

[20] "'A grande verdade é que muitos pesquisadores e historiadores, no Brasil, procuram esconder certos fatos para não ferir suscetibilidades de parentes vivos de vultos famosos e destruir o culto das personalidades que só deveriam ser lembrados pelo seu lado mau', afirmou ontem o diretor do Arquivo Nacional, Raul do Rego Lima, apoiando a tese defendida na semana passada pelo professor norte-americano Stanley Hilton" ("Pesquisa falha, admite diretor do arquivo", *O Estado de S. Paulo*, 24 de outubro de 1972, p.19).

[21] "História abre polêmica em congresso no Rio", ibid.:12.

[22] O apelido com que Stanley Hilton se dirigia a Alzira fazia uma alusão brincalhona ao modo com que Alzira costumava se dirigir ao pai "patrão".

[23] Ver Anais do Senado Federal, República, 1972, v. 12; disponível em: www.senado.gov.br/sf/publicacoes/anais. Acesso em: 15 mar. 2008. Sem encontrá-la em casa, deixa o seguinte recado: "Patroa. Bastante confuso e magoado, passei

A julgar pelos documentos disponíveis no arquivo de Alzira, as relações com Hilton seriam retomadas mais tarde, mas não é o destino das amizades que está em jogo aqui. O que interessa ressaltar nesse episódio é a forma como Alzira faz da atuação política pregressa e de sua reconhecida competência testemunhal a senha para introduzir-se já não como personagem da história, mas como *agente colaborador da historiografia.*

Nesse domínio, trilhou, como sabia, o caminho dos bastidores. Ali reempregou todos os métodos aprendidos com os arquivos, com o pai e com a experiência na política. Em suma, continuou praticando política, da mesma forma que caracterizara seu desempenho como Alzirinha. Seus princípios de ação eram: informação, informalidade; fidelidade; seletividade, vigilância, troca e carisma.

A correspondência pessoal do arquivo revela que, em lugar de privilegiar aparições constantes na imprensa, "dona Alzira" preferiu estabelecer um diálogo mais próximo, constante e duradouro com um grupo restrito de frequentadores do arquivo, presos às suas redes de informação e reconhecimento mútuo. No contato com eles, foi, como de hábito, tão incisiva quanto vigilante. Junto com a prévia investigação de idoneidade dos autores, a disponibilização do arquivo à consulta demandava, da parte da herdeira, o exame dos textos produzidos.[24]

---

aqui para falar com a senhora e o senador sobre o discurso pronunciado no Senado quinta-feira passada, discurso que só li na íntegra hoje. Já que a senhora me conhece tão bem, e sabe quanto são falsas as informações que andam repetindo, quero crer que o discurso não foi publicado [exatamente?]. Telefonarei depois. Um abraço do mesmo amigo e admirador de sempre, Stanley" (bilhete de Stanley Hilton a Avap, 30 de outubro de 72; junto ao bilhete, está um recorte de jornal, sem data, com a manchete: "Peixoto não quer que americano examine documentos brasileiros", Avap gv acgv 1944.05.05, pasta I).

[24] Alzira só não estendeu seu controle sobre a produção do CPDOC porque o temperamento e a vocação acadêmica de sua filha não permitiram: "Na minha cabeça, sempre foi cristalino que o CPDOC não seria uma instituição getuliana. Queria uma instituição que estudasse um período que marcou o país — e quanto a isso não tenho dúvidas. Posso até ter recebido alguma crítica, mas tenho tranquilidade para dizer que nunca quis criar um 'mausoléu', mesmo porque sempre tive aversão ao estilo laudatório, ao estilo populista. Tanto que nunca fiz disso meu projeto de vida. Mesmo minha mãe, que me pedia para ler as coisas do CPDOC antes de serem publicadas, muitas vezes não foi atendida. Lia

Não se tratava de uma simples troca de favores, temporariamente limitada pelo período da pesquisa. Tratava-se de selar, por meio do arquivo, sempre que possível e depois de cuidadosa negociação, um acordo tácito, quase confidencial: de pôr a história do país a serviço da memória de Vargas. Alzira cobrava partido dos autores, opinava sobre os resultados das pesquisas e lia tudo o lhe era enviado na forma de artigos, livros, teses e conferências. De modo significativo, os resultados das consultas eram avaliados por ela em termos de "honestidade" — palavra que não se confundia, em absoluto, com neutralidade. Além de Hilton, a troca com outros americanistas era intensa. Porém, o exemplo mais representativo nesse sentido foram os métodos nada sutis de convencimento empregados com John Foster Dulles, que no início de 1965 já havia passado pelo arquivo de Getúlio e frequentava arquivos de amigos de Alzira. Antes de encerrar, vale a pena citar a carta em que Estanislau Fischlowitz comenta com a amiga a revisão, feita por ambos, do livro *The Vargas Story*, de Dulles.

> Ilustríssima amiga, dona Alzirinha. Fiquei muito triste, tristíssimo, sabendo que a prezada senhora não pôde honrar a m. família com a sua participação no jantar de ontem. [...] Foster Dulles revelou-se em contatos pessoais, de acordo com a sua impressão pessoal, dona Alzirinha, gringo relativamente "simpaticone". O trabalho, árduo e laborioso, da prezada senhora com a revisão do manuscrito dele deu resultados esperados. Aquele yankee aceitou quase 98% de ss. emendinhas e, de mesmo modo, quase todas as de m. autoria. Assim, o vulto do dr. Getúlio ressaltará na monografia em apreço de modo conforme às nn. ideias comuns. Haverá celeuma terrível no meio de antigetulistas e imagino que meterão pau em mim. Não importa! — P a r a b é n s! [Avap gv acgv 1944.05.05.]

---

depois de publicadas. E muitas coisas ela leu, não gostou, mas teve que engolir. De minha parte, sempre tive muito claro dentro de mim que, em torno do arquivo de Getúlio, eu iria criar um centro de reflexão sobre o Brasil" (Peixoto, 1999:240).

Como se vê, a intenção de desmentir, pelo recurso aos documentos familiares, as "falsas" interpretações sobre o Estado Novo nunca foi abandonada por Alzira. Ela define a utilidade do acervo no "dever de narrativa" (Heymann, 2007) vislumbrado pela titular-herdeira, levando-a a investir pesadamente no controle da memória histórica fabricada a partir dele. Convicta de que a política se faz com pessoas, não com partidos, a guardiã projetava sobre os estudiosos o que exigia dos antigos aliados: compromisso e fidelidade.

É a existência física do arquivo que possibilitava essa troca. Na sua condição de artefato documental, ferramenta e produto de um trabalho árduo de recomposição criativa do passado, o fundo familiar dos Vargas nos revela as múltiplas motivações, dimensões e temporalidades das quais se reveste o ato de rememorar. Ele registra o significado conferido à acumulação documental não apenas por e para Alzira, com seu projeto de recomposição da identidade pessoal e de grupo, fraturada pela tragédia, mas também para os intérpretes e construtores da história política no Brasil. E, nesse ponto, os arquivos de Getúlio e Alzira são, mais uma vez, inseparáveis. O segundo arquivo documenta as ações que dão origem ao primeiro e que definem para ele um sentido e uma trajetória. Ele registra o também histórico relacionamento da história com suas fontes, gravando no entretexto os condicionantes menos visíveis da sedução exercida pela memória. Artefatos mediadores de nossas relações com o passado, os documentos de arquivo registram mais do que pretenderam os seus produtores.

Posto isso, somos levados a pensar que, se a intencionalidade é, como tantas vezes foi demarcado pela teoria arquivística, uma característica mais acentuada nos acervos pessoais do que em outros conjuntos documentais (o que não justifica nem a desqualificação de seu estatuto arquivístico nem a sobrevalorização de seu potencial testemunhal), o fundo Avap detém, como marca ainda mais visível do que no fundo GV, uma intenção comum aos dois arquivos. A intenção de legitimar, por meio do discurso da prova documental, a memória de que o arquivo é produto.

EPÍLOGO

Passados 10 anos da criação do CPDOC, Alzira começou a preparar a doação de seu próprio arquivo. Na ocasião, releu e reorganizou seus papéis. Em bilhetes "esclarecedores", anexados aos cabeçalhos, ela construiu uma espécie de metanarrativa, na qual recordava aos documentalistas suas atuações pouco protocolares na política.[25] As frases curtas, insinuantes e imperativas com que reviveu as traições e as disputas com antigos aliados, ao mesmo tempo que estabeleciam uma ponte entre dois períodos de si mesma, traduziam o legado que queria transmitir às gerações futuras, em especial por meio dos técnicos da instituição herdeira do espólio documental da família. Diálogo cúmplice, uma vez que os termos usados pareciam presumir a existência de uma espécie de "pacto patrimonial" havia muito firmado com os historiadores. Ancorada na leitura compartilhada de documentos, a cumplicidade traduzia, mais discretamente, os vínculos biográficos de Alzira com a instituição em que repousariam, definitivamente, os vestígios de sua biografia.

Ninguém melhor do que ela — talvez nem Vargas — conheceu o arquivo do presidente. Arquivista, titular, herdeira e usuária, teve com eles uma familiaridade tão atávica quanto a que manteve com a política. Não casualmente, fora-lhe difícil reconhecer, no arquivo de Vargas, uma titularidade alheia. Mesmo antes de herdá-lo, o arquivo já era de certa forma entendido como propriedade sua.[26] Em relação

---

[25] Vejamos dois exemplos. Primeiro, o discurso pronunciado por Alzira na inauguração de um Renoir doado ao Museu de Arte de São Paulo, que aparece com o seguinte depoimento: "Quando fui convidada para madrinha e oradora [por Assis Chateaubriand], recebi um 'catatau' já escrito sobre os 'claros-escuros' de Renoir e outros troféus que não eram de meu vernáculo. Rasguei-o e produzi este mais de acordo comigo." Segundo, um ofício recebido de Segadas Viana — pessoa de sua plena desconfiança — em um momento cercado de tensões, meses antes do desfecho final da crise de 1954; nota de Alzira: "Não recordo se este ofício chegou a ser enviado ou se me limitei a uma resposta oral e menos diplomática" (Avap vpu lba 1942.12.04).

[26] Baseando-se na autobiografia de Alzira, Suely Braga da Silva (1994: 267) recorda: "Certa vez, recebendo do pai um grupo de documentos para inserir no arquivo, Alzira deparou-se com as cartas que havia escrito a ele quando em

a ele, talvez fosse mais exato falar de um arquivo cuja titularidade era compartilhada entre o ente produtor e o agente acumulador. Afinal, era o próprio dono do arquivo quem dizia à filha: "Aí vai mais um grupo de documentos para o seu arquivo."

Depois de tanto tempo, fica difícil saber a que tipo de triagem o arquivo de Getúlio foi submetido antes de passar à instituição de custódia.[27] A exclusão de documentos não é uma hipótese implausível, a julgar pelo testemunho de uma das suas mais ilustres entrevistadoras:

> Sabia-se, como mencionado, que dona Alzira guardava "coisas" e, como ela mesma contava, que Getúlio tinha uns "caderninhos" onde fazia notas. Mas ela não mostrava os tais cadernos e sorria, desconversando, quando era abordada mais diretamente sobre o assunto. Com sua morte, como é público, eles foram encontrados por Celina Vargas do Amaral Peixoto "escondidos" pela casa, numa última tática da guardiã, desejosa de exibir e manter segredos [Gomes, 1996].

O fato de tê-los escondido da filha, e não os destruído, é uma evidência positiva de que pretendia mesmo que fossem encontrados. Na hora certa. Afinal, convivendo com o arquivo, ela aprendeu a desconfiar da história. Convicta da capacidade que os documentos têm de transmitir a verdade, empregou-os como ferramenta de restauração da honra familiar. Tinha boas razões para franquear o arquivo à con-

---

viagem à Europa. Conta-nos que seu ímpeto imediato fora o de descartar tais bobagens em meio a tantos documentos sérios, mas que o presidente a alertara — afirmando que todos aqueles papéis pertenciam a seu arquivo e, por essa razão, não deveriam ser eliminados. Talvez essa passagem tenha colaborado para que Alzira aprendesse a importância da integridade dos conjuntos documentais arquivísticos. Ela era apenas a guardiã, e não a titular do arquivo, sendo, por essa razão, levada a aceitar suas limitações quanto à constituição do acervo documental. 'Todas as bobagens escritas... eu lhas havia dado, já não me pertenciam.'"

[27] Suely Braga da Silva (1994: 267-271) relata uma nítida divisão temática, percebida pelos pesquisadores que receberam o arquivo, entre os documentos do primeiro e do segundo governo. Nos documentos do primeiro governo — tempo em que Alzira atuava como arquivista — predomina o caráter político com larga vantagem sobre o administrativo. É o contrário do que ocorre com os documentos relacionados ao segundo governo.

sulta, o que fez muito antes de desprender-se dele, mas não deixou de controlar, enquanto pôde, seu emprego pela academia. Parece pouco provável que tenha dado ao acervo do pai a mesma abertura, a mesma abrangência permitida ao seu próprio arquivo.

REFERÊNCIAS BIBLIOGRÁFICAS

Arquivo Nacional. Subsídios para um Dicionário Brasileiro de Terminologia Arquivística. Rio de Janeiro, 2004.

Associação dos Arquivistas Brasileiros. *XIV Congresso Brasileiro de Arquivologia. A arquivologia e a construção social do conhecimento.* CD ROM Comemorativo. Documentos Digitalizados dos Anais e das Revistas Arquivos e Administração. Rio de Janeiro, 2006.

Appadurai, Arjun. *A vida social das coisas:* as mercadorias sob uma perspectiva cultural. Niteroi: Ed. UFF, 2008.

Belloto, Heloísa. *Arquivos permanentes.* Tratamento documental. Rio de Janeiro: Ed. FGV, 2005.

Camargo, Ana Maria de Almeida. Sobre arquivos pessoais. *Arquivo & Administração*, 7:2, p. 5-9, jul-dez de 2008.

___. 2009. Arquivos pessoais são arquivos. *Revista do arquivo publico mineiro*, 2, p. 26-39, jul-dez 2009.

___; Goulart, Silvana. *Tempo e circunstância*: a abordagem contextual dos arquivos pessoais. Procedimentos metodológicos adotados na organização dos documentos de Fernando Henrique Cardoso. São Paulo: Instituto Fernando Henrique Cardoso, 2007.

Camargo, Aspásia. Entrevista. In: D'Araújo, Maria Celina (org.). *Fundação Getúlio Vargas*: concretização de um ideal. Rio de Janeiro: Ed. FGV, 1999.

Fausto, Boris. Depoimento (2009). Rio de Janeiro, CPDOC/FGVLAU/IFCS/UFRJ; ISCTE/IUL; IIAM, 2010, 28 p.

Gomes, Angela de Castro (org.). *Escrita de si, escrita da história.* Rio de Janeiro: FGV, 2004.

___. A guardiã da memória. *Acervo, revista do arquivo nacional*, 9:1/2, p. 17-30, jan-dez 1994.

Nedel, Letícia Borges. "A Guardiã da Verdade". In: Ferreira, Marieta de Moraes (org.). Memória e Identidade Nacional. Rio de Janeiro: Faperj/Ed. FGV, 2010, pp. 125-158.

Mckemmisch, Sue. "Evidence of me." Archives and Manuscripts, Camberra, v. 24, n. 1, 1996, p. 28-45.

Heymann, Luciana Q. *De "arquivo pessoal" a "patrimônio nacional"*: reflexões acerca da produção de "legados". Rio de Janeiro: CPDOC, 2005. Trabalho apresentado no I Seminário Pronex, Direitos e Cidadania, apresentado no CPDOC/FGV. Rio de Janeiro, 2-4 ago 2005.

___. O *devoir de mémoire na França contemporânea*: entre memória, história, legislação e direitos. In: Gomes, Angela de Castro (org.). *Direitos e cidadania*: memória, política e cultura. Rio de Janeiro: FGV, 2007. p. 15-44.

___. 2009. O indivíduo fora do lugar. *Revista do arquivo publico mineiro*, 2, p. 40-57, jul-dez 2009.

Massi, Fernanda Peixoto. Brasilianismos, brasilianists' e discursos brasileiros. *ESTUDOS HISTÓRICOS*, 3:5, pp. 45-65, 1990.

Miceli, Sérgio. *A desilusão americana*: relações acadêmicas entre Brasil e Estados Unidos. São Paulo: Sumaré, 1990.

Moreira, Regina da Luz. Brasilianistas, historiografia e centros de documentação. *Estudos históricos*, 3:5, p. 66-74, 1990.

Peixoto, Alzira Vargas do Amaral. *Getúlio, meu pai*. Porto Alegre: Livraria do Globo, 1960.

___. Depoimento de 1979. Rio de Janeiro, FGV/CPDOC-História Oral, 1981, 130 p. dat.

Peixoto, Celina Vargas do Amaral. Entrevista. In: D'Araújo, Maria Celina (org.). *Fundação Getúlio Vargas*: concretização de um ideal. Rio de Janeiro: Ed. FGV, 1999.

Pomian, Krzysztof. Coleção. *Enciclopédia Einaudi*, v. 1, História-Memória. Lisboa: Imprensa Nacional/Casa da Moeda, 1984, p. 51-86.

Randolph, John. On the Biography Bakunin Family Archive. In: Burton, A. *Archive Stories*: Acts, Fictions, and the Writing of History. Duke University Press, 2005.

Silva, Suely Braga da. O legado documental de Getulio Vargas. In: Gomes, Ângela de Castro (org.). *Vargas e a crise dos anos cinquenta*. Rio de Janeiro: Relume Dumará, 1994. p. 259-271.

8 A DOCUMENTAÇÃO DO ANTROPÓLOGO MARCOS MAGALHÃES RUBINGER E OS VESTÍGIOS DA PESQUISA E DO ENSINO DE ANTROPOLOGIA NOS ANOS 1960

Candice Vidal e Souza

INTRODUÇÃO

O trabalho com a história do ensino e da pesquisa em antropologia tem na consulta a arquivos de antropólogos uma das suas etapas mais promissoras. Os registros da vida profissional de pesquisadores e professores conduzem o observador de papéis e imagens aos ambientes intelectuais de momentos diversos da institucionalização da antropologia. No Brasil e alhures, o recurso aos documentos de arquivo tem sido um percurso privilegiado para compreender os modos de fazer e de ensinar antropologia (Corrêa, 1995b; Cavalcanti, 2008; Domingues, 2001; Jolly, 2001-2002; Handler, 2000; Sanjek, 1996; Mouton, 2001/2002). Pode-se saber mais sobre as interações entre os intelectuais no espaço de sua cidade, nos circuitos regionais, nacionais e, por vezes, internacionais, os quais podem ser retraçados e reavivados por fotos, cartas, citações nominais ou bibliográficas em textos didáticos, diários, cadernos de notas, projetos de pesquisa e outros. Entre os arquivos de intelectuais, a presença de material de campo distingue os arquivos de antropólogos, sobretudo aqueles que se dedicam à etnologia. Nesse caso, explorar esses acervos de documentos e objetos conduz a várias possibilidades de análise. Como observou Jan-Lodewijk Grootaers:

> A utilização de arquivos etnográficos sem dúvida terá importância para o estudo das sociedades em que o acesso ao campo se torna cada vez mais difícil por razões geopolíticas. Mas esses arquivos não são úteis apenas para a melhor compreensão de uma sociedade particular, à qual eles acrescem um elemento diacrônico; podem também servir de instrumento de pesquisa para conhecer melhor aqueles que a constituíram; e servir também para a própria história da disciplina [Grootaers, 2001-2002:78].

O interesse na história da antropologia que se fez em Minas Gerais guiou o trabalho de investigação do material existente no acervo deixado pela família do antropólogo mineiro Marcos Magalhães Rubinger (1934-1975), sob a guarda do Museu de História Natural da UFMG. Ele foi professor de antropologia no curso de Sociologia e Política da Faculdade de Ciências Econômicas da UFMG, de 1960 a 1964, quando foi exilado. Em 1961, participou da segunda turma do curso de Teoria e Pesquisa em Antropologia Social, coordenado por Roberto Cardoso de Oliveira e Luiz de Castro Faria, no Museu Nacional, no Rio de Janeiro.

Os documentos que compõem a parte principal desse acervo são relativos às pesquisas de campo (fotos, cadernetas e diários) entre os índios Suruí (PA) e entre os Maxacali (MG), atividades relacionadas ao treinamento etnológico obrigatório no Museu Nacional. Inclui-se ainda o material didático relacionado à preparação de aulas, além de textos e projetos produzidos para o curso no Rio de Janeiro. O material pode ser explorado em seu conteúdo etnológico estrito. No entanto, minha intenção aqui é tomá-lo como pista para a reconstituição do ambiente institucional da especialização do Museu Nacional, considerando os efeitos da introdução de novos parâmetros para a pesquisa etnológica no ensino de antropologia. Faço isso a partir da trajetória interrompida de Marcos Magalhães Rubinger. Por tratarem das relações entre antropólogos e instituições de ensino e pesquisa, esses registros podem ser tomados como uma crônica da construção dos objetos de pesquisa e da condução prática das orientações para o trabalho etnológico nos quadros institucionais do período.

OS GUARDADOS DA CASINHA BRANCA

Em 2004 iniciei a pesquisa "Hierarquias intelectuais e lutas de classificação nas Ciências Sociais: a construção da posição institucional da antropologia em Minas Gerais".[1] As entrevistas realizadas com ex-alunos e professores de antropologia da Universidade Federal de Minas Gerais me levaram ao professor Marcos Magalhães Rubinger. Mais precisamente, foi a professora Cleonice Pitangui de Mendonça que citou a documentação desse antropólogo, que estaria sob a guarda da arqueóloga Martha Maria de Castro e Silva, do Museu de História Natural da UFMG. Procurei a guardiã do material de Rubinger com o intuito de conhecer registros sobre a trajetória de ensino e pesquisa da antropologia em outra faculdade da própria UFMG, além da Faculdade de Filosofia e Ciências Humanas (Fafich), onde, até então, meus entrevistados estudavam. Cadernetas de campo da pesquisa realizada entre os Suruí do Pará, diário de campo de pesquisa entre os Maxacali (MG), fotos, anotações censitárias, material didático, textos e trabalhos escritos por Rubinger, bibliografia antropológica, correspondência e programas de cursos estavam todos guardados em arquivos de metal e arrumados em sacos plásticos. Havia ainda cadernos e anotações de pesquisas arqueológicas realizadas em Minas Gerais e alguns objetos sem procedência definida, além de rolos de fita, gravados provavelmente entre os Maxacali. Martha Castro e Silva permitiu que eu tivesse acesso ao material para leitura e me forneceu uma lista com 194 itens dos documentos (alguns deles repetidos), organizada pela funcionária Alice Tomaz em 2004, época em que o acervo foi abrigado na casa do setor de arqueologia do Museu de História Natural (uma casinha branca de portas e janelas azuis, cercada por um pomar e a mata do museu).

Naquele momento, comecei a dar importância aos produtos das pesquisas etnológicas realizadas por Marcos Rubinger, além de me deter no programa de curso que ele ministrava na disciplina de antro-

[1] Pesquisa financiada pelo CNPq e pelo FIP/PUC-MG, na qual trabalhou o bolsista Victor Von Rondon Carvalhido.

pologia e etnologia para o curso de Sociologia e Política da Faculdade de Ciências Econômicas. A partir de então, ampliei as entrevistas com pessoas envolvidas com Rubinger (ex-alunos, conhecidos, parentes) e me concentrei nas relações que ele constituiu no Museu Nacional, ao se tornar aluno de Roberto Cardoso de Oliveira e Luiz de Castro Faria, em 1961, no curso de Teoria e Pesquisa em Antropologia Social. O acervo Rubinger permitiria ampliar o conhecimento sobre as características do ensino de antropologia no início dos anos 1960 e conhecer as novas modalidades de formação de etnólogos no âmbito do Museu Nacional.

Com o término do projeto anterior, em 2005, elaborei novo projeto para organizar, investigar e proteger as informações que estavam presentes na documentação de Rubinger e no chamado "arquivo morto" da Fafich-UFMG. Nele, havia documentos sobre o ensino de antropologia desde 1941, os quais se encontravam empilhados numa grande sala e cobertos de poeira. Na primeira etapa da pesquisa, li os documentos mais antigos, porém havia muitos dados fisicamente inacessíveis, devido à desorganização. Com o apoio do diretor da Fafich à época, o historiador João Pinto Furtado, e do diretor do Museu de História Natural, apresentei a proposta de trabalho à Fapemig.[2] O acervo da Fafich foi organizado pela própria direção, que facultou o acesso à pesquisa.

O arquivo de Rubinger continua nas mesmas condições: à espera da oficialização da doação pela família e de seu recebimento em algum lugar da universidade que ofereça condições técnicas e físicas para protegê-lo e possibilitar a consulta. A digitalização das informações permitiu a ampliação da consulta ao material por alguns etnólogos que trabalham com os Maxacali, e pretende evitar riscos de degradação ou de perda, como aconteceu quando o diário de campo foi levado emprestado por pesquisadores da universidade até a área indígena Maxacali. No entanto, não se pode negar que o processo de digitalização produziu uma seleção e uma nova organização dos documentos, algo que não existia no acervo original. Atuamos, pois, no *fazimento* de outro arquivo de Marcos Rubinger (Heymann, 2005).

---

[2] O projeto foi realizado entre 2007 e 2009. O trabalho de digitalização e digitação da documentação foi realizado pelo bolsista Tito Tavares Coelho da Silva.

O ANTROPÓLOGO MARCOS MAGALHÃES RUBINGER: ENSINAR E PESQUISAR ANTROPOLOGIA NOS ANOS 1960

Marcos Magalhães Rubinger nasceu em 5 de fevereiro de 1934, em Belo Horizonte (MG). Ingressou no curso de Sociologia e Política da Faculdade de Ciências Econômicas (Face), formando-se na turma de 1959. Naquele mesmo ano, foi monitor de antropologia, disciplina cujo titular era Cid Rebelo Horta. Atuou como professor na Face de 1960 a 1964. A partir de 1964, exilou-se na Bolívia, no Chile e na Suíça. Retornou ao Brasil antes da Lei da Anistia. Sem a possibilidade de recuperar seu antigo emprego na Face, a vida tonou-se mais difícil, e Rubinger acabou por morrer precocemente, em 21 de novembro de 1975, em Belo Horizonte. Deixou a mulher, Conceição Rubinger, sua ex-aluna no curso de Sociologia e Política da Face, e três filhos pequenos. A documentação ficou com a família muitos anos, até que Conceição teve que se mudar para o interior de Minas Gerais, quando conseguiu um lugar para abrigar esse material. Pelo que sei, o material ficou sob os cuidados de Cleonice Pitangui, sendo que grande parte dos livros foi para a Biblioteca da Fafich. Os manuscritos e o material de trabalho foram entregues ao Museu de História Natural da UFMG, em 2004, por Martha Maria Castro Silva, amiga e ex-colega de Conceição Rubinger no curso de Ciências Sociais da UFMG (Conceição concluiu seu curso após retornar ao Brasil). Os envolvimentos pessoais foram responsáveis pela existência dessa documentação e por seu abrigo institucional.

O material disponível possibilita conhecer as práticas de formação dos pesquisadores no Museu Nacional e os conteúdos didáticos das aulas de Rubinger na Face/UFMG. O destacado aluno mineiro estava decidido a tornar-se antropólogo, razão pela qual fez a seleção para o curso de Teoria e Pesquisa em Antropologia Social, que tinha oferecido a primeira turma no ano anterior.

O Arquivo Castro Faria (Mast) possui documentos relativos às atividades do curso.[3] Sobre a seleção de 1961, na carta que enviara para

[3] As pesquisas em arquivos de antropólogos e instituições devem ser "multilocais", ou seja, pesquisas "cruzadas" de dados, já que, na prática, essas pessoas estavam interligadas e em comunicação. As variações de denominação do curso constam nos próprios documentos consultados.

o diretor da área de antropologia (CFDA 12.01010), Roberto Cardoso de Oliveira dizia que Marcos Magalhães Rubinger tinha sido admitido "como estagiário não bolsista, desde que seus vencimentos na Universidade de Minas Gerais (onde era assistente de antropologia) serão mantidos por aquela entidade". Portanto, manteve o duplo vínculo institucional até receber o certificado de conclusão do curso de "Especialização em Antropologia Cultural", em 5 de março de 1962.

No Museu Nacional, a primeira turma de alunos selecionada para as atividades do ano de 1960 foi composta por Roque de Barros Laraia, Roberto Augusto da Matta, Alcida Rita Ramos, Edson Diniz, Hortência Caminha e Onídia Benvenuti. De acordo com Alcida Ramos, apenas as duas últimas alunas não se tornaram antropólogas e seguiram outro rumo (Ramos, 1994:17). Os critérios para a seleção dos candidatos exigiam graduação (bacharelado ou licenciatura) nas seções das Faculdades de Filosofia ou Escolas de Sociologia e Política e que tivessem cursado uma disciplina antropológica ou sociológica. Os candidatos deveriam ter menos de 35 anos e não poderiam ter mais de cinco anos de formados (apenas em casos excepcionais, se o candidato já trabalhasse no campo da antropologia cultural, por exemplo. Cf. Cardoso de Oliveira, 1962:250).

O curso planejado exigia dedicação exclusiva de professores e alunos e disponibilidade para a pesquisa de campo, numa formação que articulava ainda as temáticas teóricas e o estudo bibliográfico estruturado no programa do curso. As bolsas de estudo eram oferecidas pelo Instituto de Ciências Sociais da Universidade do Brasil.

Estávamos diante de uma rotina de trabalho desconhecida na antropologia até aquele momento. Roberto Cardoso de Oliveira relatou o modo de estudo implantado:

> "Os nove meses, durante os quais transcorreram as nossas atividades, constituíram um período de convívio intenso e contínuo entre alunos e professor, em que aqueles puderam se familiarizar com a matéria, à custa de uma motivação e de controle sistemático em suas leituras. Frequentemente suas atividades de estudo no Museu (das 10hs às 17hs) se prolongavam à noite, quando, em suas casas, continuavam

o trabalho indicado para, no dia seguinte, dele prestarem conta ao professor" (Cardoso de Oliveira, 1962:239).

Na seleção para 1961, três novos alunos se juntaram ao grupo do ano anterior: Julio Cezar Melatti, Marcos Magalhães Rubinger e Maria Andréa Loyola. No período do treinamento para a pesquisa de campo, os novatos acompanhavam os veteranos. Assim, Melatti acompanhou Roberto da Matta entre os Gaviões (grupo Jê do médio Tocantins, estado do Pará); Rubinger seguiu Roque Laraia na pesquisa com os Suruí (grupo Tupi do médio Tocantins, estado do Pará) e Loyola auxiliou Alcida Ramos entre os imigrantes poveiros (Ponta do Caju, Rio de Janeiro).

O desenho do projeto realizado por esse grupo de etnólogos em formação foi apresentado da seguinte forma:

> A variedade de grupos tribais no território brasileiro e a falta de conhecimento adequado sobre sua imensa maioria, bem como o fato de seu gradual desaparecimento, são razões suficientes para atestar da relevância dos seguintes estudos, estreitamente vinculados entre si no plano teórico (isto é, com uma única orientação na formulação dos problemas de investigação) e com a utilização dos mesmos recursos metodológicos, quais sejam os fornecidos pela análise funcional-estrutural. O plano prevê o estudo simultâneo de cinco tribos, que têm em comum o fato de possuírem estruturas sociais segmentadas em *grupos unilineares de descendência* tais como clãs, sibs, linhagens ou metades [Cardoso de Oliveira, 1961:66].

As sociedades que seriam estudadas agrupavam: os Tukuna (alto Solimões, estado do Amazonas), os Suruí (rio Sororó, afluente do Tocantins, Pará), os Gaviões (margem direita, médio Tocantins, Pará), os Krahô (rio Manoel Alves Pequeno, município de Pedro Afonso, Goiás) e os Maxakali (cabeceiras do rio Itanhaém, Minas Gerais).

As ênfases teóricas assumidas por Roberto Cardoso de Oliveira no curso ficaram evidentes na elaboração desses projetos de pesquisa. A antropologia social inglesa predominava sobre o empirismo culturalista, isto é, o conceito de estrutura social era mais relevante que o de cultura. Outra característica notável desse conjunto de pesquisa é o reconhecimento e a apropriação da etnografia de Curt Nimuendaju, com quem dialogava em seus trabalhos de observação de campo[4] junto aos grupos Jê e Tupi.

O curso de especialização em antropologia social do Museu Nacional foi uma novidade na antropologia brasileira. Segundo Roberto Cardoso de Oliveira, no começo dos anos 1960, o "famoso consenso ortodoxo" era dominante, com sua visão culturalista americana e funcionalista, que tinha em Darcy Ribeiro seu principal defensor. Contudo, o projeto do Museu Nacional contrariava essa receita.

As disciplinas previstas no anteprojeto do curso de especialização em antropologia cultural (localizado na caixa 12 do Arquivo Castro Faria) eram as seguintes:

1. Análise funcional-estrutural (teoria geral da sociologia comparada ou antropologia social);
2. Elementos de análise quantitativa (procedimentos de quantificação, com vistas à formação de problemas);
3. Parentesco e organização social (estudo comparado dos sistemas sociais, com ênfase na estrutura social);
4. Sistemas econômicos aborígines (estudos de tecnologias e de suas relações com a ordem social no processo de produção e consumo);
5. Sistemas mítico-mágicos-religiosos (estudo comparado de sistemas ideológicos e de suas conexões com a ordem social).

Novas referências teóricas e treinamento obrigatório em pesquisa de campo, sobretudo em etnologia indígena, foram os traços marcantes do curso de pós-graduação ao qual Marcos Rubinger se integrara. Na visão de Roberto Cardoso de Oliveira, seus alunos, oriundos de diversos estados, poderiam retornar e difundir novos ares para o ensino e a pesquisa antropológica. O aluno de Belo Horizonte foi recebido com a expectativa de que "fosse uma pessoa que levasse, nesse caso, uma nova orientação de antropologia, uma an-

4 Sobre o tema, ver Corrêa, 1995a.

tropologia social, que naquele tempo ainda tinha dificuldade de se integrar ao *establishment*".[5]

De acordo com seu professor, Marcos Rubinger foi bom aluno e iniciava ali uma "carreira de futuro". Percebia nele uma preocupação institucional, "de querer fazer algo em antropologia em Minas". Seria "provavelmente uma das pessoas a organizar, a modernizar, eu diria, a antropologia em Minas Gerais".

Os alunos de Marcos Rubinger se recordam de aulas instigantes e divertidas. Segundo eles, sobressaíam as intenções do professor de chocar, de questionar valores arraigados e de usar palavras incomuns naquele tempo. Deve-se notar que o curso da Face atraía muitas mulheres, entre as quais Maria Stella Grossi Porto, que relata um Rubinger irreverente e apreciador de "temas chocantes" para sua época. Na sua impressão, parecia que o professor atribuía às aulas de antropologia a missão de "desmistificação do mundo", a derrubada de tabus. Essas características deixaram mais lembranças do que um programa rigoroso, sobre o qual a socióloga da UnB menciona a presença de textos da antropologia americana e uma bibliografia de autores franceses.[6]

O historiador José Murilo de Carvalho foi aluno de Marcos Rubinger em 1962. Embora a antropologia fosse "secundária" no curso de sociologia e política, José Murilo nota que Rubinger se destacava como professor por sua dedicação, por "falar com muita pompa". Tornou-se um professor "marcante porque tinha posições muito marcadas". É definido pelo ex-aluno como um materialista militante. Na sala de aula, usava expressões relacionadas a sexo, as quais na época "não era prudente se usar"; falava de incesto, tema antropológico que chocava alguns alunos. Para exemplificar práticas da antropologia do século XIX, Rubinger mediu a cabeças dos educandos. José Murilo afirma, com ironia, que o resultado decepcionante de suas medidas o fizeram descrer das teorias racistas. Podemos ver aqui uma das formas pelas quais Rubinger cumpria a tarefa desmistificadora que Maria Stella nele enxergava. José Murilo de Carvalho relata outro detalhe

---

[5] Entrevista à autora, 22 de março de 2005.

[6] Entrevista à autora, 29 de outubro de 2004.

pitoresco sobre o estilo de Rubinger: o professor costumava fazer referências a um autor chamado "Tilor", numa provável pronúncia aportuguesada do sobrenome de Edward B. Tylor (1832-1917).[7]

A parte mais substantiva do curso era ocupada por assuntos relativos à "antropologia geral":

1. Desenvolvimento, natureza e objeto da antropologia.
2. Evolução biológica do homem.
3. Evolução cultural do homem.
4. Herança biológica, raça e racismo.
5. Conceito de cultura.
6. Sistemas adaptativos da cultura.
7. Sistemas associativos da cultura.
8. Sistemas ideológicos da cultura.
9. Teorias da cultura: evolucionismo, difusionismo, funcionalismo.
10. Contato, aculturação e assimilação.
11. Noções de teoria e pesquisa em antropologia social.

Os programas dos cursos revelam que os títulos se assemelham ao programa de Cid Rebelo Horta (professor titular da matéria, morto em acidente automobilístico em janeiro de 1962), cuja cópia de 1958 consultei. O professor de antropologia parecia continuar inspirando Rubinger, mas a orientação política materialista e o treinamento em pesquisa etnológica no Museu Nacional provavelmente resultaram em leituras diferentes das mesmas questões gerais da disciplina. Além disso, a forma de transmissão desse conteúdo, que se modifica segundo o estilo de cada professor — a *performance* da aula é bastante idiossincrática —, determinaria as diferenças na execução do programa. Ainda que o evento transcorra de forma diferente, em razão de serem professores distintos, é importante perceber que o ensino de antropologia na Face apresentava uma continuidade significativa, o que demonstra algum consenso entre os professores da disciplina a respeito do que seria a antropologia e sobre quais seriam temas e recortes importantes para informar aos alunos do curso de sociologia e política.

---

7 Entrevista à autora, 14 de dezembro de 2004.

O conteúdo do programa de Rubinger e a bibliografia de apoio são exemplos de um momento de transição que as balizas teóricas da pesquisa e do ensino da antropologia aqui no Brasil viviam, sobretudo a partir do início da década de 1960. A presença de conceitos e autores representativos da vertente culturalista é marcada por Melville Jean Herskovits (*El hombre y sus obras*), Leslie White (*The Science of Culture*), Clyde Kluckhohn (*Antropologia*), os quais convivem com referências da antropologia social britânica (*Social Structure*, de George Peter Murdock; *Fundamentos de antropologia social*, de Siegfried Frederick Nadel) e do estruturalismo (*Antropologia estrutural*, de Claude Lévi-Strauss). O conceito de cultura ainda sustentava a ossatura do curso, mas a ênfase na estrutura social, especialmente com o apoio de material etnológico, começaria a definir um novo eixo de problemas teóricos e metodológicos.

Em 1963, um novo programa foi apresentado à Face, no qual o professor esclarecia que "os vinte temas gerais do programa anterior" seriam "reduzidos a quinze". O novo programa foi dividido em duas partes: antropologia geral e antropologia brasileira. O conteúdo de cada item era descrito pormenorizadamente. Se tomarmos como exemplo o item sete, "Sistemas associativos da cultura", percebe-se a influência das aulas e das leituras do curso do Museu Nacional nas aulas do professor-pesquisador. Estruturas e relações de parentesco, que eram tema central no treinamento etnológico orientado por Roberto Cardoso de Oliveira, estão nos registros do diário e nas cadernetas de campo de Rubinger, nas notas de aula e trabalhos referentes ao curso no Rio de Janeiro e nas disciplinas da especialização. O conteúdo dessa parte do programa, de 14 páginas, era o seguinte:

> 1. A natureza social do homem: agrupamento, interação, ação social, sistema social, sociedade. 2. Teoria da estrutura social e da ação social, desenvolvidas por antropólogos. Requisitos funcionais e estruturais da ordem social. 3. Organização social: esquemas conceituais de G. P. Murdock e Leslie White. 4. Instituições como estruturas analíticas: matrimônio e parentesco (grupo residencial de parentesco e grupo consanguíneo de parentesco). 5. Conceito e análise do parentesco: o

> método genealógico. 6. Agrupamentos sociais como estruturas concretas: família (tipos), "sib", clã, "deme", linhagem, "*kindred*", "fratrias", metades, classes. 7. Incesto, exogamia e endogamia. 8. A residência matrilocal, patrilocal, bilocal, neolocal, avunculocal, matripatrilocal. 9. A descendência: patrilineal, matrilineal, bilateral, dupla-descendência. 10. Associações humanas não baseadas no parentesco. 11. Estudo comparado de estruturas sociais pré-letradas [Programa de antropologia, 1963:2].

A bibliografia do curso era extensa, com obras publicadas em francês, inglês, espanhol e português. Textos de etnologia brasileira eram indicados (Darcy Ribeiro, Eduardo Galvão, Herbert Baldus e Roberto Cardoso de Oliveira), além de periódicos nacionais (especialmente a *Revista de Antropologia* e os boletins do Museu Goeldi e do Museu Nacional).

Se tomássemos apenas o programa escrito da disciplina ministrada por Rubinger como registro do que se transmitia em sala de aula, seríamos incapazes de perceber o viés político de sua interpretação da sociedade. Como o roteiro escrito traz apenas informações parciais sobre o conteúdo das aulas, o depoimento de seus participantes torna-se complemento significativo para relatar como as aulas de fato transcorriam. Entretanto, o material didático disponível no acervo, que inclui as aulas datilografadas e as referências bibliográficas consultadas, permite conhecer com mais detalhes e precisão os argumentos, as escolhas conceituais e bibliográficas, bem como os exemplos etnográficos escolhidos pelo professor para apresentar os vários temas concebidos como antropológicos.

Naquele momento, tinha-se a compreensão de que a antropologia como disciplina deveria tratar de temas de antropologia física, arqueologia e cultura/sociedade. A unidade do homem como biologia e cultura era articulada por um único professor durante o curso de um ano. As apostilas elaboradas pelo professor Rubinger destinavam-se ao curso de antropologia e etnologia, e continham os seguintes títulos: A evolução cultural do homem. A unidade das ciências sociais e o lugar da etnologia (1963). O passado biológico do homem — paleontologia humana

(1964). Etnocentrismo. Antropologia e etnologia — Apêndice — a declaração da Unesco sobre a raça (1952). Divisão do campo da antropologia (1958). Estudos brasileiros de paleontologia humana. O conceito de personalidade básica. O problema da mestiçagem e da classificação racial das populações brasileiras (1961). Os sistemas adaptativos da cultura. Raça, linguagem e cultura. Sistemas ideológicos da cultura — a religião. Teoria da cultura: o difusionismo. Teorias da cultura — o evolucionismo. Teorias da cultura — o funcionalismo.

Entre o material didático estava uma série de textos organizados pelo Departamento de Sociologia e Política, cuja função era dar acompanhamento às aulas. Esses textos estavam distribuídos em três apostilas, que foram publicadas em 1961. A apostila I (junho 1961) continha os artigos "Qu'est-ce que la race?" (Loren Charles Dunn); "A evolução humana" (Theodosius Dobzhansky); "El proceso evolutivo" (Julian Huxley): "Place de l'anthropologie dans le sciences sociales" (Claude Lévi-Strauss); "A integração da antropologia" (Sol Tax). A apostila II (junho 1961) era composta dos seguintes textos de antropologia: "Estudos sobre a aculturação dos grupos indígenas do Brasil" (Eduardo Galvão); "O conceito de cultura" (Leslie A. White); "Les relations raciales au Brésil" (Roger Bastide); "La notion d'elite sociale" (Siegfried Frederick Nadel). A apostila III, publicada em novembro de 1962, dedicava-se a temas etnológicos, com os artigos "As tarefas da etnologia e da linguística no Brasil" (Darcy Ribeiro); "Organização social dos Tenetehara" (Charles Wagley e Eduardo Galvão); "A mitologia como estudo sociológico" (Egon Schaden); "A casa dos homens Górotire" (Horace Banner); "O estudo dos sistemas de parentesco" (Eduardo Galvão).

A antropologia ensinada por Rubinger é atualizada de acordo com sua formação no Museu Nacional, que, por influência dela, tem suas temáticas culturalistas ampliadas, sobretudo com a introdução dos estudos de parentesco e da estrutura social. Textos recentes e referidos a temas especializados são oferecidos aos alunos do curso de sociologia e política, os quais tiveram acesso ao conhecimento das temáticas gerais da antropologia, assim como a questões da pesquisa etnológica de ponta na época.

TRABALHO DE CAMPO: SURUÍ E MAXACALI

O treinamento em etnologia iniciado no Museu Nacional tem sua primeira fase de campo na viagem rumo às terras dos índios Suruí. As anotações das cadernetas que estão no acervo de Marcos Rubinger trazem detalhes dessa experiência iniciática. O grupo composto por quatro alunos saiu do Rio de Janeiro no dia 5 de agosto de 1961 e chegou a Marabá (PA) no dia 7 de agosto. Rubinger seguiu com Laraia para a região Suruí, enquanto Matta e Melatti foram ao encontro dos Gaviões. As três cadernetas de campo trazem as anotações até o dia 30 de outubro de 1961, considerando vocabulário da língua suruí, recenseamento, termos de parentesco, constelações e divisão social do trabalho. Há referência ao diário de campo em passagens das cadernetas, mas ele não foi encontrado no acervo de Rubinger.

A pesquisa de nosso antropólogo será de fato realizada com os Maxacali, em Minas Gerais, durante duas etapas: julho de 1962 e janeiro de 1963. No projeto "Estudo comparado das sociedades indígenas do Brasil", datado de 9 de outubro de 1961, a pesquisa Maxacali é apresentada da seguinte forma:

> Localizados na zona dos formadores do rio Itanhaém, no estado de Minas Gerais, os Maxacali permaneceram até hoje praticamente "isolados" da sociedade brasileira, sem estabelecer uma situação de contato que permitisse um convívio contínuo e sistemático com as suas frentes de expansão. É um grupo indígena alófilo, isto é, seus membros falam uma língua que não tem semelhança com qualquer outra; por outro lado, podem ser considerados os verdadeiros representantes de tribos possuidoras de sistemas sociais segmentados, e localizados próximos à faixa litorânea do Brasil. Urge que se estudem esses índios enquanto ainda conservam plenamente operativa a sua estrutura social original, pois dificilmente eles manterão durante muito mais tempo esse relativo isolamento de que ora desfrutam [Cardoso de Oliveira, 1961:69].

No Projeto de Pesquisa Maxacali (1963), Rubinger observa que pretende realizar "não uma monografia particular, mas uma monografia que extravase os parâmetros da vida tribal em si, colocando os Maxacali reagindo e respondendo às compulsões de uma frente de expansão colonizadora" (Rubinger, 1963:13). O estilo etnológico que Rubinger segue é o da "etnologia do contato" (Viveiros de Castro, 1999:114), tal como o faz todo o grupo orientado por Roberto Cardoso de Oliveira.

Os compromissos docentes fizeram Rubinger restringir o período de campo ao intervalo de férias escolares, inviabilizando a primeira fase do projeto, que previa um período de quatro meses de pesquisa. As anotações do diário na aldeia de Água Boa, onde se localiza o posto indígena no qual Rubinger ficara hospedado, são datadas de 8 de julho a 30 de julho de 1962. Nessa etapa, foi acompanhado de seu irmão Matheus Rubinger, que, segundo informa, não possuía treinamento etnológico algum, mas o acompanhou, custeando suas próprias despesas, para ajudá-lo no transporte de material. Na segunda viagem, seguiu com Stella Amorim e seu noivo, Paulo Marcos Amorim (que depois faria mestrado no Museu Nacional sobre os índios Potiguara, da Baía da Traição, Paraíba). As anotações, também feitas na aldeia de Água Boa, vão de 8 a 25 de janeiro de 1963.

A primeira parte do diário Maxakali traz anotações de grande interesse para se estabelecer as relações de aprendizagem desenvolvidas entre Roberto Cardoso de Oliveira e seus alunos. O diário foi lido e comentado pelo orientador. Permito-me citar algumas das observações e das réplicas de Rubinger, para que se entenda melhor o seu rigor com a pesquisa e a fundamentação empírica de sua interpretação.[8]

Em página com diagramas de parentesco, Roberto Cardoso de Oliveira se questiona: "Os diagramas expressam o quê? Dados soltos,

[8] O diário de campo é a peça mais íntima do acervo profissional dos antropólogos. Várias inquietações surgem da leitura e da divulgação de trechos desses escritos, dado o seu caráter sensível, e que está no limite entre o público e o privado (cf. Mouton, 2001-2002:70). Como os trechos a seguir não desmerecem os indivíduos em questão, observo que eles são citados como indicadores dos modos de interação profissional e dos padrões de formação em pesquisa.

sem maior significação" (Diário:28). Mais adiante se pergunta: "Qual o uso dessa genealogia?" (Diário:45). Está lá um conselho: coletar dados de parentesco sem uma problemática de pesquisa não faz sentido. Outra nota curiosa julga certos dados como "desnecessários". E o aluno responde: "Nenhum dado da observação é desnecessário" (Diário:29). Em outra nota do mesmo teor, afirma: "Dados etnográficos desta ordem é perda de tempo anotá-los". Rubinger responde: "Não acho 'perda de tempo' porque é importante saber como os ' brancos' veem os índios" (Diário:90).

Uma recomendação do observador orienta Rubinger a visitar mais a outra aldeia da área Maxakali: "O pesquisador deveria ir ao Pradinho, observar o comportamento dos Maxakali". A resposta é a seguinte: "É só tentar para ver como é 'fácil'!" (Diário:31). Há muitas indicações para melhorar a coleta de dados, como a técnica para estabelecer a idade dos velhos (Diário:32) ou aprimorar o modo de perguntar, evitando abstrações (Diário:44).

Ao final dessa parte, três páginas de comentários organizados pelo orientador e prontamente respondidos pelo aprendiz. Permito-me a longa citação para exemplificar o tipo de dado relevante para a pesquisa etnológica naquele momento.

> Observações
> 1. O pesq. não usou a técnica genealógica para o levantamento do sistema de parentesco. R: Porque meu objetivo era somente realizar um censo.
> 2. Não identificou os grupos domésticos, não os correlacionou com os grupos familiares. R: Como? Se eu encontrava sempre as casas vazias?
> 3. Nada nos disse sobre os mecanismos de descendência. R: Meu objetivo na 1ª etapa no campo era apenas o censo.
> 4. Já devia ter tentado, ao menos, a construção de uma pirâmide populacional, (?) fins de análise demográfica. R: As condições, péssimas, de trabalho requerem um teste dos dados populacionais.
> 5. As genealogias feitas estão soltas, colhidas como que ao acaso e sem objetivo definido. R: Não são propriamente genealogias, mas dados que surgiram e que eu não queria perder, então os anotei.

> 6. A observação e o uso de intérpretes e informantes índios foram substituídos pelo recurso da entrevista c/ civilizados. R: As péssimas condições de trabalho me obrigaram a tal.
> 7. A linguagem jornalística — e muitas vezes imprecisa — substituiu o relato sereno, sóbrio, ainda que objetivo e, mesmo, valorativo. R: Sou marxista!
> 8. Reconheço que as dificuldades práticas da pesquisa contribuíram, talvez, em 70% para alguns dos senões aqui assinalados. E os outros 30%? R: É só chamar o Tubal [inspetor do posto indígena] de volta e tentar a mesma experiência!!! [Diário:128-9]

E seguem sugestões para o próximo retorno ao campo: morar perto da aldeia Pradinho; aprender melhor a língua; estudar a situação do contato e o processo de assimilação; "estudar, em profundidade, a cultura tribal, com ênfase na estrutura social" (Diário:129).

As dificuldades inúmeras da pesquisa entre os Maxakali levam o aluno Rubinger a se lamentar e a admitir, com seu aprendizado sofrido: "Como é duro ser antropólogo!" (Diário:238). Outras observações desalentadas aparecem nos registros. No caderno de notas de campo, constata: "É serviço perdido numerar casas ou levantar grupos domésticos, porque eles mudam muito." A impossibilidade de instalação nas aldeias Maxacali fez com que Rubinger tivesse que suportar o chefe do posto indígena, que parece ter perturbado bastante o ritmo da pesquisa com suas conversas e solicitações (cf. Diário:42). No entanto, as informações do posto indígena foram recolhidas pelo pesquisador, como revela o censo com anotações de 104 indivíduos, segundo "dados do Posto Indígena Engenheiro Mariano em 14 de junho de 1961. Assinado por Tubal Fialho Vianna".

POSSIBILIDADES DE USO DOS ARQUIVOS DE ANTROPÓLOGOS

A documentação resguardada por pesquisadores e professores das ciências sociais, assim como os registros das atividades das instituições de ensino, nos conduz aos modos de fazer da sociologia e da antropologia em cada lugar e momento histórico. Se há uma boa maneira de examinar em perspectiva as questões das pesquisas e as referências interpretativas de hoje, é explorar esses arquivos. Richard Handler, editor da série History of Anthropology, estimula esse tipo de pesquisa porque:

> Interpretar ou explicar as práticas antropológicas passadas em relação a momentos histórico-culturais específicos deveria ser usual para os antropólogos acostumados à pesquisa empírica em comunidades e situações locais, a despeito da necessidade de referência mais ao arquivo que à pesquisa de campo (embora a coleta de histórias orais, em alguma medida, preencha a lacuna metodológica). Na verdade, a contextualização histórica do trabalho antropológico passado deve ser um recurso valioso para a autocrítica antropológica [Handler, 2000:4].

Ao analisar esses vestígios do ensino e da pesquisa antropológica de outras épocas, muitas vezes nota-se o cuidado com a definição conceitual, a escolha por ensinar os princípios do vocabulário antropológico, sem dispensar a formação básica. Mas também são postas em relevo as transformações nos padrões do trabalho científico, expressos em detalhes, como a forma da citação bibliográfica dos programas de ensino. Fica evidente ainda o trabalho de alguns professores ao buscar publicações em outras línguas, para manter suas aulas em dia com os temas da área, considerando as restrições das ofertas editoriais em português; e há também aqueles que optam por restringir o ensino aos livros e autores já traduzidos.

Recuperar esses papéis e imagens traz novos ânimos ao pesquisador da história da disciplina, pois, como observa Richard Handler, "também podemos pensar sobre o papel da história da antropologia em relação à teoria e ao ensino correntes na antropologia" (Handler, 2000:4). No entanto, escutar as impressões de quem experimentou cada momento específico de fazer antropologia auxilia a compreensão do ambiente intelectual em questão. Ampliar as histórias da antropologia é tarefa que se ancora na pesquisa dos arquivos pessoais e institucionais, assim como na escuta dos sujeitos que fizeram a antropologia possível em seus lugares (centros e províncias). Reconstruir trajetórias de antropólogos e conhecer os tempos da antropologia exige também que se considerem os percursos marginais e os atores menores em relação aos trajetos memoráveis e aos nomes ilustres. Trata-se de empreender a busca por histórias de quem fez a antropologia possível em seus lugares, sejam eles centros ou periferias, situando também as posições de quem figura em postos mais ou menos privilegiados nos campos intelectuais de cada instituição, cidade ou época. Essa perspectiva, que adoto no trabalho sobre a antropologia em Minas Gerais, traz à tona ancestrais marginalizados ou esquecidos no recontar contemporâneo da história disciplinar.

Entretanto, as questões envolvidas no trabalho com arquivos profissionais quanto à publicização de esboços de trabalhos e de documentação pessoal, como são diários, fotos e cadernetas de campo, nos obrigam a várias escolhas de ordem ética e legal.[9] A possibilidade de reprodução e transmissão gerada pela digitalização deve ser refletida. Alguns antropólogos são contrários à divulgação total ou parcial do material relativo à pesquisa de campo. Cito, a título de exemplo, a opinião de Roque Laraia diante de minha proposta de trabalhar diários e anotações de pesquisa dos outros alunos de Roberto Cardoso de Oliveira, em articulação com a pesquisa que fazia sobre Marcos M. Rubinger. Para esse antropólogo, que apoiou minha pesquisa desde o começo, pois ele mesmo teve aulas de antropologia na antiga Faculdade de Filosofia da então Universidade de Minas Gerais, ceder esses papéis seria permitir a revelação da esfera da intimidade. Para mais uma comprovação dessa resistência, veja-se o comentário de Heloísa Bertol Domingues sobre as negociações com Luiz de Castro Faria a respeito do acesso à sua documentação pessoal:

> "Convencê-lo a, finalmente, divulgar esse material tão valioso para a história e a antropologia não foi tarefa fácil, mas, depois de muitas travessias na ponte Rio/Niterói, foi possível dar início ao trabalho de catalogação das fotografias" (Domingues, 2001:13).

[9] Para uma discussão ampla sobre a tensão entre intimidade e interesse público no trabalho com arquivos pessoais, ver *Estudos Históricos* 21, 1998.

Se usarmos como referência o código de ética da ABA quanto ao direito das populações que são objeto da pesquisa ("direito de preservação de sua intimidade, de acordo com seus padrões culturais"), acredito que deve prevalecer a opinião do autor e de sua família quanto à abertura desses documentos, mesmo que esteja evidente o interesse público da consulta a esses dados, pois os antropólogos que estudamos são nossos nativos e só podemos dar a conhecer os aspectos de sua vida profissional se eles ou suas famílias permitirem.

Por outro lado, o acesso controlado e a digitalização do acervo Rubinger têm permitido acontecimentos curiosos. Em 2008, um grupo de índios Maxacali, alunos do curso de Educação Indígena da FAE/UFMG realizou um ritual de homenagem a Marcos Rubinger na mata que fica no entorno da casa onde estão os documentos. Em outra ocasião, outro grupo foi até lá para ver as fotos. Na língua Maxacali comentavam e reconheciam parentes nas fotos do antropólogo. Pediram, por intermédio da professora que os acompanhava, que eu enviasse os arquivos digitalizados da foto para conseguirem a reprodução e levar para a aldeia. O arquivo antropológico representa não apenas uma fonte para a história da disciplina, mas guarda a história dos povos estudados; ele pode, então, sofrer outras apropriações que seriam elas mesmas um objeto de novas pesquisas antropológicas.

REFERÊNCIAS BIBLIOGRÁFICAS

Cardoso de Oliveira, Roberto. "Pós-graduação em antropologia no Museu Nacional. *Revista do Instituto de Ciências Sociais da Universidade do Brasil*, 1 (1): 237-250, jan.-jun. de 1962.

___. Projeto estudo comparado das sociedades indígenas do Brasil. 1961. Anexo em Marcos Magalhães Rubinger. *Projeto de Pesquisa Maxacali.* Grupo indígena do nordeste de Minas Gerais. Belo Horizonte: Edição do autor, 1963.

Castro, Celso. A trajetória de um arquivo histórico: reflexões a partir da documentação do Conselho de Fiscalização das Expedições Artísticas e Científicas no Brasil. *Estudos históricos*, 36, 2005.

Cavalcanti, Maria Laura Viveiros de Castro. Fundo Oracy Nogueira: breve notícia de um capítulo das ciências sociais no Brasil (1940/1960). Trabalho apresentado na 26ª Reunião Brasileira de Antropologia. Porto Seguro (BA), 2008.

Corrêa, Mariza. A antropologia no Brasil (1960-1980). In: Miceli, Sérgio (org.). *História das ciências sociais no Brasil.* São Paulo: Sumaré/ Fapesp, 1995a. v. 2

___. História da antropologia no Brasil: Projeto da Unicamp. *Manguinhos*, 2:2, p. 115-118, jul.-out. de 1995b.

Cunha, Olívia Maria Gomes da. Do ponto de vista de quem? Diálogos, olhares e etnografias dos/nos arquivos. *Estudos históricos*, 36, 2005.

Domingues, Heloísa Maria Bertol. A última grande expedição etnográfica do século XX. In: Faria, Luiz de Castro. *Um outro olhar.* Diário da Expedição à Serra do Norte. Rio de Janeiro: Ouro sobre Azul, 2001.

Estudos Históricos. Rio de Janeiro, 21, 1998.

Grootaers, Jan-Lodewijk. De l'exploitation des archives de terrain. Une textualisation em chaîne. *Gradhiva*, 30-31, p. 73-80, 2001-2002.

Jolly, Éric. Du fichier etnographique au fichier informatique. Le fonds Marcel Griaule: Le classement des notes de terrain. *Gradhiva*, 30-31, 2001-2002, p. 81-103.

Handler, Richard. *Excluded Ancerstors, Inventible Traditions.* Essays toward a More Inclusive History of Anthropology. Madison: University of Wisconsin Press, 2000.

Heymann, Luciana. Os *fazimentos* do arquivo Darcy Ribeiro: memória, acervo e legado. *Estudos históricos*, 36, 2005.

Laraia, Roque de Barros. A comunidade de origem. In: Corrêa, Mariza; Laraia, Roque de Barros (orgs.). *Roberto Cardoso de Oliveira.* Homenagens. Campinas: IFCH/Unicamp, 1992.

___. Trajetórias convergentes. Cardoso de Oliveira e Maybury-Lewis. *Mana: Estudos de antropologia social*, 14:2, p. 547-554, outubro de 2008.

Laraia, Roque de Barros; Da Matta, Roberto. *Índios e castanheiros.* São Paulo: Difusão Europeia do Livro, 1967.

Mouton, Marie-Dominique. Archiver la mémoire des ethnologues?. *Gradhiva*, 30-31, p. 67-80, 2001-2002.

Ramos, Alcida Rita. Paciência e resignação. *Anuário antropológico 92*. Rio de Janeiro: Tempo Brasileiro, 1994.

Rubinger, Marcos Magalhães. *Projeto de Pesquisa Maxacali*. Grupo indígena do nordeste de Minas Gerais. Belo Horizonte: Edição do Autor, 1963.

___; Amorim, M. S. de; Marcato, S. de A. *Índios Maxacali:* resistência ou morte. Belo Horizonte: Interlivros, 1980.

Sanjek, Roger (org.). *Fieldnotes*. The Makings of Anthropology. Ithaca: Cornell University Press, 1996.

Viveiros de Castro, Eduardo. Etnologia brasileira. In: Miceli, Sérgio (org.). *O que ler na ciência social brasileira (1970-1995):* Antropologia. São Paulo: Sumaré, 1999.

Zonabend, Françoise; Jamin, Jean. Archivari. *Gradhiva*, 30-31, p. 57-65, 2001-2002.

III

ARQUIVOS DA LITERATURA E DAS ARTES

9 ESPARSOS E INÉDITOS NO ARQUIVO DE EDUARDO FRIEIRO

Maria da Conceição Carvalho

O INTELECTUAL EDUARDO FRIEIRO

> "Em tudo o que o homem deixa entrever de si mesmo, julgamo-nos no direito de perguntar: que quer ele esconder-nos?"
>
> FRIEDRICH W. NIETZSCHE

> "Sempre gostei de ler diários íntimos, correspondências e memórias, gosto que se tem acentuado com a idade. Não escreverei as minhas porque não acho nada interessante na minha vida, que foi modesta."[1]

Modesta, se não a vida longa e produtiva, foi a postura de Eduardo Frieiro diante da vida. Apoiando-se nas razões contraditórias do homem introvertido, esquivou-se o quanto pôde do reconhecimento público ao seu trabalho de escritor e intelectual. Não se descuidou, porém, de deixar, ao longo do caminho mensagens claras ou cifradas que orientassem, depois de sua morte, algum restaurador de imagens que porventura se incumbisse de divulgar o que ele próprio ocultara.

Antes de entrar no arquivo desse intelectual mineiro (1989-1982) que passou a vida dedicado à palavra impressa — lia, escrevia, imprimia livros, colecionava papéis —, contudo, é preciso lembrar que o arquivamento do *eu* responde, em primeiro lugar, concordando com Artières (1998:10), a uma injunção social estendida a todo cidadão desde o final do século XVIII, quando a memória arquivística, so-

[1] Carta de Eduardo Frieiro a Soares Faria, em 1º de agosto de 1960.

mada à memória biológica, passou a interferir, inquestionavelmente, nos processos de integração e de exclusão social. Não surpreende, pois, que, nas sociedades moderno-contemporâneas, na vigência de ideologias individualistas, valorize-se a trajetória pessoal do indivíduo e, em consequência, desenvolva-se uma nova e significativa relação entre esse mesmo indivíduo e seus documentos pessoais. O nome próprio (atestado visível de uma identidade social), a individualidade biológica (reconhecida pelo retrato) e a assinatura (registro oficial e intransferível de identidade) oferecem ao homem moderno, há muito descrente da promessa de eternidade implícita na tradição religiosa, outra ilusão de permanência e durabilidade: a fama póstuma. Acumular testemunhos materiais do vivido é pretexto para organizar, ao longo de uma vida, o seu arquivo pessoal e render-se ao ato (auto)biográfico, à escrita de si, desejo irresistível de narrar-se "historicamente", de inventar/inventariar uma vida para ser lembrada.

Ao pensar em Eduardo Frieiro e ampliando um pouco o que Artières afirma sobre o arquivamento do *eu*, pode-se pensar que o homem introvertido atribui a esse trabalho, mais do que aos outros, uma conotação de resistência. Em contraposição ao retrato público do nosso escritor, distinguido pela máscara protetora da acidez e do sarcasmo, são os seus papéis acumulados em arquivo que conformam o perfil com o qual ele se reconhece; o arquivo/biblioteca em construção vai narrando sua vida, a "verdadeira", uma existência passada a limpo no exercício cotidiano da autoconstrução pela palavra. Um trecho do seu diário, página escrita em 1942, testemunha esse processo sem fim:

> Todos os dias faço projetos de escrever. Mas fico todos os dias em projetos. Mexo no escritório todas as manhãs. Mexo, remexo, sem realizar nada de proveitoso. Gosto de remexer em papéis. Nasci papelista. Seria, por índole, um erudito, se tivesse outra preparação. Sou apenas um cisca-papéis. Mas não há passatempo melhor. Mansa atividade de preguiçoso. [...] Falei em preguiça. Nada mais calunioso. Sou o contrário do preguiçoso. Mesmo quando me deixo ficar no escritório, a remexer papéis sem fim determinado, sou movido pela curiosidade de saber, estou estudando, prosseguindo nos meus estudos de autodi-

> data persistente e afanoso. Para quê, se a ignorância continua a mesma insondável, imensurável? Sei lá. Porque sim. Porque essa é a minha inclinação, o meu gosto [Frieiro, 1986:44].

O termo *papelista*, aposto ao nome de Frieiro, remete-nos, inevitavelmente, a algumas considerações derridaianas. Na cultura do papel como suporte da escrita, como superfície de inscrição ou como lugar de retenção de marcas, o homem comum sustenta sua identidade e sua vinculação social pela assinatura sobre um papel (*o papel sou eu, o papel é um eu)*. Frieiro, sem dúvida, serve-se do papel como lugar da *apropriação de si por si*, na expressão do filósofo francês. É, do mesmo modo, no suporte concreto do papel que esse intelectual mineiro, a partir dos anos 1920, se posiciona diante do mundo, lutando *no* e *pelo* espaço público. Ligado visceralmente ao papel por gosto e por profissão, sofre, não obstante, do chamado *spleen* do papel. A tensão, ou a culpa, de se sentir feliz na *mansa* atividade de escritor, filho que era de um operário imigrante da Galícia — *gente dura, sóbria e sofrida* —, nas suas próprias palavras, parece só diminuir se o seu ofício de intelectual for classificado na ordem do labor afanoso e persistente do autodidata. Isso nos faz pensar ainda que, para Frieiro, os produtos da ação direta entre os homens por meio da linguagem — a página escrita e o livro impresso —, resultado de sua atividade intelectual, parecem *fúteis*, isto é, frágeis e intangíveis, quando comparados ao trabalho duro do pai, transformando a natureza e a matéria. Pode-se pensar, então, que a consciência pequeno-burguesa do escritor sofre certo desconforto na passagem do trabalho proletário para a ação intelectual, ainda que esteja seguro do seu dom natural para a erudição. Na verdade, ele nunca abandonará a preocupação e o gosto pelo livro como forma, suporte material, objeto construído com as mãos. O livro como "perfeita máquina de ler", lembra ele, citando Valéry, na analogia com a boa casa, máquina de morar, de Le Corbusier.

Aproximar o pai pedreiro do filho escritor nos conduz, numa livre associação com pretensão pongeana, a uma improvável relação entre o escritor e o pedreiro e seus modos de trabalho. O muro ou a parede se constroem pedra sobre pedra, de baixo para cima, pelas mãos do operário, para *fechar* um espaço. Quanto à página branca do papel, ao constituir-se como texto, é percorrida letra por letra, pela mão do escritor, e o pensamento se inscreve de cima para baixo, transformando o nada, o vazio, em *abertura* para novos sentidos.

Para Frieiro, profissional da palavra escrita, que nela se realiza, não parece fácil, contudo, desvencilhar-se completamente do modelo paterno. Mesmo orgulhoso do seu lugar de intelectual, duramente conquistado, permanece a angústia de se sentir um homem *no papel*, distanciado do mundo tangível, desacreditado como tudo que não existe senão como *letra morta* e não chega a influir na vida prática. Dialeticamente, no exercício obsessivo da autoanálise, ele parece argumentar para si mesmo que, apesar das origens, seu lugar é aqui, na cidade letrada! De imigrante desterrado a escritor e intelectual, ele se sente fundador de uma nova linhagem dos Frieiro. Cabe-lhe, pois, voltar aos seus papéis, ao gosto de arquivar a própria vida, à "nobre ociosidade" mencionada por Cícero.

No último capítulo do livro *A ilusão literária* (1983), pode-se ler sua vontade de acreditar que a preguiça, ou o ócio, seria, antes, estado propício à produção do espírito, indispensável ao poeta, ao artista, ao filósofo, ao sábio. A contemplação, argumenta ele, não é a passiva atitude que de ordinário se imagina, não devendo ser confundida com a beatitude ou a abulia. Na vida de um Spinoza ou de um Kant, fechados entre as quatro paredes de um gabinete de estudo, encontra-se mais criação fecunda e, por conseguinte, mais atividade verdadeira do que na vida do capitão de indústria mais empreendedor ou do homem de negócios mais dinâmico. O arquivo/biblioteca é, e sempre foi, o seu *locus* de criação e de isolamento, espaço do operário da palavra, esconderijo da vida e da morte, e, de forma ambígua, onde exercita o seu eu privado e público. Lugar, enfim, onde o Robinson Literário, como se autodenomina, aguarda a glória póstuma.

O ACERVO FRIEIRO

Quase 30 anos já se passaram desde sua morte, e seu espólio documental permanece praticamente intocado, lá, onde ele quis exatamente que estivesse após sua passagem: na Academia Mineira de Letras, numa ampla sala raramente visitada.

Trata-se de um conjunto heterogêneo de documentos, de modo geral em bom estado de conservação, mas ainda sem uma organização sistemática de caráter biblioteconômico e arquivístico. Tal coleção compreende tanto sua biblioteca, construída ao longo de sua vida de leitor obsessivo, com suas marcas de leitura, quanto seu arquivo, que inclui um montante significativo de documentos originais, fontes primárias que merecem a atenção e o *mergulho* dos estudiosos da historiografia mineira. São os manuscritos de seus livros publicados, alguns cuidadosamente encadernados; rascunhos de entrevistas incansavelmente reescritas; originais datilografados dos artigos publicados em jornais; fichas de anotações de leituras, recortes de publicações periódicas e, especialmente, sua correspondência passiva e ativa, trocada com figuras significativas do cenário cultural de Minas, do Brasil e da América Latina, durante seis décadas.

A mudança do Acervo Frieiro da residência do escritor para seu espaço definitivo se daria um ano depois de sua morte. Entretanto, estando ele ainda vivo, efetuou-se uma transação de compra e venda de seu acervo entre a Secretaria da Fazenda de Minas Gerais e a Academia Mineira de Letras, conforme está registrado no livro *Efemérides da Academia Mineira de Letras* (Oilian José; Martins Oliveira, 1999). A possibilidade de conservar o importante acervo a salvo da fragmentação e à disposição dos pesquisadores terá sido uma vitória pessoal de Frieiro, e foi sem dúvida um ganho para a cultura brasileira, sabendo-se da história, nem sempre com final feliz, dos acervos pessoais com algum valor patrimonial. A biblioteca, contam os perseguidos e exilados de todas as épocas, é, em geral, o primeiro bem que se perde nos momentos de risco. No caso singular de Frieiro, aos 91 anos, adoentado e quase cego, ele próprio promoveria e anteciparia, à sua maneira, a separação daquilo que mais parecia prezar: seus livros e papéis.

Não sei dizer se já era comum entre nós, naquele momento, na década de 1980, a transação comercial de um acervo cultural estando ainda vivo o proprietário. Apenas imagino que vender, ele próprio, para a Academia Mineira de Letras sua biblioteca e seu arquivo pessoal terá sido para Frieiro um movimento duplamente significativo. Um primeiro aspecto tem a ver, ao que parece, com a mentalidade compartida por ele no ambiente familiar e social de imigrantes iletrados europeus, que viam no trabalho duro e disciplinado a condição única para a sobrevivência e a ascensão social na nova terra. Assim, reivindicar publicamente a importância social do ofício do escritor e negociar o preço de seu trabalho intelectual foi uma atitude sua, embora pouco usual à época, no mercado das letras mineiras. Detestava dar entrevistas, mas, as que eventualmente concedeu, lhe foram pagas por exigência sua, em cumprimento à lei de direitos autorais. Foi criticado por supostamente vangloriar-se pelo recebimento do mais alto pagamento entre os articulistas de jornais mineiros da época, nos anos 1930 e 1940. De qualquer forma, cobrar por seu trabalho intelectual, ao qual se dedicava em tempo integral e de forma disciplinada, parecia-lhe um direito seu como escritor, de qualquer escritor, tão legítimo ou mais que os proventos de intelectuais bem-nascidos que ocupavam posições na máquina pública, favorecidos pelas relações de favor entre a elite socioeconômica do país. Assim, consciente da importância que a documentação que reuniu durante a vida poderia ter para a coletividade, parece coerente que seu último ato como intelectual produtivo tenha sido articular a salvaguarda e a disponibilização pública do seu arquivo pessoal naquele mesmo cenário ao qual pertenceu, a Academia de Letras, cobrando por isso um preço em dinheiro.

A segunda motivação para esse gesto, a meu ver, articula-se com seu modo de encarar a morte. A consciência antecipada da morte e a certeza da finitude humana são temas recorrentes na sua correspondência e no diário. O falar de si, a escrita do eu, assim como qualquer outro ato autobiográfico, corresponde, pode-se pensar, a um exercício necrofílico em que o autor contempla a morte escancaradamente ou por meio de metáforas. Mas se a morte, quando chega, exige o homem irremediavelmente só, para a cerimônia *autobiotanatobiográfica* há convidados: os leitores são chamados para perfazer, com o autobiógrafo, o caminho teleológico. Sofrendo da angústia da morte desde a infância — "Em menino, os mortos me comoviam medonhamente e os cemitérios gelavam-me de susto" está escrito no seu diário (Frieiro, 1986) —, na correspondência com os amigos, Frieiro se refere à velha senhora com algum humor. É o assunto que abre uma carta ao crítico Brito Broca, datada de 19 de agosto de 1954:

> Meu caro Brito Broca
> [...] É natural que pense um pouco na morte. Espero ser bem "enterrado" pela imprensa daqui quando se verificar o meu óbito — cruzes, credo! Sou homem prevenido e por isso fiz o que a experiência aconselha: escrevi e reproduzi em várias cópias o meu necrológio. Não quero que minha mulher, no primeiro dia de sua viuvez, se encontre desprevenida quando os repórteres lhe pedirem — e certamente lhe pedirão — dados biobibliográficos a meu respeito. Mando-lhe uma cópia. Você, que na sua faina de *courrieriste* literário mais bem informado do Brasil está sempre pronto a dar notícias generosas acerca dos letrícolas amigos, não se recusará a dar também a última. [Grifo do autor.]

O impulso de se antecipar no desenho da imagem que quer deixar de si não disfarça o desejo de burlar, uma vez mais, a força definitiva da morte, à imagem do orgulhoso Sísifo trapaceando com o reino de Hades, pois é verdade que em 1940 fora vítima de uma infecção gravíssima e chegou a merecer um necrológio antecipado pelo jornal *Minas Gerais*. Porém, contra todos os prognósticos médicos, conseguiu sobreviver. Ele narraria esse episódio a vários interlocutores, fingindo divertir-se com a rasteira que passou na morte. Mas reescrever ele mesmo seu necrológio, como está naquela carta, assim como antecipar a institucionalização do seu acervo pessoal, sugere a tentativa não apenas de controlar o acesso ao produto do seu trabalho, como também o de misturar, como melhor lhe aprazia, as cores do seu *retrato literário*.

O avanço da idade e a estranheza de se descobrir um corpo modificado pelo tempo não impediram que Frieiro continuasse a se dedicar ao trabalho de sempre: ler e escrever. Extrai do trabalho constante a força estoica para submeter-se ao enigma da morte. Em 26 de janeiro de 1965, escreveu ao grande amigo e mais assíduo correspondente, o filólogo português Rodrigues Lapa: "Tudo corre sem novidade aqui. Vamos contando tempo heroicamente e sem queixas exageradas da idade, porque, afinal, envelhecer é a única maneira de viver muito. Dirá um pirrônico: 'Viver para que e por quê?' Porque sim. Por fidelidade à tolice de existir." Para um existencialista *avant la lettre*, como ele próprio se definia, a morte reside no interior do ser humano, como peculiaridade própria e definitória de uma existência.

Sentindo, enfim, o tempo da velhice como um prefácio da morte inevitável, Frieiro diz ter deixado para trás as amarguras que lhe estragaram a mocidade — leia-se, a timidez doentia. Embora continuasse cético, o antigo sentimento de fracasso transferira-se, na maturidade, do plano individual para o universal. As grandes esperanças, os sonhos abortados e os projetos não realizados refletiriam, no seu entender de agora, não apenas a sua própria vida, mas a natureza mesma do ser humano. Não é verdade que as vidas minúsculas, tanto quanto as de pretensa grandeza, têm o mesmo fim, acabam todas em pó? — indaga-se ele no diário. Curiosamente, a literatura biográfica tinha lugar garantido na sua biblioteca, ele mesmo o declara. E, paradoxo ou não, a construção metódica de seu arquivo, incluindo a vasta correspondência, as cópias das cartas enviadas, refeitas com cortes e acréscimos posteriores à data de emissão (ele incluía a data dessas rasuras), reforça a ideia de um projeto autobiográfico lançado à posteridade. É significativa a última carta que escreveu, endereçada, em 2 de fevereiro de 1978, ao ensaísta e filósofo Eurialo Cannabrava, que havia manifestado a intenção de escrever sua biografia. A poucos anos do fim, adoentado, quase cego e impossibilitado de datilografar suas cartas, antes impecáveis, recorre à ajuda da esposa para declarar-se por escrito, em duas vias, um homem sem ilusões. Diz a carta:

> Meu caro Euríalo:
> Recebi sua carta datada de Lambari. Você me diz que tenciona escrever a meu respeito, e que já pediu a colaboração do Aires [da Matta Machado] para esse trabalho. Quero muito bem ao Aires. Mas devo esclarecer que a ideia não é boa. Eu e ele somos dois tipos hu-

> manos diferentes. O Aires é um diamantinense devoto. Crê no Padre Eterno, em Jesus Cristo e na Virgem Maria. Eu sou indevoto, não creio em nada. Ele me estima, mas julga que a minha incredulidade é esnobismo de intelectual ranheta. Deixa lá. Aos dez anos eu lia vidas de santos e queria ser santinho. Aos doze anos confessei-me com um padre ignorante. Daí em diante fui perdendo aos poucos a religião. [...] li autores heréticos que muito me seduziam. Li [...] o meu mestre de ateísmo, Le Dantec, cujas obras apareciam então traduzidas no português. Peguei uma reta nessa corrente de ideias. Li os materialistas da Revolução Francesa, Diderot à frente e outros. Era um leitor desabusado, ávido de críticas destruidoras. Li todo o Maupassant, todo Anatole France, todo Rémy de Gourmont, os escritores da *Nouvelle Revue Française*, o diabo. Fui empolgado pelo anticristão Nietzsche. Os escritores espanhóis da geração de 98 me conquistaram. Com Azorín, estilista sem par, apurei a minha arte de escrever. Fui leitor do meu casmurro romancista don Pío Baroja. A guerra de Franco mergulhou os espanhóis numa espécie de Idade Média dominada pelo clero. Fiquei só com os franceses, até Albert Camus e Jean-Paul Sartre, meus últimos oráculos. Com Sartre, terminou a minha carreira, tranquila, sem sobressaltos de indivíduo, sem as ilusões dos comuns homens religiosos.

Uma análise, mesmo que ligeira, dessa carta revela novamente que, mais forte que o desejo de ser lembrado depois da morte, transparece a pretensão de Frieiro de controlar a imagem que queria deixar de si, apoiando-se na ideia da liberdade, ou da solidão, do homem sem fé. Significativa parece também a correlação explícita que ele estabeleceu entre sua trajetória de vida e os livros que leu, entre o fim de sua carreira/existência e sua última leitura. Em outras palavras, lembrar o vivido, para Frieiro, era refazer um caminho de textos lidos. Como outros intelectuais de seu tempo, ele leu antes de ser, e foi aquilo que leu, do modo como leu, conforme dito por alguém cujo nome me escapa. Ao recitar o repertório dos livros lidos, ele mapeava seus espaços memorialísticos e orientava ou, nesse caso específico, desautorizava os seus futuros biógrafos. Induzia os seus leitores a pensar que a vida que ele nos conta era uma construção narrativa e que necessariamente não existia um *eu* anterior àquele relato. Faz sentido, pois, duvidar, como De Man (1984:67-81), da referencialidade do eu biográfico e imaginar que, ao informar como quer ser (d)escrito, Frieiro, como outros que tentaram perpetrar uma autobiografia, está-se postulando uma identidade *a posteriori?* Ele construiu para si uma imagem/máscara de *homem impresso* que denota atualmente como significativo algo que em certa medida foi vivido como precário e contingente. Em carta de 28 de julho de 1959, confidencia ao escritor Josué Montello: "Sou realmente o que se pode chamar 'um homem impresso', como dizia o Eça do crítico Moniz Barreto. E quase prefiro ao mundo *real* (existe, acaso?) a sua sombra [...] em letra de forma" (grifo do autor).

Nesse esforço de construção identitária, que ele elaborou do interior de sua biblioteca, articulava fragmentos textuais que retirou do arquivo europeu, para usar a expressão de Silvia Molloy (2003), deixando transparecer a tensão (confessada por Frieiro em outros momentos) que permanecia em suas relações com a alteridade. Sabendo que toda leitura era potencialmente um espaço de recriação, ele temia ser lido (sem controle) pelo outro.

A carta (há pouco mencionada) a seu pretenso biógrafo sugere, pois, uma espécie de protocolo de leitura que Frieiro estabelecera em seu último ato para quem no futuro quisesse se ocupar de sua memória. Parecia querer dizer, enfim, ter o direito que lhe cabia como leitor, que *leu sempre e desencadernadamente* (palavras suas), de reivindicar que a historia de sua vida não fosse mal-anotada por um biógrafo estranho à sua visão de mundo.

ABRINDO OS ARQUIVOS DE FRIEIRO

Como em qualquer outro espaço social, também na República das Letras travam-se disputas em torno da questão do valor — valor dos criadores e dos produtos. Assim, a história da literatura deve ser contada não apenas por meio da lista do cânone, mas traçando-se o quadro das rivalidades internas, fruto de recusas, violências, desvios e esquecimentos (Casanova, 2002). Quando, no inicio do ano 2000, pensei em pesquisar a figura de Eduardo Frieiro, minha primeira constatação foi que, apesar de ter tido um papel de destaque na cena cultural de Minas dos anos 1920 aos anos 1960, seu nome e sua obra encontravam-se, naquele momento, esquecidos numa espécie de limbo editorial e acadêmico. Na dúvida sobre a possibilidade de tomar aquele escritor como objeto de minha pesquisa, quis ouvir a opinião de outros pesquisadores "autorizados". A resposta da filóloga e professora da PUC-Minas Ângela Vaz Leão, sua ex-aluna, foi esta:

> Poucos intelectuais mereceriam como Eduardo Frieiro o reconhecimento dos mineiros pelo seu trabalho em favor do desenvolvimento cultural do estado, sobretudo de sua capital. O relativo esquecimento da figura e da obra de Eduardo Frieiro é, antes de tudo, uma injustiça. Talvez se possa estabelecer uma analogia entre esse fenômeno e o que ocorre com o ser humano, em relação à memória de fatos remotos. Como se sabe, chega um momento da velhice em que acontecimentos recentes são esquecidos ou se recordam com dificuldade, enquanto os fatos distanciados no tempo reaparecem vivos na memória. Ora, há pouco tempo entramos num novo século, ou melhor, num novo milênio. Eduardo Frieiro vai se tornando, portanto, um escritor distante no tempo. Já é pelo menos um escritor do século passado. Façamos votos de que esse distanciamento progressivo favoreça o fortalecimento (ou o renascimento) da figura e da obra de Eduardo Frieiro. Juntamente com outros grandes intelectuais nossos, ele ajuda a manter de pé uma espécie de edifício da cultura mineira, onde as novas gerações podem vir nutrir-se do "espírito de Minas" [Leão, 2008].

A um escritor tão consciente do valor relativo das coisas, ainda na opinião de Ângela Vaz Leão, e tão atento a todos os aspectos da cultura brasileira, como foi Eduardo Frieiro, muitas vezes contrariando "ideias feitas" sobre o assunto, não escapou a importância das leituras e do comportamento social dos inconfidentes (*O diabo na livraria do cônego*, de 1945; *Quem era Gonzaga?*, de 1950) ou dos hábitos alimentares dos mineiros (*Feijão, angu e couve*, de 1966), ou mesmo da literatura mineira de sua época. Registrada por ele em artigos críticos que saíam na seção bibliográfica do jornal *Minas Gerais*, foram depois reunidos no livro *Letras mineiras; 1929-1936* (1937), cujo título já é um atestado do interesse de Frieiro na divulgação da nossa cultura (Leão, 2008).

Argumento parecido vai usar outro intelectual que o conheceu de perto, Wilton Cardoso (Cardoso, 1982), ao dizer que três eram as paixões de Eduardo Frieiro, cujos resíduos podemos perscrutar em seu arquivo: os livros, a língua e as coisas de Minas. Começando pelas *coisas de Minas*, seu espírito polêmico — *sangre de Hispania* —, gostava de dizer, determina o tom com o qual expressa essa paixão em artigos publicados em jornais, alguns depois transformados em livro. Mesmo afirmando repetidamente não ser um historiador, seu interesse particular pelos temas de Minas direcionou-o, desde o princípio, para uma linha crítica e revisionista de desconstrução de mitos históricos e artísticos, como Gonzaga, Tiradentes e Aleijadinho. Nesse esforço, irá na contramão da historiografia encomiástica que ganhava peso naquele momento, e da pedagogia mitográfica, nascida durante o Estado Novo, e mergulhará num estudo de fontes primárias de difícil acesso naquela época. Seu segundo romance, *O mameluco Boaventura*, de 1929, deveria ser inicialmente um ensaio histórico sobre a difícil tentativa de estabelecimento da ordem legal na turbulenta capitania de São Paulo e Minas pelo conde de Assumar, no início do século XVIII. Contrapondo-se ao retrato de Assumar como o tirano da história oficial, Frieiro tinha simpatia pelo terceiro governador da capitania e considerava-o uma figura carismática, razão pela qual dedicou anos à leitura de documentos da época colonial, em busca de informações que sustentassem o seu sentimento/argumento. O resultado foi tal que, em vez de um ensaio, acabou escrevendo um romance histórico, em cuja composição se empenhou a fundo, em busca da autenticidade nos tipos e no ambiente, bem como na linguagem. Continuou trabalhando na linha do ensaio histórico e sociológico, o que lhe valeu o melhor reconhecimento da crítica especializada e o interesse do grande público, conforme atestam as resenhas publicadas em jornais e revistas do país, e também sua correspondência pessoal.

Quase quatro décadas depois da publicação de seu primeiro trabalho de cunho histórico, em 1964, escreverá ao escritor português Mário Gonçalves Viana, numa clara demonstração de interesse e entusiasmo por continuar escrevendo sobre as coisas de Minas. Um trecho da carta diz assim:

> [...] Suas elogiosas referências a *O diabo na livraria do cônego* encorajam-me a iniciar uma obra que por ora não passa de projeto: a história da velha capital mineira, Ouro Preto, contada no mesmo jeito daqueles ensaios, isto é, em tom de *petite histoire*, mas *cum grano salis* e certo realismo malicioso e irreverente, fora quando nada dos moldes convencionais.

Esse ensaio ao qual se refere ainda como projeto recebeu o título de *Ouro Preto e seus fantasmas* e foi inserido na segunda edição de *O diabo na livraria do cônego*, editado pela Itatiaia em 1981, o qual inclui, no mesmo volume, a segunda edição de *Quem era Gonzaga?* e outros temas mineiros até então inéditos.

Os ensaios históricos de Frieiro, fora dos moldes convencionais, como ele queria, anteciparam, em forma e estilo, a chamada Nova História, que representou uma reação contra o paradigma tradicional, pondo em discussão o que é central e o que é periférico na escrita da história. A proposta de Frieiro, de recontar a história mineira *com realismo malicioso e irreverente*, representa em certa medida uma transgressão à historiografia oficial, voltada, então, para os grandes feitos e os grandes homens. Embora os personagens que lhe chamassem a atenção em geral pertencessem à elite política e cultural mineira, seu olhar arguto procurava e encontrava novas perspectivas quando se debruçava sobre essas figuras

De qualquer modo, o pesquisador que se dispuser a percorrer o Acervo Frieiro, detendo-se nas cartas e em outros papéis esparsos, se dará conta da relação ambivalente que o escritor manteve com o espaço Minas, sobre o qual escreveu trabalhos significativos e de onde não quis sair, como fizeram tantos intelectuais de sua geração. Não que lhe tivessem faltado convites para "descer a montanha", como se dizia então. Conta-se que, nos anos 1960, ele teria sido convidado por Rubens Borba de Moraes para assumir a direção da Biblioteca Nacional. Cartas trocadas em 1946 com o diretor da Casa de Rui Barbosa, Américo Jacobina Lacombe, revelam um convite tentador para integrar a equipe de pesquisadores que então trabalhava na grande tarefa de publicar as obras completas de Rui Barbosa. Às amáveis palavras de Jacobina Lacombe — "Imagine com que prazer entregar-lhe-ei algumas charadas e labirintos bibliográficos"[2] —, Frieiro responderia imediatamente, inclinando-se a aceitar a mudança para a "matriz intelectual do país", onde, acreditava, seu trabalho teria maior visibilidade. Mas a negociação que parecia resolvida, ou prestes a se resolver, de repente desaparece das conversas epistolográficas, e não se faz presente nas páginas do diário. O vazio documental não nos permite advinhar o que de fato terá definido a recusa de Frieiro. O que se repete interminavelmente nas cartas e no diário são as queixas sobre a "atmosfera sonambúlica" da província. Para exemplificar o que parece ser seu sentimento irreparável de desterro, cito trecho de carta enviada a outro mineiro, Gualter Gontijo Maciel, em janeiro de 1960. Ele diz:

> Por que tenho suportado a província? Por gosto? Nada disso. Detesto-a. Tenho ficado aqui por inércia. Por falta de coragem de deixar um emprego modesto e aventurar-me no Rio. E porque era arrimo de família, antes de casar. Depois, era tarde e não valia a pena. Por não ter podido libertar-me da província, considero-me frustrado como escritor. Não é pessimismo. É lucidez.

Esquivando-se, com desculpas variadas, ao que parece, da luta concorrencial inerente à estrutura do universo literário dos grandes centros, pelo receio de não possuir tanto valor quanto exige de si mesmo, resta-lhe permanecer na província, escolhendo a invisibilidade dos intelectuais excêntricos, isto é, fora do centro, no sentido pensado

[2] Carta de Américo Jacobina Lacombe a Eduardo Frieiro, 27 de junho de 1946.

por Pascale Casanova quando estudou a estrutura desigual da República das Letras (Casanova, 2002).

Curiosamente, todavia como dão conta as suas trocas epistolares até os anos 1970, no/do seu refúgio mineiro Frieiro lê e escreve no ritmo de sempre, e, sobretudo, continua a desempenhar com gosto e competência o papel de bibliógrafo investigativo (gosto desta expressão), acompanhando e dando suporte às pesquisas de outros estudiosos nos campos da literatura, das artes e da história mineiras. Sobressaem, nessas relações, os nomes dos críticos Brito Broca e Otto Maria Carpeaux, do filólogo Rodrigues Lapa e do musicólogo Curt Lange. Sua contribuição bibliográfica para a pesquisa desses estudiosos merece o interesse de novos pesquisadores.

Penso aqui nos diferentes papéis ou funções que cabem aos intelectuais desempenhar no seu contexto sociocultural, conforme propõe Bernard-Henri Lévy. Segundo ele, tais papéis são mais ou menos fixos em todas as épocas: "Como uma comédia que tenha, à maneira de Colombina, ou Arlequim, ou Pantaleão, um número finito de figuras estáveis, repertoriadas de uma vez por todas e distribuídas antes mesmo que venham ilustrá-las esse ou aquele destino particular" (Lévy, 1992). Assim, na opinião de Lévy, sempre haverá, entre outros, quem atue como a "grande consciência", como Zola ou Sartre; ou "o Justo", sozinho contra todos, resistindo às forças da história e a seus supostos ditames, como Albert Camus e Julien Benda; e um papel que parece igualmente fixo, desde sempre, embora raramente sejam mencionados ou nomeados os seus titulares: trata-se de um papel tão importante quanto os outros, em geral confiado aos que podem ser chamados de barqueiros, agentes de ligação, mediadores ou intercessores, como diz Lévy, lembrando professores, editores e críticos, aos quais eu acrescentaria os bibliógrafos, pensando em Frieiro. São, enfim, acrescenta o filósofo francês, aqueles instigadores de todo tipo, intelectuais que, acreditando, como os demais, nos valores universais, escolhem, contudo, desempenhar seu papel na sombra, num silêncio ativo, em uma ação quase secreta. E às vezes, ou quase sempre, com uma fingida modéstia.

Em carta de 1949 a Otto Maria Carpeaux, Frieiro coloca à disposição do amigo sua coleção de obras de autores mineiros impressos em

Minas, resultado de um trabalho de pesquisa e coleta de muitos anos. Tinha a intenção de publicar um segundo volume das *Letras mineiras* (Frieiro, 1937), além de outra obra, menos crítica do que propriamente biobibliográfica, sobre a produção literária mineira. Abandonou também esse projeto e terminou por doar a coleção de quase 2 mil livros e folhetos à Biblioteca Pública Estadual Prof. Luís de Bessa, com o intuito de socializar tão rica mineiriana e com a esperança de que outros pesquisadores, no futuro, viessem dela se ocupar.

Sobre a paixão de Frieiro pelos livros, bem a traduziu o escritor Josué Montello, ao dizer que "Frieiro não mora em Belo Horizonte, mora na sua biblioteca". Os cerca de 4 mil volumes que chegaram à Academia Mineira de Letras como parte de seu espólio literário representam não tanto o espírito de um bibliófilo compulsivo, mas o rigor de um leitor crítico que, periodicamente, expurgava sua coleção do que não lhe agradava mais. Assim, sua biblioteca abriga tanto os títulos que fundamentaram o pensamento do homem letrado do seu tempo — biblioteca pessoal, biblioteca universal — quanto aqueles que revelam suas afinidades eletivas especiais. Este não é, certamente, o espaço para um estudo da biblioteca pessoal de Frieiro, tal como já se fez, no Brasil, sobre as bibliotecas de Machado de Assis, Sergio Buarque de Holanda e Murilo Rubião, entre outros. Em lugar de circular pelas estantes de Frieiro e referenciar a sua coleção de livros, vamos folhear algumas páginas de sua correspondência inédita, deixando que ele próprio faça um inventário dos livros que leu como "leitor eficiente", na expressão de seu mestre Montaigne. De uma carta de janeiro de 1960, endereçada ao amigo Gualter Gontijo Maciel, escritor e jornalista que havia redigido, poucos antes, um artigo sobre Frieiro para o *Jornal de Letras,* recorto o seguinte trecho:

> Está tudo muito bem dito e sumamente desvanecedor. Num ponto, porém, eu gostaria de esclarecê-lo, ou antes, de tocar em algo que podia ter sido lembrado. Não devo minha formação, nem meu estilo breve e enxuto, unicamente aos escritores espanhóis. Minhas leituras principais foram, e ainda são, de autores franceses. E os espanhóis da "geração de 98", que tanto li e estimei, eram afrancesados, como eu.

> Entre os franceses sempre preferi os moralistas e os ensaístas, em especial os da linhagem de Montaigne, La Rochefoucauld, La Bruyère, Chamfort, Voltaire, Diderot... Sou da geração dos que devoraram [Anatole] France, Remy de Gourmont, Jules Renard... E li muito, muito, os grandes pensadores portugueses do século XIX, Garrett, Herculano, Camilo, Oliveira Martins, Ramalho Ortigão, e o incomparável Eça.

Tomando ao acaso outra carta, esta escrita em 10 de dezembro de 1964, para Ruth Nielsen, uma leitora do Rio que se tornou sua correspondente assídua, encontramos, já no terceiro parágrafo, o assunto recorrente:

> Citou-me La Rochefoucauld. Vejo que o lê com estimação. Escrevi certa vez: "Se me perguntassem que obra célebre eu desejaria ter escrito, responderia: as *Máximas*, de La Rochefoucauld". Quase diria que os autores de minha maior predileção são os moralistas: Gracián, La Rochefoucauld (naturalmente), La Bruyère, Chamford, Nietzsche, Machado de Assis. Nossas simpatias literárias coincidem em muitos pontos. Fui leitor de Schopenhauer, que troquei logo pelo discípulo Nietzsche, do qual fui leitor devotíssimo. Curei-me de Nietzsche como quem se cura de febre necessária. Li com gosto Renan, Flaubert e Stendhal.

E lista, nesta e em outras cartas enviadas à mesma interlocutora, outros autores franceses, dizendo-se fascinado pelo existencialismo ateu de Sartre. Em 1968, aos 70 anos completos, diz estar lendo com muita curiosidade os estruturalistas franceses, Lévi-Strauss e Foucault, entre outros mais.

Nessa comunidade literária universal, porém, da qual ele procura se acercar, sobressaem seus "pendores hispanizantes", para fazer minhas suas palavras. Na mesma carta, já citada, a Ruth Nielsen, em dezembro de 1964, ele confirma: "De espanhóis li uma quantidade enorme de medievais, clássicos e modernos, especialmente os da famosa 'geração 98'. Li-os por gosto e por obrigação professoral. E, é claro, os hispano-americanos".

Não é possível mencionar a biblioteca de Frieiro e suas referências à literatura espanhola sem destacar as diferentes edições do *D. Quixote*, de Cervantes, que colecionou (aí incluso o Quixote apócrifo de Avellaneda), assim como uma extensa coleção crítica sobre a obra de Cervantes. Algumas edições de sua importante cervantina saíram da Academia Mineira de Letras, em 2005, para serem expostas na grande exposição "*D. Quixote de la Mancha* — 400 anos", organizada pela Biblioteca Pública Estadual Luis de Bessa.

Como são curiosas e reveladoras, sabem os pesquisadores de arquivos pessoais, as redes de sociabilidade e as rotas de vida percorridas que se desvelam nas correspondências de intelectuais! De qualquer modo, não obstante os projetos abortados ou postergados, seu sentimento de pertencimento à cultura hispânica, incluindo a hispano-americana, foi expressa em inúmeros artigos de jornais e revistas de cultura, além de dois livros de ensaio, *O alegre Arcipreste e outros temas da literatura espanhola*, edição de 1959, e *O elmo de Mambrino*, de 1971. Para o crítico Fábio Lucas, Frieiro tem o mérito incontestável de ter feito circular no Brasil a literatura espanhola, que, na primeira metade do século XX, aparecia pouco nos espaços letrados nacionais. Era efeito ainda do embargo promovido pela política cultural portuguesa, que, historicamente, tentou excluir ou diminuir a influência da Espanha nas suas colônias, deixando quase desconhecida, no Brasil daquela época, a grande contribuição espanhola nos campos da literatura e da história.

A língua, enfim, foi a terceira das paixões de Frieiro, pensam seus biógrafos. Autodidata quase absoluto, Frieiro desenvolveu a convicção cada vez mais firme de que uma língua bem-escrita é uma ciência, indispensável instrumento na crítica e na expressão literária. É fato conhecido que o menino pobre, que tinha apenas o primário incompleto, começou muito cedo a trabalhar como auxiliar de tipógrafo na Imprensa Oficial. Nessa tarefa, o interesse pela língua logo se revelaria, e, reza a crônica da cidade (Andrade, 1947), o jovem tímido atrairia a atenção de seus superiores quando, na revisão cuidadosa de um dicionário lá impresso, teve a coragem de contestar, junto ao linguista, autor da obra, a correção de uma palavra. "Foi alinhando os tipos para a composição manual da folha a ser impressa e, depois, através da leitura solitária, que se formou a impressionante cultura geral e literária de Frieiro", diz a professora Angela Vaz Leão (Leão, 2008).

Em meio aos envelopes das cartas recebidas, guardadas no seu arquivo pessoal, há um pequeno trecho manuscrito, algo que parece um rascunho de alguma carta enviada. Nele, Frieiro junta novos dados à história de seu interesse particular pela língua correta.

> No jornal *Minas Gerais* eu trabalhava como revisor e tinha o dia livre. O serviço de revisão, penoso para outros, era para mim uma brincadeira. Levava livros, que eu lia nos intervalos do trabalho. E tinha o dia todo para ler. Foi então que eu senti comichões para escrever. Como toda a gente escrevia mal! — pensava eu comigo. Eu, decerto, escreveria melhor. Tentei-o, pela primeira vez, escrevendo quatro ou cinco artigos para a imprensa e algumas picuinhas anônimas num jornaleco.

Frieiro, como escritor, esteve sempre imbuído da vontade de defender o padrão de língua escrita e a tradição literária que aprendera a valorizar lendo os clássicos da literatura portuguesa, e sua estreia pública se deu justamente em um momento de transição da literatura brasileira animado pela iconoclastia dos modernistas. Seu primeiro livro, saído em 1927, *O Clube dos Grafômanos,* é a narrativa ficcional (e autobiográfica) desse balanço de geração, e acabou sendo, segundo parece, a primeira avaliação crítica do modernismo em Belo Horizonte. Nesse livro, classificado como um romance/ensaio ou, um romance de ideias, ouve-se, ao longo dos capítulos, a voz do personagem Bento Pires, homem letrado e de curiosidade intelectual ilimitada, porém, ao mesmo tempo, cético e desencantado, e que tolhe, com farpas incisivas, os voos artísticos dos jovens vanguardistas mineiros.

Contudo, é preciso que se diga, a intransigente posição contra o modernismo de seus primeiros escritos é relativizada ao longo de sua carreira de leitor e escritor, conforme se percebe na carta que enviaria para

Homero Senna, em 1960: "No Clube dos Grafômanos Bento Pires é o porta-voz das minhas opiniões. Opiniões daquele tempo, entenda-se".

> Ou, ainda, em outra carta, de 1961, endereçada a Valdemar Cavalcanti: "Tenho os meus preconceitos sobre a arte de escrever, os quais me afastam de muito escritor excelente mas incorreto. Acho, porém, a compensação nos que escrevem bem segundo os meus padrões de gosto literário".

De qualquer modo, a opinião recorrente dos contemporâneos que acompanharam sua trajetória é que o escritor, em Frieiro, já nasce maduro e consciente dos riscos e dos desafios que envolvem a aventura da criação literária. Seu livro de 1932, *A ilusão literária*, hoje na terceira edição, teve recepção excepcional como verdadeira cartilha de estética literária. O autor via o nascimento de um escritor como um lento sazonar de certas potencialidades individuais, e pensava, como Baudelaire, que "a inspiração é a recompensa do exercício cotidiano". Do capítulo intitulado "A religião da obra bem acabada", retiramos um trecho que revela a sua obsessão pela revisão implacável. Ele escreve:

> Todos os manuais de literatura aconselham a trabalhar o estilo, a retocar as frases, a corrigir o pensamento, até que pareça impossível fazer melhor. O escritor deve apurar a forma, aperfeiçoar a obra, com insistência, com tenacidade. O primeiro jato, por mais viva e fecunda que seja a inspiração, deixa sempre que desejar. Os textos aparentemente mais frescos e espontâneos costumam ser o resultado de pacientes e sábias sobreposições [Frieiro, 1983:25].

Enquanto pôde acompanhar a reedição de seus livros, Frieiro, o estilista, nunca se contentava com a simples reprodução do texto. Fascinado pela poética da rasura, ele emendava, suprimia, acrescentava e substituía palavras, como se constatou em um estudo comparativo entre os manuscritos e as diferentes edições dos diversos títulos de sua obra. Enfim, trata-se de um vasto material para o interessado em crítica genética que se aventurar pelo Acervo Frieiro.

CONSIDERAÇÕES FINAIS

Ao final desta conversa sobre o escritor mineiro e seu arquivo pessoal, cumpre retomar brevemente as questões específicas da arquivística literária. Sabem os profissionais que se preocupam com a preservação da memória coletiva que os intelectuais e outros homens singulares que legaram ao espaço público, sob a forma de um arquivo pessoal, o produto (e os vestígios) de uma vida de trabalho, serão mais conhecidos e valorizados se, em condições previamente estabelecidas, seus papéis forem organizados e estudados com a preocupação deontológica que tal tarefa exige. Felizmente, a arquivologia parece ser, neste momento da vida sociocultural brasileira, um campo em processo de fortalecimento, se levarmos em conta o número de cursos oferecidos por universidades de primeira linha, a proliferação de congressos e seminários e, em consequência, os bons trabalhos publicados sobre o tema. Entretanto, não obstante a consciência disseminada de que os arquivos, notoriamente os arquivos pessoais, constituem uma fonte única de informação, e embora esteja disponível um saber técnico, continuamente aperfeiçoado, sobre como salvaguardar, organizar e disponibilizar tais arquivos, ainda encontramos, mesmo nos grandes centros brasileiros, situações que demandam atenção, por se tratar de acervos ricos e institucionalizados, mas ainda não totalmente organizados.

O alvo dessa reflexão é a posição delicada do Acervo Frieiro, que está abrigado na Academia Mineira de Letras e é aberto, com reservas, a alguns pesquisadores, mas ainda se encontra em processo de classificação. Por classificação, como lembra Ducrot (1998:151), entendemos o conjunto das operações intelectuais e materiais que permitem organizar um fundo de arquivos de modo a facilitar ao máximo as consultas, quaisquer que sejam os pesquisadores e quaisquer que sejam as linhas de suas pesquisas — organização que se faz respeitando-se a especificidade própria desse mesmo fundo e os princípios gerais da arquivística.

A maneira particular como os arquivos privados entram nas instituições, ressalta ainda Ducrot, se reflete nos problemas que poderão surgir e que deverão ser tratados convenientemente.

No caso do Acervo Frieiro, como mencionamos, a aquisição do arquivo na sua "totalidade", juntamente com a biblioteca, com a aquiescência do próprio idealizador e arquiteto deste que é, digamos assim, um monumento de papel, poderia ter constituido uma situação extremamente favorável à integridade daquele fundo, e facilitadora do processo de organização. Que se saiba, apenas os manuscritos originais do seu diário foram vendidos à editora Itatiaia, que publicou o material referente ao período 1942-49, mas, até um ano atrás, conservava inédito todo o restante: 10 cadernos de anotações que cobrem as décadas de 1950 e 1960. E, aqui, um parêntese: se falei acima em totalidade, o termo está entre aspas, já que, como lembra Henry Rousso (Rousso,1996), o arquivo revela, por sua própria existência, uma falta. O vestígio é, por definição, indício daquilo que foi irremediavelmente perdido. Ao contrário de outros casos conhecidos de doação/venda de arquivos pessoais, o aspecto positivo no caso de Frieiro foi que ele foi repassado na sua totalidade, incluindo papéis de valor afetivo — versos de dona Noêmia para o Eduardinho, quando ainda eram noivos, por exemplo —, assim como a correspondência desta com a esposa do filólogo Rodrigues Lapa.

Contudo, apesar desse aspecto positivo — a aquisição de um fundo quase completo e da crença de que a transação comercial tenha sido garantida por um tratamento jurídico adequado —, a instituição que acolheu o acervo parece não ter seguido rigorosamente todos os passos que a arquivística prevê para a transferência de fundos documentais privados. E, apesar da aquisição por venda ter acontecido diretamente com o proprietário, no acordo constava que a transferência material só se efetuaria após sua morte. Frieiro, embora detalhista e zeloso de seus papéis, já estava muito adoentado e quase cego, e morreria quase um ano depois. Isso talvez explique o fato de sua coleção ter sido vendida e mais tarde saído de sua residência aparentemente sem uma listagem detalhada de seu conteúdo específico. Assim, o lapso entre a chegada do fundo à AML, sem a definição de uma política de preservação e organização, e o início da classificação, muitos anos depois, pode já ter causado, não se sabe, algum prejuízo a tão rico acervo.

Para terminar, não se trata aqui de apontar falhas nesse caso particular de custódia de um patrimônio literário, mas motivar pesquisadores da historiografia literária brasileira a rever a figura e a obra de Eduardo Frieiro, bastante esquecidas pelas novas gerações de leitores. E, paralelamente, esperar que as nossas instituições culturais com vocação para a salvaguarda de arquivos privados reforcem e aprofundem a lógica da cooperação e da complementaridade, ainda que nenhum de nós desconheça as forças políticas e utilitárias que intervêm quase sempre nas estratégias da gestão da memória.

REFERÊNCIAS BIBLIOGRÁFICAS

Andrade, Djalma. *História alegre de Belo Horizonte:* comemoração do cinquentenário de Belo Horizonte. Belo Horizonte: Imprensa Oficial, 1947.

Artières, Philippe. Arquivar a própria vida. *ESTUDOS HISTÓRICOS*, v: 21, 1998, p. 9-34.

Cardoso, Wilton. Nota para um ideário frieiriano. *MINAS GERAIS. Suplemento Literário*, 15:813, maio 1982, p. 3-4.

Carvalho, M. da C. *Cordialmente, Eduardo Frieiro:* fragmentos auto(biográficos). Belo Horizonte: Poslit/Fale/UFMG, 2008. (Tese).

Casanova, Pascale. *A República Mundial das Letras.* São Paulo: Estação Liberdade, 2002.

Derrida, Jacques. *Torres de Babel.* Belo Horizonte: Ed. UFMG, 2002.

De Man, Paul. Autobiography as De-Facement. *The Rethoric of Romanticism*. Nova York: Columbia University Press, 1984.

Ducrot, Ariane. A classificação dos arquivos pessoais. *ESTUDOS HISTÓRICOS*, 11:21, 1998.

Frieiro, Eduardo. *Letras mineiras: 1929-1936.* Belo Horizonte: Os Amigos do Livro, 1937.

___. *O Clube dos Grafômanos.* Belo Horizonte: Itatiaia, 1981.

___. *A ilusão literária.* Belo Horizonte: Itatiaia, 1983.

___. *Novo diário. Belo Horizonte:* Itatiaia, 1986.

___. *Os livros nossos amigos*. Belo Horizonte: Itatiaia, 1999.

José, Oiliam; Martins de Oliveira. *Efemérides da Academia Mineira de Letras — 1909-1997*. Belo Horizonte: AML, 1999.

Leão, Ângela Vaz . Conversando sobre Eduardo Frieiro. Entrevista concedida a M. da C. Carvalho. *REVISTA DO CENTRO DE ESTUDOS*, Belo Horizonte, 14:2, 2008.

Lévy, Bernard-Henri. *As aventuras da liberdade:* história subjetiva dos intelectuais. São Paulo: Companhia das Letras, 1992.

Lucas, Fábio. *Mineiranças*. Belo Horizonte: Oficina de Livros, 1991.

Moles, Abraham. Biblioteca pessoal, biblioteca universal. *R. BIBLIOTECON*, 6:1, pp.38-78, janeiro-junho de 1978.

Molloy, Silvia. *Vale o escrito; a escrita autobiográfica na América Hispânica*. Chapecó, S.C.: Argos, 2003.

Montaigne, Michel de. *A educação das crianças*. São Paulo: Martins Fontes, 2005.

Rousso, Henry. O arquivo ou o indício de uma falta. *ESTUDOS HISTÓRICOS*, 9:17, 1996, pp. 85-92.

10 BLAISE CENDRARS NA POESIA DE MANUEL BANDEIRA

Eduardo Coelho

Foram três as viagens de Blaise Cendrars ao Brasil: em 1924, 1926 e 1927-1928.[1] No ano de sua primeira excursão, Mário de Andrade, Menotti Del Picchia, Oswald de Andrade, Paulo Prado e Sérgio Buarque de Holanda escreveram artigos consagradores a respeito da obra cendrarsiana, que, sem qualquer dúvida, revelam a influência que o poeta franco-suíço exerceu sobre a renovação da literatura brasileira dos anos 1920. Parte significativa das características que eles destacam diz respeito também a técnicas e procedimentos criativos aqui adotados pelos modernistas.

Oswald de Andrade, em 13 de fevereiro, afirmava no *Correio Paulistano* que Cendrars era "apenas a singular reaparição do gênio da livre poesia na França", com uma "percepção acima do comum" e grande "sensibilidade contemporânea". Ressaltou sua capacidade sem igual de observar "o mundo" das cidades e viagens, quando revelava "a forte e desembaraçada beleza da vida". Analisou diversos aspectos de sua obra, como o recorte de "quadros modernos", a agudeza da prosa telegráfica e cinematográfica, cuja economia e precisão abandonavam o verbalismo anacrônico (Andrade *apud* Eulálio, 2001:379-83).

Já a *Revista do Brasil* de março publicou artigo de Mário de Andrade no qual, com fervor similar ao de Oswald, ele enaltecia as qualidades

---

[1] A respeito de sua presença no Brasil, ler o indispensável *A aventura brasileira de Blaise Cendrars*: ensaio, cronologia, filme, depoimentos, antologia, desenhos, conferências, correspondência (2001); conferir também *Hoje Cendrars parte para o Brasil*, 2006.

cendrarsianas. Por meio de uma crítica sofisticada, Mário observou que, na prosa de Blaise Cendrars, cada palavra e frase curta, "de significação exata, essencial", concorria por "justaposição, em síntese sistemática, para uma arquitetura extraordinariamente equilibrada e franca". Elogiava a força cinemática de suas obras, que criariam, segundo ele, uma "vida intensa" e "dramática", primitiva, mas com inovações dos tempos modernos reunidos às frases musicais e às lendas dos negros.

Mário de Andrade examinou a habilidade de Cendrars de compor versos curtos e isentos de retórica; a naturalidade de seus textos; o processo de associações de imagens, em que o poeta se libertava das funções cognitivas da inteligência — "a razão a consciência, a compreensão intelectiva (melhor: a apreensão), e principalmente a imaginação que desvirtuam a realidade". Segundo Mário de Andrade, nas "obras-primas" *Prose du Transsibérien* e *Le Panama* encontra-se a mais "pura e perfeita manifestação [...] da verdadeira liberdade", em que, "à correspondência exata entre a expressão formal e o lirismo puro, se liga [...] o equilíbrio entre a manifestação subconsciente e a consciência". Apesar de Mário ter feito restrições a algumas de suas técnicas, o maravilhamento que alimentou acerca da inteligência artística moderna de Blaise Cendrars não sofreu qualquer abalo (ibid.:384-94).

Apesar de as qualidades técnico-criativas de Blaise Cendrars terem sido ressaltadas por diversos modernistas, Manuel Bandeira manifestaria extremo comedimento em relação a isso. Nos seus dois volumes de *Poesia e prosa*, da editora José Aguilar, há apenas uma referência a Blaise Cendrars, no poema "Rondó do Palace Hotel", do livro *Estrela da Manhã*: "Toca [Cícero Dias] um jazz de pandeiros com a mão /Que o Blaise Cendrars perdeu na guerra" (Bandeira, 1958:263).

Outras referências podem ser encontradas nos textos "Mário de Andrade", de outubro de 1922, e em "As novas concepções do urbanismo", de 1º de janeiro de 1930. Os dois foram reunidos no livro póstumo *Crônicas inéditas 1*, organizado por Júlio Castañon Guimarães (Bandeira, 2008:23-7; 282-5). Lembremos ainda o artigo "A poesia de Blaise Cendrars e os poetas brasileiros", publicado a 14 de julho de 1957, no *Journal Français du Brésil* (Bandeira apud Eulálio, op. cit.:460), e, portanto, escrito tardiamente em relação ao Modernismo, e a crônica

"Cendrars daquele tempo", de 25 de janeiro de 1961, recolhida em *Andorinha, andorinha* por Carlos Drummond de Andrade (Bandeira, 1966:340). Neles, Manuel Bandeira finalmente revelaria sua admiração pela poética cendrarsiana. O exame desse conjunto de textos pode ser esclarecedor para observar o lugar que a poesia do viajante franco-suíço assume em relação à obra de Manuel Bandeira.

Eis os trechos de *Crônicas inéditas I*: "A *Pauliceia desvairada* é um livro impressionista. O desvairismo é escrever sem pensar tudo o que o inconsciente grita quando explode o acesso lírico. Os românticos escreviam assim. Foi assim também que Rimbaud escreveu as *Iluminações*. Rimbaud — avô de Blaise Cendrars!" (Bandeira, 1958:25) em "Mário de Andrade", e "o próprio valor de Le Corbusier como artista renovador justifica plenamente a nossa insistência [a crônica anterior tratava igualmente de Le Corbusier]. Le Corbusier é suíço de nascimento. Suíço é o poeta Blaise Cendrars", em "As novas concepções do urbanismo" (ibid.:282).

Já no artigo "A poesia de Blaise Cendrars e os poetas brasileiros", publicado fora do contexto modernista, Manuel Bandeira "confessava":

> Ribeiro Couto e eu sabíamos de cor diversas passagens desses poemas [*Prose du Transsibérien* e *Les Pâques à New York*], e creio talvez poder confessar ter sido Cendrars quem levantou em mim o gosto da poesia do cotidiano. E foi sem dúvida de Cendrars também que veio em grande parte o gosto dos poetas modernistas pela poesia do prosaico cotidiano. E quem sabe se ainda o gosto pelo poema piada?

Mais que a "confissão" da influência, surpreende-nos a expressão "creio talvez poder confessar", por meio da qual Bandeira manifesta uma dúvida inconteste. Publicado em 1957, mais de três décadas após a euforia modernista em torno da obra cendrarsiana, configura-se, dessa maneira, um receio facilmente notável acerca de qualquer possibilidade de associação de sua obra com a de Blaise Cendrars, e, talvez, pela semelhança entre elas, com a de Oswald de Andrade. Trata-se de um sintagma-chave que simula conscientemente a ideia de incerteza, talvez para afastar as possibilidades de associação mais afirmativa da influência, um procedimento de acordo com seu interesse de manter--se desvinculado de certas técnicas e temas que se tornaram padrão nos anos 1920, conforme esclareceu no *Itinerário de Pasárgada*. Vale mencionar o poema piada e o uso reiterado de versos curtos, o recurso à fragmentação, a busca por efeitos cinematográficos ou telegráficos, muitas vezes em diálogo com a arte cubista, que principalmente Manuel Bandeira e Mário de Andrade temiam, pelo risco de saturação do Modernismo. Não à toa, "Cidade do interior" ("O largo /O ribeirão /A matriz / E a poesia dos casarões quadrados / (A luz elétrica é forasteira") não foi publicado em *Libertinagem*, conforme esclarecimento de Manuel Bandeira na "Reportagem literária", de Paulo Mendes Campos: "Não publiquei (e valerá a pena publicar agora?) este poeminha, por me parecer demasiado 'pau-brasil'" (Bandeira, 1958:1166). As características de "Cidade do interior" estão atadas ao conteúdo programático do "Manifesto da poesia pau-brasil" e, por consequência, a uma série de autores que aderiram em massa às propostas oswaldianas.

Depois, em "Cendrars daquele tempo", revela novamente a admiração que sentia por Blaise Cendrars:

> [...] A sua poesia impressionava então violentamente pela mistura do épico e do lírico: ao mesmo tempo que representava a vida moderna no que ela tinha de mais novo e mais chocante, sabia confidenciar os sentimentos mais íntimos do seu autor. Cendrars era possuído da vida moderna. [...]
> No Brasil foi grande a sua influência sobre os rapazes que em 22 desencadearam o movimento modernista. Tanto que, alguns anos depois da famosa Semana, indo Paulo Prado à Europa, trouxe de Paris o poeta para lhe mostrar o Rio, São Paulo e Minas. Algumas das impressões dessa passagem entre nós estão nos poemas curtos do livro *Feuilles de Route*, poeminhas que evidentemente influenciaram a maneira em que depois começou a poetar o "aluno de poesia" Oswald de Andrade. [...]
> Quem me revelou Blaise Cendrars foi Ribeiro Couto, quando éramos vizinhos na Rua do Curvelo. Ainda hoje conservo preciosamente o exemplar de *Du Monde Entier* [reunião dos livros *Les Pâques à New York*, *La*

> *prose du Transsibérien* e *Le Panama*] na simpática edição da *Nouvelle Revue Française*, emprestado por Couto e que eu jamais restituí. Lembro-me nitidamente do fervor com que líamos e relíamos os versos, tão surpreendentes para nós, de "*Les Pâques à New York*", "*Prose du Transsibérien*" e "*Le Panama*"... Versos que hoje não me satisfazem mais, mas que naquele tempo punham em meu coração um frêmito novo...

É no mínimo curioso que o nome de Blaise Cendrars apareça, nos textos bandeirianos da fase modernista, apenas como "apêndice" de Cícero Dias, Le Corbusier, Mário de Andrade e Rimbaud. Ainda que seja uma lembrança fortuita, Cendrars não ocupa, contudo, um lugar menor nessas crônicas, embora não alcance nem de perto a euforia de outros modernistas nem a que foi revelada por Bandeira em "Cendrars daquele tempo". Nessa crônica, Manuel Bandeira revela que o livro era conservado "preciosamente" e conta que o volume emprestado não fora restituído a seu dono, Ribeiro Couto. Fala da lembrança do fervor da leitura e das releituras, e de como elas se mantinham nítidas na sua memória, o que contradizia o trecho em que dizia "versos que hoje não me satisfazem mais". Configura-se aqui, sem qualquer dúvida, uma tentativa de relativizar a estima que fora dedicada ao poeta franco-suíço. Qual era de fato, então, o seu vínculo com a poética cendrarsiana? A questão é interessante, pois, enquanto havia entusiasmo em relação à obra de Blaise Cendrars, Manuel Bandeira manteve-se em silêncio. Depois, quando já não havia tanto interesse, a revelação foi feita, mas não sem algum constrangimento.

Sua correspondência ativa, pelas frequentes discussões acerca da literatura de seu tempo, talvez possa esclarecer alguns pontos misteriosos dessa relação. A pesquisa em arquivos pessoais de escritores muitas vezes se revela um meio eficaz de observação não apenas das reflexões sobre conceitos artísticos, procedimentos criativos, técnicas e da vida literária, mas também a possibilidade de compreender estratégias e posicionamentos que os autores adotaram para afastar-se ou vincular-se de determinadas tendências artísticas. De certo modo, avaliando as suas correspondências, o caso torna-se ainda mais instigante. Citemos aqui trechos de cartas de 1920:

Tu recebestes o *J'ai tué* de Blaise Cendrars, que te enviei? O poeta é exatamente aquele que tem o senso das realidades [A Ribeiro Couto, em 1923.].[2]

*

Está fazendo um calor safado. "Et Je suis dans ma chambre enfermé comme dans du beurre fondu", como diz Cendrars na deliciosa primeira plaquete ["Dimanche"] das *Feuilles de route*, cujos primeiros exemplares apareceram ontem nas livrarias daqui [A Mário de Andrade, a 31 de janeiro de 1925; Andrade, 2000:186.].

*

A respeito do seu artigo sobre o livro de Cendrars [artigo de Mário de Andrade a respeito de *Feuilles de route* publicado na revista *Estética* de janeiro-março de 1925]: acho impertinente o seu ataque. Você tem razão na distinção que faz entre poesia e lirismo. Mas tudo está indicando (título, assunto, técnica) que o livro é reportagem lírica; impressões, instantâneos como os daquele outro livro que ele chamou com tanta propriedade *Kodak*. A menos que você entenda negar ao poeta o direito de fazer lirismo puro. Você pode no artigo aproveitar a ocasião, muito oportuna, de apresentar a distinção entre lirismo e poesia, chamando para ela a atenção dos poetas, mas sem envolver censura ao livro cujo caráter é lírico — reportagem lírica. E deliciosa, hein? "Vivre dans la compagnie d'um gros bananier", que coisa estupenda! Achei de uma frescura de impressões! O seu *Losango cáqui* tem isso também. Não é a maior delícia do lirismo? [A Mário de Andrade, a 16 de abril de 1925; ibid.:198].

Mais uma vez, há marcas de entusiamo: o "exatamente" do primeiro trecho em destaque; a "deliciosa primeira plaquete", que, no dia seguinte à sua chegada às livrarias do Rio de Janeiro, já havia sido comprada e lida por Manuel Bandeira, bem como a defesa que faz, com extrema lucidez, acerca do lirismo cendrarsiano. Sua admiração sobre a poética

[2] A correspondência de Manuel Bandeira a Ribeiro Couto, inédita, encontra-se no Arquivo Ribeiro Couto do Arquivo-Museu de Literatura Brasileira, na Fundação Casa de Rui Barbosa.

cendrarsiana fica, a partir das cartas, mais bem definida. Destaca-se principalmente a "frescura de impressões" ligada ao registro mental típico da "reportagem lírica", em que as cenas se revelam com aparente naturalidade e simplicidade. Trata-se de uma sensação que também podemos ter com a leitura de "Pensão familiar", "Mangue" e "Evocação do Recife", embora não seja resultado da mesma fatura, se comparados aos versos de Blaise Cendrars. Conforme destacou em sua carta a Mário de Andrade, a "frescura de impressões" da poesia cendrarsiana está relacionada aos instantâneos, enquanto a de Manuel Bandeira se vincula à coloquialidade, ao prosaísmo e à intimidade, transposta com maestria para seus poemas. Desse modo, a "frescura de impressões" dos Kodaks de Blaise Cendrars remetem-nos, sobretudo, à poética oswaldiana. A carta de 13 de setembro de 1925, também destinada a Mário de Andrade, atesta que Bandeira reconhecia nos poemas de Oswald de Andrade uma apropriação da técnica do autor de *Feuilles de route*:

> Oswald mandou-me o *Pau-Brasil.* Que capa f. da p.! Aquilo, sim, é arte brasileira "saída dos discursos da câmara, dos comentários dos jornais etc.". O que está dentro é o bom Oswald, empregando a técnica de *Kodak* de Cendrars. [...] Nós não inventamos nada. Isso de falar de Europa decadente e esgotada é pretensão muito besta. O livro tem coisas deliciosas, do realista Oswald, observador irônico. É o que eu chamo o melhor Oswald. Ele sente e critica deliciosamente o Brasil, mas no fundo é pouco Brasil. *Pau-Brasil* é tradução de *Bois du Brésil.* Acho você mais Ipirapitanga [Ibid.:238].

Fica evidente, neste trecho, que Manuel Bandeira admirava justamente o que, no livro de Oswald, provinha da técnica cendrarsiana. Revela-se facilmente o casamento produtivo entre o antropófago de São Paulo e o viajante franco-suíço, a quem Manuel Bandeira dedicou outras declarações de apreço em sua correspondência:

> A técnica de ambos [Oswald de Andrade e Sérgio Milliet] foi tirada do Cendrars. [...] Sem dúvida isso não tem importância, pois a técnica é admirável, tem caráter clássico e serviu maravilhosamente às necessida-

> des de expressão do Oswald. Se falei nisso (e falei a ele com a franqueza que a gente tem a coragem e o gosto de usar com as pessoas que sinceramente admira — com os outros sem tem pena, não é?) foi porque me aporrinha essa coisa de bancar o inovador em cima da gente. As únicas coisas que não se parecem com os poemas europeus na poesia brasileira de agora são o "Noturno", "Tarde, te quero bem" e outras coisas suas, ainda que precisa-se dizer que você não faria nunca se não fossem os europeus [A Mário de Andrade, a 19 de setembro de 1925; ibid.:240].
>
> *
>
> Batuta é o Cendrars na *Metaphysique* [A Ribeiro Couto, em 1926].
>
> *
>
> Passei o dia ontem lendo a edição [do *Jornal*, outubro de 1927]. Achei excelente a coisa do Cendrars [A Ribeiro Couto, a 17 de outubro de 1927].
>
> *
>
> [...] o poeta, o poeta verdadeiro é o homem que possui o senso das realidades (Blaise Cendrars, *J'ai tué*) [...] [A Ribeiro Couto, a 19 de outubro de 1927].

Por meio desses fragmentos, observamos mais uma vez que Manuel Bandeira tinha absoluta consciência do quanto, nos anos 1920, a obra de Blaise Cendrars influenciara os poetas modernistas. Ele próprio demonstra, com afirmações entusiasmadas, interesse pelo "senso das realidades" e pelas "reportagens líricas". A frase "Nós derivamos todos de Apollinaire-Cendrars", da carta de 11 de agosto de 1925, endereçada a Ribeiro Couto, ainda nos serve como prova material da influência.

No entanto, com base numa leitura superficial, nota-se que essa admiração quase não se reflete em *Libertinagem*, que corresponde à fase mais vibrante da recepção crítica das técnicas criativas de Blaise Cendrars, o que constitui uma aparente dissonância entre o que Manuel Bandeira declarou nas cartas e o que fez no campo da criação poética. Exceto no "Poema tirado de uma notícia de jornal", parece-nos difícil encontrar a presença da obra do escritor franco-suíço em *Libertinagem*.

Em *A poesia de Manuel Bandeira: humildade, paixão e morte*, Davi Arrigucci Jr. sinalizou, baseado na crônica "Cendrars daquela época", que Bandeira fez uma leitura profunda a respeito do autor de *Kodak*.

Para Davi Arrigucci, essa crônica absorve "aspectos fundamentais, pois caracterizam o núcleo da poética que tanta importância teve para a definição dos rumos da poesia moderna na década de 1920: a matéria nova e chocante, cujo caráter jornalístico e prosaico marcava o deslocamento da noção de poético". Ainda segundo Arrigucci, eram "[m]atéria e forma novas" de Blaise Cendrars que, "naqueles anos, [...] poderiam muito bem caracterizar o achado do próprio Bandeira no 'Poema tirado de uma notícia de jornal'" (Arrigucci, 1990:100). A análise parece correta e formula, ainda que brevemente, essa possível relação de influência — sugerindo o desenvolvimento de um trabalho voltado aos possíveis diálogos de Manuel Bandeira com a poética cendrarsiana.

Torna-se necessário lembrar, em busca desse desenvolvimento, que a obra de Blaise Cendrars revela, se observada diacronicamente, uma série de técnicas criativas relacionadas aos princípios das vanguardas. Não houve propriamente qualquer adesão sua a uma escola específica — futurismo, cubismo ou surrealismo, por exemplo —, mas ele absorveu em cada livro aspectos referenciais de todas, à medida que seus conteúdos programáticos eram revelados em manifestos e revistas. Se não se pode enquadrar a poesia de Cendrars em qualquer um desses movimentos, é possível, no entanto, relacioná-la a todos, o que constitui postura parecida com a de Guillaume Apollinaire, e posteriormente assumida, da mesma forma, por Manuel Bandeira em relação ao Modernismo.

De *La prose du Transsibérien* a *Feuilles de route*, a poética cendrarsiana mostra características diversas, ainda que sempre estivesse em busca de processos criativos inovadores. Desse modo, é necessário que se faça uma avaliação dos elementos que representam a influência de Blaise Cendrars nas obras de autores modernistas, e, no nosso caso, verificar se Manuel Bandeira não se apropriou, com mais frequência, de elementos abandonados pela geração de 1922, muito concentrada na técnica de kodakar a realidade com poemas e versos curtos, fragmentados, com apelo à objetividade e à geometrização de cenas e paisagens retratadas.

Diante de tantas afirmações entusiasmadas em sua correspondência, suspeitamos que tal influência possa se revelar de outra maneira, seja mediante a incorporação de elementos cendrarsianos menos apreciados pelo grupo modernista, seja por meio de acréscimos que modificariam os componentes "tirados" por Manuel Bandeira da obra de Cendrars, o que dificulta, por consequência, o reconhecimento do modelo europeu. O mais importante, no entanto, é a presença de Blaise Cendrars na poesia modernista, sobretudo no que diz respeito à consolidação de uma perspectiva realista, uma orientação frequente de quase toda a lírica brasileira do século XX, e com a qual Manuel Bandeira estaria igualmente envolvido, assim como todo o grupo. É por meio da perspectiva realista que os poetas intentaram compreender as fraturas do país, convertendo os seus elementos negativos em positivos. É, portanto, por intermédio do realismo de Blaise Cendrars que os modernistas parecem extrair, na fase de elaboração de um projeto de cultura nacional, a perspectiva para a formulação da tão discutida identidade nacional.

A maior parte dos modernistas apropriou-se das técnicas de Cendrars elaboradas em *Dix-neuf poémes élastiques*, de 1919, no *Anthologie nègre*, de 1922, e, sobretudo, nas que foram trabalhadas nos livros *Kodak* e *Feuilles de route I, Le Formose,* ambos de 1924. Entre os livros de 1919 e 1924, observamos algumas características recorrentes, que mais tarde serão absorvidas pelos autores do Modernismo brasileiro: a descrição cinematográfica; a livre associação de imagens; a libertação dos "entraves" do processo cognitivo na criação, dando margem às interferências do subconsciente; presença constante da mescla de gêneros — o lírico e o épico, conforme afirma Manuel Bandeira na crônica "Cendrars daquele tempo"; simplificação da matéria poética, extremamente coloquial e prosaica. Quase todos os modernistas aproveitaram, à maneira cendrarsiana, a técnica da descrição cinematográfica, crua e simples, que abandona a imaginação e a retórica. Como uma máquina Kodak, Blaise Cendrars *registrava* cenas do cotidiano com uma linguagem concisa, econômica, que não mais acionava recorrentemente o imaginário e a escrita lógico-racional, tão frequentes nos processos criativos mais tradicionais.

Em *Libertinagem*, há dois aspectos não muito frequentes entre tais elementos: a piada e a técnica de escrita cinematográfica, compostas com versos e poemas curtos. Trata-se justamente dos elementos mais próximos a Oswald de Andrade, o principal representante dessa tendência na literatura modernista. Já o interesse de Manuel Bandeira concentra-se na simplicidade da matéria poética. O cotidiano não foi em direção à fatura cinematográfica e fragmentada, mas na da linguagem prosaica com uma sintaxe que aderia à língua falada. Dessa maneira, ele se desviou da possível identificação de sua obra com a de Blaise Cendrars, fato que se explica por sua "angústia da influência", relacionada à ideia da formação de grupos. Por esse motivo, mesmo com imenso apego à naturalidade e à simplicidade dos poemas cendrarsianos, que desenvolviam cenas realistas do cotidiano, incorporando, com frequência, notícia de jornal e trechos de conversas — o "senso das realidades" e as "reportagens líricas" —, foi apenas em 1957 que Manuel Bandeira *ensaiou a possibilidade de confessar*: Cendrars estimulara nele o gosto da poesia do cotidiano.

A "indiferença" em relação à poética cendrarsiana dos anos 1920 nada mais era do que uma dissimulação ou, melhor dizendo, um disfarce. Situação parecida se estabeleceu com o "Manifesto da Poesia Pau-Brasil", de Oswald de Andrade, publicado em 1924. Vale aqui destacar um trecho da crônica "Poesia Pau-Brasil", publicada também em 1924 e recolhida em *Andorinha, andorinha* (1966:247-8):

> A poesia brasileira vai entrar para a Liga Nacionalista. Oswald de Andrade acaba de deitar manifesto — uma espécie de plataforma-poema daquilo que ele chama a Poesia Pau-Brasil. Eu protesto.
>
> §
>
> [...]
>
> Poesia Pau-Brasil. O nome é comprido demais. Bastava dizer Poesia Pau. Por inteiro: Manifesto Brasil da Poesia Pau. Porque poesia de programa é pau. O programa de Oswal de Andrade é ser brasileiro. Aborreço os poetas que se lembrarem da nacionalidade quando fazem versos. Eu quero falar do que me der na cabeça. Quero ser eventualmente mistura de turco com sírio-libanês. Quero ter o direito de falar ainda na Grécia. [...]
>
> §
>
> O manifesto de Oswald é nacionalista como as crônicas de arte de Paulo Silveira. Mas este cita Versalhes a propósito de uns versos in-

gleses cujo assunto são uns fantoches da velha comédia italiana. E Oswald tem o horror do que se aprendeu. Primitivismo. [...]

§

[...]

Para tudo isso, porém, existe a adesão em massa. É o maior medo de Oswald de Andrade. De fato nada resiste a aquela estratégia paradoxal.

§

Mas eu não adiro. E vou começar a fazer intrigas. [...]

§

É por tudo isso que eu vou me fazer editar pela *Revista de Língua Portuguesa*. Sou passadista.

O ataque de Manuel Bandeira ao "Manifesto da Poesia Pau-Brasil" tinha uma única finalidade, explicitada ao fim do texto: "fazer intrigas". Esse intuito também é manifestado na crônica, embora não claramente. Ele nada mais buscava do que se lançar contra a "adesão em massa" ao manifesto de Oswald, tentando afastar o temor de que também o Modernismo se tornasse uma máquina de fazer versos. Da mesma forma que recusou a publicação do poema "Cidade do interior" e, com ela, a possibilidade de juntar-se à "massa", também abriu mão de qualquer manifestação mais clara de interesse pela obra de Blaise Cendrars. Por fim, ao não aderir ao conteúdo programático de pau-brasil, Manuel Bandeira estava a defendê-lo contra os poetas que já seguiam acriticamente as orientações oswaldianas. Sua não adesão revela, ao mesmo tempo, uma compreensão madura sobre os preceitos de pau-brasil e uma tentativa de preservá-los.

O poema "Teresa" — publicado em 1924, no "Mês modernista" — é mais um exemplo desse mesmo esforço. Manuel Bandeira satirizava com ele os clichês que a poesia brasileira vinha revelando em torno de sua renovação, iniciada na Semana de 1922. Na carta enviada a Mário de Andrade, a 17 de abril de 1924, faz uma defesa incontestável da liberdade criativa, um dos preceitos fundamentais de todas as vanguardas do início do século XX:

[...] Vejo que não fui compreendido por vocês — o que me espanta. O meu artigo era um veneno complicadíssimo em que entrava muita

> ironia, alguma *taquinerie*, um pouco de seriedade, um bioco de mistificação, raiva, nojo etc. Não o escrevi com neurastenia. Estava alegre, excitado pelo manifesto do Oswald, que não considero horrível e leviano como dizes; achei-o, ao contrário, admirável. Li-o em casa do filólogo Sousa da Silveira, explicando-o e comentando-o com vivo afeto intelectual. Ataquei-o publicamente por reclamismo e mistificação cabotina. E Oswald tinha sido prevenido por mim de que o faria. Sentados a uma mesa do Bar Nacional, Oswald lamentou os costumes de elogios mútuos e endeusamento dos grupos literários. Disse gracejando que ia fazer ataques, intrigas. Dei-lhe razão. Prometi fazer o mesmo [*Apud* Moraes, 2000:116-17].

O "veneno complicadíssimo" de Manuel Bandeira e sua aparente indiferença em relação à obra de Blaise Cendrars pretendiam garantir a manutenção de uma poesia sem receitas. Não apenas se manifestava indiferente aos preceitos cendrarsianos mais estimados pelos autores modernistas, como buscava, por outro lado, extrair da poesia do poeta os elementos mais manipuláveis, os quais possibilitariam uma adesão menos visível ("o senso das realidades" e "frescura de impressões"). Além disso, procurava absorver o que nela havia sido deixado de lado pelo grupo, mas tinha validade para o projeto de formulação de uma identidade nacional. Ao contrário do que sugere no *Itinerário de Pasárgada*, Manuel Bandeira não estava tão fora do movimento, e, aqui, vale destacar a importância da pesquisa em fontes primárias de arquivos pessoais para reavaliar algumas ideias consagradas pelas histórias da literatura.

Quando se trata das características que não foram muito aproveitadas pelo grupo de 1922, destaquemos também o relevante título de um dos livros de Cendras, *Le Panama ou Les aventures des mes sept oncles*, de 1918. É inevitável não pensarmos, logo de imediato, nesse estudo, nas personagens da vida de Manuel Bandeira incorporadas a seus poemas, como Aninha Viegas, Totônio Rodrigues, seu avô (todos aparecem em "Evocação do Recife") e Rosa ("Vou-me embora pra Pasárgada"). Segundo Manuel Bandeira, dos seis aos 10 anos, ele construiu sua mitologia, na qual "um Totônio Rodrigues, uma D. Aninha Viegas, a preta Tomásia", velha cozinheira da casa de seu avô, revelavam para ele "a mesma consistência heroica das personagens dos poemas homéricos" (Bandeira, 1954:12), tal como em Blaise Cendrars, que ouvia da mãe a história que contava dos seus sete tios, irmãos dela — aventuras que depois seriam transpostas para o livro *Le Panama*. Não podermos calcular o quanto desse poema é biográfico e histórico, bem como o quanto dele é pura criação, realidade ou a mistura de ambas.

Vale a pena destacar o início de *Le Panama ou Les aventures des mes sept oncles*, pois as semelhanças com a primeira estrofe de "Evocação de Recife" são muito representativas. Ambos os poetas desprezam a história oficial e buscam, por meio da construção poética, da "frescura de impressões" e do "senso de realidade", compor versos sob um olhar subjetivo e pessoal:

> Des livres
> Il y a des livres qui parlent du Canal de Panama
> Je ne sais pas ce que les journaux financiers
> Quoique les bulletins de la Bourse soient notre piètre quotidianne
> Le Canal de Panama est intimement lié à mon enfance...[3]

A construção do canal do Panamá foi um dos maiores fracassos da III República francesa, com escândalos políticos, falências e suicídios. Muitos franceses envolvidos no projeto ficaram arruinados, como o pai de Blaise Cendrars, homem de negócios que levava a família de cidade a cidade, à procura de sucesso financeiro. Graças a esse malogro, deixaram o Panamá. Nessa mesma época, ainda criança, Cendrars leu a respeito do terremoto ocorrido em Lisboa, no ano de 1755, tragédia que muito o impressionou. Posteriormente, concluiria, segundo os próprios versos do poema, "Que le crach du Panama est d'une importance plus universelle /Car il a bouleversé mon enfance".[4] E foi

---

[3] Ver Cendrars, 2005. "Livros /Há livros que falam do canal do Panamá /Não sei o que dizem os catálogos das bibliotecas /E não ouço os jornais financeiros /Embora os boletins da Bolsa sejam a nossa oração quotidiana // O canal do Panamá está intimamente ligado à minha infância..."

[4] "A crack do canal do Panamá tem uma importância mais universal /Porque transtornou a minha infância."

quando ele fez essa constatação que sua mãe lhe falou sobre a vida dos seus sete tios, cujas aventuras os faziam parecer heróis de Homero, assim como as personagens da infância de Manuel Bandeira em "Evocação de Recife". Os dois poemas são longos e respondem a uma narratividade que o conteúdo memorialístico dos versos parece exigir, e há neles, além disso, o lado épico de suas personagens — no caso de Bandeira, da própria infância, repleta de aventuras e experiências. Por outro lado, tanto Blaise Cendrars quanto Manuel Bandeira souberam captar o presente ao retornar ao passado.[5]

Ainda podemos observar outro dado em comum, de fundamental importância: os processos e as técnicas de composição desses dois poemas são muito semelhantes. Há uma linguagem coloquial, prosaica e simples para narrar os fatos do cotidiano; algumas justaposições de imagens; incorporação de falas; elementos da cultura popular e da tradição; versos livres, marcantes pela perfeição formal, além do equilíbrio entre as manifestações do consciente e do inconsciente na criação, conforme está no artigo que Mário de Andrade escreveu sobre Blaise Cendrars. Em *Libertinagem*, é possível encontrar facilmente tais aspectos ou alguns deles por quase todo o livro. Por fim, lembremos que, na crônica "Cendrars daquele tempo", Bandeira valorizava a capacidade de Blaise Cendrars de confidenciar os sentimentos mais íntimos, o que constitui mais um dado marcante na obra desses dois autores.

Trata-se de uma série de apropriações de técnicas cendrarsianas que, na maior parte dos casos, passou longe dos olhos da fortuna crítica. As razões disso se relacionam com o fato de a poética de Blaise Cendrars ser comumente lida com base em algumas obras de Oswald de Andrade. Em função disso, a única relação de influência já estabelecida do poeta franco-suíço na obra de Bandeira só diz respeito ao "Poema tirado de uma notícia de jornal", cujas características o aproximam facilmente dos elementos mais típicos da apreciação dos modernistas acerca da poesia de Cendrars, como demonstrou muito bem Davi Arrigucci. De alguma forma, Manuel Bandeira conseguiu, mediante outras obras

---

[5] Conforme Beatriz Sarlo, "o retorno ao passado nem sempre é um momento libertador da lembrança, mas um advento, uma captura do presente" (2007:7).

de Blaise Cendrars, desenvolver sua lírica com mais singularidade, sem romper, contudo, com a perspectiva realista que formaria a orientação mais típica da poesia brasileira de todo o século XX.

REFERÊNCIAS BIBLIOGRÁFICAS

Arrigucci Jr., Davi. Bandeira lê Cendrars. *A poesia de Manuel Bandeira*: paixão, humildade e morte. São Paulo: Companhia das Letras, 1990.

Bandeira, Manuel. *Itinerário de Pasárgada*. Rio de Janeiro: A Noite, 1954.

___. *Poesia e prosa*. Introdução geral por Sérgio Buarque de Holanda e Francisco de Assis Barbosa. Rio de Janeiro: José Aguilar, 1958.

___. *Andorinha, andorinha*. Seleção e coordenação de Carlos Drummond de Andrade. Rio de Janeiro: José Olympio, 1966.

___. *Crônicas inéditas 1*. Organização, posfácio e notas de Júlio Castañon Guimarães. São Paulo: Cosac & Naify, 2008.

Cendrars, Blaise. *Poesia em viagem*. Tradução, seleção e notas de Liberto Cruz. Lisboa: Assírio & Alvim, 2005.

Eulálio. Alexandre (org.). *A aventura brasileira de Blaise Cendrars*: ensaio, cronologia, filme, depoimentos, antologia, desenhos, conferências, correspondência, traduções, de Alexandre Eulálio 2. ed. revista e ampliada por Carlos Augusto Calil. São Paulo: Ed. USP./ Fapesp, 2001.

Michaud-Larivière, Jérôme. *Hoje Cendrars parte para o Brasil*. Tradução de Antonio Carlos Viana e André Viana. São Paulo: Companhia das Letras, 2006.

Moraes, Marcos Antônio de (org.). *Correspondência Mário de Andrade e Manuel Bandeira*. São Paulo: Ed. USP/Instituto de Estudos Brasileiros, 2000. Coleção Correspondência de Mário de Andrade.

Sarlo, Beatriz. *Tempo passado*: cultura da memória e guinada subjetiva. Tradução de Rosa Freire d'Aguiar. Belo Horizonte/São Paulo: UFMG/Companhia das Letras, 2007.

11 ENTRANDO NO ARQUIVO DO DRUMMOND E LENDO SUAS CRÔNICAS NA IMPRENSA

Isabel Travancas

INTRODUÇÃO

Antropólogo faz pesquisa de campo. Campo distante ou campo próximo. Mas a ideia de arquivo como campo de pesquisa para os antropólogos é algo relativamente recente e causa ainda estranhamento. E com razão. A ideia de contato com o outro parece ter sido, desde os primórdios dessa disciplina, algo estruturante, uma espécie de razão de ser dessa ciência chamada de interpretativa. É inevitável lembrar o livro de Nigel Barley (2006:15) — *O antropólogo inocente* —, no qual ele ironiza o mundo acadêmico e afirma que

> a profissão está cheia de devotos do trabalho de campo, com as suas peles curtidas devido à exposição a climas tórridos, os seus dentes a rangerem permanentemente por causa dos anos de lida com os nativos, os quais tem ou nada de interessante para dizer no contexto de uma disciplina acadêmica. [...] É claro que o velho pessoal docente, que tinha prestado serviço nos dias do império e "apenas aprendera, mais ou menos, antropologia no âmbito das suas actividades", tinha um interesse pessoal em manter o culto do deus do qual eles eram os altos sacerdotes.

E desde quando papéis, cartas, documentos, recortes de jornais podem representar esse "outro"? Como podem possibilitar um conhecimento do outro, da sociedade do outro, de grupos particulares? Os trabalhos de diversos antropólogos provam que é legítimo falar em antropologia dos arquivos. Heymann (2005), Cunha

(2005), Castro e Cunha (2005) e Frehse (2005) são alguns pesquisadores brasileiros que vêm fomulando essa questão com bastante acuidade e pertinência.

Malinowski é não apenas o "pai da antropologia", mas o responsável pela primeira elaboração da ideia de um método de trabalho, uma forma de pesquisar conhecida como etnografia. Para ele,

> "a finalidade primeira e básica da pesquisa de campo etnográfica é oferecer uma descrição clara e nítida da constituição social e distinguir as leis e regularidades de todos os fenômenos culturais das irrelevâncias" (1980:47).

De lá para cá, esse conceito mudou bastante, mas o seu cerne permaneceu e continua fazendo sentido e ajudando a fazer pesquisa. Geertz, muitos anos depois de Malinowski, seguirá afirmando que a etnografia deve ser uma descrição. Uma "descrição densa". Isso porque, a seu ver, ela não é apenas um método cuja prática significa "estabelecer relações, selecionar informantes, transcrever textos, levantar genealogias, mapeas campos, manter um diário, assim por diante" (1997:15). A descrição densa se distingue da descrição clássica por ser interpretativa e por estar interessada nos detalhes microscópicos. Para o antropólogo norte-americano, o que definiria a sua prática é o tipo de esforço intelectual que ela representa. Trata-se de um processo de interpretação que pretende, e espera-se que consiga, dar conta das estruturas significantes que estão relacionadas ao menor gesto humano. Não é por acaso que sua visão da antropologia é de uma ciência que está preocupada em buscar o significado.

É nesse ponto que creio ser possível falarmos em uma antropologia dos arquivos ou etnografia dos arquivos. Pelo *tipo de esforço intelectual que ela representa*, para utilizar os termos de Geertz. A análise de um arquivo pessoal como um conjunto ou de um documento individual, nessa perspectiva antropológica, implica um esforço intelectual específico. Não quero aqui menosprezar outros esforços intelectuais envolvidos num trabalho *de* e *sobre* arquivos; desejo apenas chamar a atenção para as particularidades do método antropológico para pensar o mundo. Não é por acaso que Geertz (1978) defende a ideia da antropologia como uma ciência interpretativa e que, como tal, deve estar ligada diretamente à noção de que as culturas são textos que devem ser interpretados pelos antropólogos.

Os arquivos pessoais falam de seu autor de muitas formas. Philippe Artières (1998:11) afirma que, das práticas de arquivamento, se destaca a intenção autobiográfica.

> Em outras palavras, o caráter normativo e o processo de objetivação e de sujeição que poderiam aparecer a princípio, cedem na verdade o lugar a um movimento de subjetivação. Escrever um diário, guardar papéis, assim como escrever uma autobiografia, são práticas que participam mais daquilo que Foucault chama de a preocupação com o eu. Arquivar a própria vida é se pôr no espelho, é contrapor à imagem social a imagem íntima de si próprio, e nesse sentido o arquivamento do eu é uma prática de construção de si mesmo e de resistência.

Portanto, os arquivos contam muitas histórias e permitem também muitas interpretações. Seguindo nessa linha, narrarei a minha entrada no arquivo do poeta e escritor Carlos Drummond de Andrade, que pertence ao Arquivo-Museu de Literatura Brasileira, da Fundação Casa de Rui Barbosa, e apresentarei minha leitura desse arquivo. Não afirmo que ela seja a única nem a verdadeira; ela é uma interpretação possível. Relembro algo que é muito caro às ciências sociais, a ideia da subjetividade do pesquisador, o quanto ela faz parte da pesquisa, e como ela não precisa nem deve ser vista como um problema ou um empecilho para o trabalho científico. Assim, essa maneira de interpretar Drummond e seu arquivo está impregnada da minha subjetividade.

Este trabalho se dedica à estratégia de análise que Da Matta (1978) descreveu como um deslocamento que o pesquisador faz dentro da sua própria sociedade, no esforço de olhá-la com outros olhos, com olhos de um estrangeiro em busca de significados. Gilberto Velho, em "Observando o familiar" (1987), chama a atenção para "o caráter de interpretação e a dimensão da subjetividade envolvidos nesse tipo de trabalho", o trabalho do antropólogo. E o profissional que decide estudar o arquivo pessoal de um escritor brasileiro de destaque e renome, considerado uma unanimidade e reconhecido como o maior poeta brasileiro, certamente lidará com um tema e um personagem que, em muitos aspectos, serão bem próximos do seu universo. Não se trata de um poeta anônimo ou desconhecido, sobre o qual eu nunca tinha ouvido falar ou tinha lido. Essa familiaridade trouxe à tona um "Drummond" que já existia em mim e em meu imaginário. Em que medida essa pesquisa, essa entrada no arquivo do poeta maior, irá reforçar ou transformar a minha visão dele?

A ENTRADA NO ARQUIVO

Nesse ponto, aproximamo-nos também do conceito de Geertz, "experiência próxima", ao mesmo tempo que entendo essa proximidade nos mesmos termos que Malinowski — não é necessário ser um nativo para conhecê-lo. Não é preciso que o antropólogo tenha uma constituição psíquica especial que o faça estar "na pele do outro", mas é preciso que ele desenvolva uma capacidade, habilidade ou mesmo aptidão que possibilite sua compreensão desse outro. Ela consiste na ideia de experiência etnográfica, que remete à obra de mesmo título de James Clifford (1998).

Não se trata de um "truque", como salienta Geertz (1997:88). O antropólogo precisa descobrir não apenas o que os seus nativos fazem, mas o que eles *acham* que fazem. Há uma diferença entre o etnógrafo e o nativo que não desaparecerá. Ele muitas vezes não perceberá o que seus nativos percebem nem deve procurar ser um deles.

O arquivo de Carlos Drumoond de Andrade tem 14.564 documentos, entre manuscritos e datilografados, e está organizado nas seguintes séries: correspondência pessoal; correspondência famílias; correspondência de terceiros; produção intelectual; produção intelectual de terceiros; produção na imprensa; documentos pessoais; documentos fotográficos; documentos diversos; documentos complementares; documentos suplementares. Dentro de seu arquivo pode-se destacar a correspondência com Mário de Andrade, Ciro dos Anjos, Manuel Bandeira, Pedro Nava, Abgar Renault, Gustavo Capanema,

José Mindlin e Otto Maria Carpeaux, além de originais de poemas e crônicas.

A produção de Drummond na imprensa, foco central deste artigo, foi objeto de dois grandes projetos: a digitalização e a indexação de todas as crônicas publicadas no *Correio da Manhã*, de 1954 a 1969, e no *Jornal do Brasil*, de 1969 a 1984, e a indexação de sua produção na imprensa em geral.

A maior parte do arquivo foi doada pelo próprio Drummond, em 1974. O restante foi entregue pela família Graña Drummond, ou seja, seus netos.

De início, me perguntaria o que Drummond achava que fazia ao guardar minuciosamente toda a sua vida, seus textos, manuscritos, correspondência, suas fotos e, principalmente, seus textos publicados na imprensa (sobretudo porque é a esses textos que este artigo se dedica)? Por que e para quem? Se, por um lado, o poeta mineiro sempre foi um homem reservado — evitava entrevistas, não queria se candidatar à Academia Brasileira de Letras, fugia dos lugares da moda ou dos circuitos culturais, parecia sempre discreto e sem vaidade —, por outro, arquivava tudo o que lhe dizia respeito. Por que razão faria isso, se não tivesse em vista um futuro leitor ou um futuro pesquisador? Alguma perspectiva da sua importância e do seu significado para a literatura brasileira ele tinha. Certamente nada que se compare à vaidade ou à autoestima de Darcy Ribeiro, que planejava a criação de uma fundação com seu nome (Heymann, 2005:47).

> Essa consciência histórica vaidosa e autorreferida, apreendida na escrita de suas memórias, pode ter exercido influência na acumulação dos documentos do arquivo, registros da atuação desse personagem-sujeito, especialmente nos últimos quinze anos de sua vida. [...] Além disso, a personalidade de Darcy permite supor uma intenção de monumentalização da própria memória, para a qual a produção de diários pessoais, sempre passíveis de publicação, bem como a acumulação de documentos, vistos como manifestação material da trajetória que se pretende imortalizar, podem ser dotadas de valor estratégico.

Já em sua tese de doutorado, na qual realiza uma etnografia do arquivo de Darcy Ribeiro e entrevista vários de seus colaboradores, Heymann mostra que os aspectos da constituição e sentido do seu arquivo seriam múltiplos. "A etnografia do processo de constituição desse conjunto documental revela, assim, um uso distinto daquele classicamente associado à guarda de papéis por um indivíduo: nem registro do vivido, nem prova de ação, os papéis acumulados por Darcy — ou, ao menos, uma parcela deles — se afastam da representação do 'arquivo-memória', parecendo estar mais próximos do que poderíamos designar como 'arquivo-projeto'" (2009:195). O antropólogo e político guardava seus documentos com a intenção de retirar deles elementos úteis para seus projetos futuros.

Drummond, no entanto, não é Darcy. Não tem a sua personalidade, a vaidade, intenção ou sua carreira política, muito menos pensou em seu arquivo em termos de planos futuros. Pelo menos em um primeiro olhar. Talvez o escritor mineiro não fosse tão distinto do antropólogo e político na sua percepção de si e do seu lugar na cultura brasileira. Apenas agia de forma mais discreta, mais silenciosa. Porém, agia. Seu arquivo é a expressão desse empenho. Tudo foi organizado e guardado por ele, desde a juventude. Tudo o que publicou, do jornal para os dentistas às revistas internacionais, das crônicas ingênuas aos textos mais contestatórios ao regime militar, de suas primeiras poesias até a sua crônica de despedida. Está tudo lá. Organizado por ele, com anotações, muitas correções a caneta, principalmente no caso dos jornais, que eram feitos com linotipos, com erros mais frequentes. Drummond revisava tudo, inclusive o que já estava publicado.

É inevitável perceber o investimento nessa construção de si, sobretudo por meio de seu arquivo e de sua organização. Sabemos que um arquivo, ainda que possa parecer resultado de um esforço individual, raramente o é. Há anônimos que nele participam, desde os membros da família até a própria equipe das instituições que os abrigam. Isso porque o que produz o arquivo pessoal é o gesto de guardar, de acumular, e, para esse gesto, muitas vezes diversas pessoas contribuem.

Ainda que o arquivo do escritor seja vasto, este artigo tem como objeto seus textos publicados na imprensa, resultado de minha pesquisa realizada no AMLB, no projeto produzido pela Casa Rui, de catalogação, digitalização e divulgação desse material, intitulado "Drummond: a produção na imprensa". Ao longo de seus 85 anos, Drummond escreveu muito. E não apenas poemas e livros. Escreveu intensamente na imprensa. Sua colaboração com o *Correio da Manhã*, que durou de janeiro de 1954 a setembro de 1969, resultou em 2.422 crônicas. No *Jornal do Brasil*, para o qual colaborou de outubro de 1969 a setembro de 1984, ele produziu 2.304 escritos. Além disso, redigiu cerca de 1.500 textos dispersos ao longo das sete décadas, nos mais variados veículos nacionais e internacionais. E qual foi a maneira que Drummond elegeu para arquivar esse material? Por veículos.

Quando cheguei ao AMLB e me deparei com seu arquivo, percebi que ele decidira guardar todos os seus textos separados por jornal. Dentro das pastas de cada um dos meios de comunicação, os textos estavam organizados em ordem cronológica. Essa maneira de classificá-los me causou inquietação. Os meios de comunicação eram mais importantes que a passagem do tempo e as transformações que sua própria obra sofrera? Com autorização da chefia do AMLB, reorganizei esse material em ordem cronológica, apoiando-me na afirmação do especialista Frank G. Burke (Camargo, 2007:13): "O curador de arquivos pessoais tem total liberdade para organizá-los de forma a atender às demandas da pesquisa". Assim foi feito.

Drummond não quis criar uma fundação com seu nome ou algo do gênero, mas deu total apoio à criação do AMLB, fato que ficaria evidente na sua crônica da década de 1970. Drummond buscava a permanência, que se expressava na sua própria atitude. Ele não apenas guardou, de forma criteriosa e organizada, tudo o que escreveu desde a mocidade, como doou seu acervo para o Arquivo-Museu de Literatura Brasileira, criado em 1972. E, por meio de uma crônica escrita no *Jornal do Brasil*, em 4 de janeiro de 1973, procurou estimular outras pessoas a colaborar com a instituição.

> Colecionador ou não colecionador, que tenha em casa um retrato, uma carta, um poema, um documento de escritor brasileiro digno do nome de escritor, e pode com ele enulentar [*sic*] o arquivo-museu

> menino, dirigido pelo espírito público de Plínio Doyle na Casa de Rui Barbosa: faça um *beau geste*, mande isso para São Clemente, 134, e terá oferecido a si mesmo o prêmio de uma satisfação generosa.

Mergulhando na produção de Drummond, lendo e relendo seus textos para a elaboração da ficha solicitada pelo AMLB, ia me dando conta das dificuldades de encontrar definições. A começar pelos gêneros literários. Drummond escreveu de tudo. Com maior destaque, poesia. Mas escreveu contos, resenhas, críticas e crônicas. E prosa poética. Como classificar cada um dos seus textos? Quais os critérios? Os críticos literários foram me guiando, assim como o trabalho já realizado por Fernando Py (2002).

Cheguei à sua produção mais ampla: as crônicas. A maioria de seus textos publicados na imprensa é formada de crônicas. Trata-se de um gênero híbrido, no qual a noção de realidade é um dos conceitos-chave. A crônica é um lugar de fronteira, "bebe" nas duas fontes — literatura e jornalismo — e produz um texto que é mesclado e não "puro". Antonio Candido (1992:14-5) afirma que ela não nasceu com o jornal, mas é sua filha, e pode ser considerada um gênero brasileiro. Para o crítico paulista, ela se preocupa com o miúdo para destacar sua grandeza e tem como característica a simplicidade, a brevidade e a graça. A ideia de oralidade presente na crônica é outro aspecto a ser destacado, assim como a presença do humor, que leva também à reflexão. Diferentemente de outros textos publicados no jornal, a crônica não tem a função de informar, ainda que até possa fazer isso, mas divertir. Drummond mesmo dizia que, ao final de sua leitura, esperava que o leitor sorrisse.

Dentro da imensidão de crônicas a serem lidas, um total de mil, como lidar com elas? Qual o ponto de vista do meu "nativo"? O que elas revelavam do poeta? Para tentar responder a essa e outras questões, montei meu próprio sistema classificatório. Vale lembrar que muito já se disse (Durkheim e Mauss, 1981:403) sobre a necessidade básica do homem de classificar. Classificar para compreender e também para reorganizar.

> Classificar não é apenas constituir grupos: é dispor estes grupos segundo relações muito especiais. Nós os representamos como coorde-

> nados ou subordinados uns aos outros, dizemos que estes (as espécies) estão incluídos naqueles (os gêneros), que os segundos agrupam os primeiros. [...] Toda classificação implica uma ordem hierárquica da qual nem o mundo sensível nem nossa consciência nos ofereceu um modelo. Deve-se, pois perguntar onde fomos procurá-lo.

Nas inúmeras idas ao AMLB, nos anos de 2006 e 2007, lendo intensamente as crônicas de Drummond, fui percebendo algo recorrente em seus temas, repetições que me inspiraram a organizar uma espécie de classificação de suas crônicas. Pude notar que havia quatro grandes temas: amor, literatura, memória e atualidade. Certamente, dentro de cada um deles, há inúmeros subtemas, e há muitas crônicas que poderiam estar em duas "gavetas" ao mesmo tempo. Esses temas me permitiram avançar e identificar quais eram as questões que interessavam ao poeta nos seus textos em prosa. Ainda que seja possível dizer que, em algumas décadas, alguns temas estiveram mais presentes, em todas elas os quatro aparecem.

O que me interessa apresentar e debater aqui é o último dos temas: a atualidade. Isso porque acho que é nele que se expressa mais intensamente uma característica particular da crônica, ser um texto de fronteira entre a literatura e o jornalismo. Em artigo anterior (2009), discuti a relação presente nos textos do escritor com o jornalismo e com a literatura. Penso que a temática "atualidade" pode ser uma entrada preciosa para entender o personagem Drummond e seu próprio arquivo.

DRUMMOND JORNALISTA

Como já afirmei antes, o escritor colaborou intensamente com a imprensa ao longo de sua vida. Esta produção de Drummond demonstra que ele nunca se afastou do jornalismo, o que permitiria, a meu ver, também defini-lo como um jornalista. Aliás, ele mesmo se definia como tal.

> "Sou um jornalista porque a vida toda estive ligado a jornal. Fui redator-chefe do *Diário de Minas*, onde, com outros companheiros, fizemos a campanha modernista em Belo Horizonte e nos divertimos muito."

Essa declaração do poeta reforça a ideia de que essas carreiras estão interligadas, assim como os textos que seus profissionais escrevem.

A jornalista e pesquisadora Cristiane Costa (2005:106) destaca o sentimento de pertencimento do poeta ao jornalismo. Ele diz que a única coisa que fazia com prazer, além da literatura, era jornalismo. Costa, como Drummond, não vê o exercício jornalístico como um empecilho para o desenvolvimento do escritor, ao contrário do que afirmam diversos autores. É Drummond que afirma:

> O jornalismo é a escola de formação e de aperfeiçoamento para o escritor, isto é,para o indivíduo que sinta a compulsão de ser escritor. Ele ensina a concisão, a escolha das palavras, dá noção do tamanho do texto, que não pode ser nem muito curto nem muito espichado. Em suma, o jornalismo é uma escola de clareza de linguagem, que exige antes clareza de pensamento. E proporciona o treino diário, a aprendizagem continuamente verificada. Não admite preguiça, que é o mal do literato entregue a si mesmo. O texto precisa saltar do papel, que não pode ser um texto qualquer. Há páginas de jornal que são das mais belos textos literários. E o escritor dificilmente faria se não tivesse a obrigação jornalística [*Apud* Costa, 2005:107-8].

Drummond acreditava que o jornal era uma boa porta de entrada para o futuro escritor. Foi exatamente assim que aconteceu com ele. No início da década de 1920, começou a publicar seus primeiros textos e a colaborar com o *Diário de Minas*. É de 1921 o seu conto "A estátua do escultor cego", e de 1922 o conto "Joaquim no telhado", ambos publicados na revista *Novela Mineira*. Este último tirou o primeiro lugar no concurso promovido pela própria publicação. Segundo José Maria Cançado (2006:94), o jovem escritor teria ficado tão satisfeito com o prêmio de 50 mil réis que resolveu nunca mais entrar em concursos literários. E, se ele nunca mais entrou em concursos, nunca mais também saiu dos jornais.

Vejamos algumas das crônicas que ele escreveu nessas décadas. Elas ilustram bem o olhar jornalístico para o mundo. Na década de 1920, dois textos bem distintos, tanto no conteúdo quanto na forma, têm acontecimentos como tema. O primeiro aborda a Semana de Arte Moderna de 1922 e o movimento modernista. Foram eventos marcantes naquela década. E Drummond tomou posição, escolheu seu lado e defendeu-o com afinco. Em 14 de dezembro de 1925, escreve em *O Jornal*, na seção O Mês Modernista, "O mês modernista que ia ser futurista". Nessa crônica, o escritor fala do Manifesto da Poesia Pau-Brasil e do novo livro de Oswald de Andrade. Drummond assume um ponto de vista pessoal. Chama Oswald de amigo, critica sua poesia, fala que seu manifesto é engraçado, inútil e significativo, e, à medida que analisa o trabalho do "homem do pau-brasil", chama a atenção para sua importância. Um texto crítico, mas não raivoso. Elogia o que acredita ser mérito do escritor e principalmente destaca sua importância no cenário nacional. Tudo isso com a segurança dos seus 23 anos.

Para Drummond, Oswald "hoje é um dos nossos bons poetas, se bem que não entende uma palavra de anatomia do verso. Não passou pelo serviço militar da métrica. Ora, eu acho isso quase indispensável". Embora o escritor afirme que o trabalho no jornal esteja submetido ao tempo, percebe-se que o poeta é livre. E que tinha muita liberdade para dar sua opinião franca, mesmo na crônica. Drummond enfatiza que Oswald de Andrade se sacrificava para que, no futuro, houvesse "uma poesia com cor e o cheiro do Brasil". Esta é uma época de polêmicas, e os modernistas serão muito atacados. Drummond irá defendê-los em suas crônicas, principalmente nas décadas seguintes. Irá esmiuçar sua filosofia, suas obras, ressaltando sua importância em textos que serão verdadeiros ensaios literários. Por ora, é assim que ele aproxima o leitor do tema.

Uma das últimas crônicas da década de 1920 a abordar um acontecimento cotidiano foi "Enterro na rua pobre", publicada em *Bello Horizonte*, em 1929. Nela, Drummond narrou em detalhes o enterro da esposa de um trabalhador. Das pessoas que vão chegando às crianças que enchiam a rua, descrevendo o ambiente e o viúvo, com barba por fazer, uma roupa já usada e sem gravata. O tom é melancólico, não apenas por causa da morte, mas pela pobreza dos que compõem a cena. Drummond faz uma crônica em que relata um enterro como qualquer outro, de uma família comum, em um bairro também comum, em uma cidade qualquer. Enterros como esse se repetem em todos os lugares. O que sua crônica faz, com seu toque de lirismo reflexivo, é chamar a atenção para a condição humana a partir de um pequeno acontecimento que poderia passar despercebido ou ser considerado insignificante. Ela estabelece um diálogo com o leitor, em que há um equilíbrio entre o coloquial e o literário, permitindo que o lado espontâneo e sensível permaneça como o elemento provocador de outras visões do tema. Essa é a força da crônica do escritor que traz sua poesia para o jornal.

Outro tema recorrente em suas crônicas é o Natal. Estreitamente vinculado ao calendário ocidental e ao cotidiano, ele será assunto de inúmeros textos, entre contos, poemas e crônicas. Em 15 de janeiro de 1932, aparece em *Bazar* a crônica "Natal U.S.A. 1931". Ela fala da obrigação anual do escritor de fazer um poema sobre o Natal. E dá a sua receita, uma receita que, a meu ver, mistura um pouco da prática jornalística com a sensibilidade do poeta.

> Viajar pelas ruas, escrutar longamente, policialmente as lojas de brinquedos. Indagar das novidades em brinquedos mecânicos, procurar os sentimentais: Carlito e o seu arquidoloroso estado de inocência. Fazer a estatística dos pais felizes e das mães enternecidas. Oferecer-se para carregar os embrulhos maiores; não esquecer as casas de frutas, que se derramam pelas calçadas.

Ela me fez lembrar o livro do jornalista Ricardo Kotscho (1986:12-3) sobre a prática de reportagem. Nele, Kotscho explica em que consiste o trabalho do repórter. "Com pauta ou sem pauta, lugar de repórter é na rua. É lá que as coisas acontecem, a vida se transforma em notícia." E comenta as ocasiões em que estava sem assunto e saiu para rua, sem destino certo, mas não lembra jamais de ter voltado para a redação algum dia sem matéria. Lembra a perspectiva do Drummond para a crônica natalina, em que dizia que o cronista devia ir para rua e buscar a "sua" notícia.

O curioso desse texto é o desfecho. Depois de dissertar sobre os preparativos natalinos, sobre o Papai Noel, os diferentes tipos de Natal, europeus, norte-americanos, termina dizendo que nenhum poema é superior ao telegrama anônimo que recebeu de Nova York. O texto fala dos acidentes mortais, do número de acidentes ferroviários, do incêndio em um hotel e dos mortos por envenenamento. Há novamente o retorno à notícia e à informação, que invadem a crônica e trazem a marca triste da realidade.

Duas crônicas das décadas de 1940 e 1950, sobre política, demonstram o interesse de Drummond pelos grandes acontecimentos que mobilizam os repórteres. Elas abordam fatos importantes da história política brasileira. A primeira delas — "Encontro com Prestes", publicada na *Tribuna Popular*, em 22 de maio de 1945 — narra o encontro do povo com o líder comunista Luís Carlos Prestes, no estádio do Vasco da Gama. Nesse texto, o poeta se mostra à vontade para demonstrar seus sentimentos, sua opinião política, com base em um fato concreto e de relevância. Expressa a sua admiração pelo político.

> Como tardou esse encontro! Muitos anos. Não foi possível marcá-lo mais cedo. Dois velhos conhecidos — Prestes e o povo — se estimavam, confiando um no outro, sem que o contato vivo nas ruas e nas casas trouxesse esse elemento de presença pessoal, que dá tanto calor às relações humanas.

A outra crônica, publicada na *Tribuna da Imprensa*, em 21 de agosto de 1954 e intitulada "O atentado", tem tom mais dramático. Sem dar os nomes dos envolvidos, aborda o atentado sofrido pelo jornalista Carlos Lacerda, na rua Tonelero, em agosto de 1954, no qual morreu o major Rubens Vaz. O atentado desencadeia um processo político que culminará com o suicídio do presidente Getúlio Vargas. Seu texto se assemelhava, em alguns momentos, a um editorial, tal a sua posição diante dos acontecimentos e o seu desejo de que o crime não ficasse impune. Em nenhum momento faz referência a pessoas ou a partidos políticos. Está tudo implícito. Ele acredita que o leitor será capaz de compreender o não dito. Seu início demonstra bem isso:

> As horas que se seguem ao atentado são de procura do responsável. No clamor e emoção gerais o ceticismo, que é uma súmula da crítica histórica, se omite por instantes e clamamos: "Desta vez o crime não ficará impune". Mas esta aspiração é própria de pessoas cultivadas, que pensam em modificar por uma alteração intelectual a ordem das coisas. Os indivíduos simples, de condição proletária ou média, são mais realistas em tais casos, e limitam-se a comentar: "Mais um que não será punido".

Ele termina dizendo que restava aos cidadãos a vigilância civil e a não aceitação de diferentes formas de intimidação.

Duas crônicas da década de 1960 ilustram o contexto da época. Movimentos sociais, políticos, guerras, contestação, ditaduras. Foi a auge do movimento hippie, criador do slogan "Faça amor, não faça guerra". Drummond buscará o poema "Noturno de Belo Horizonte", de Mário de Andrade, escrito em 1925, para destacar que o intelectual paulista fora, na verdade, um precursor da filosofia hippie. Seu poema diz: "Não prego a guerra nem a paz, eu peço amor! Eu peço amor em todos os seus beijos". Para o escritor mineiro, Mário de Andrade oferecia, como alternativa à guerra, não a neutralidade da paz, mas o elemento ativo do amor. A seu ver, a filosofia hippie estava contida nessa ideia. Termina o texto intitulado "Amor em vez de guerra", publicado no dia 22 de julho de 1969, salientando: "Se o mundo não o praticar, não será por culpa nem de Mário de Andrade nem da minha província".

Em "Conspirar, que bom" (*Estado de Minas*, 10-04-1967), o poeta mineiro faz uma brincadeira com o medo da conspiração, muito presente no país no ano de 1967. O Brasil vivia sob a mão forte da ditadura militar; a repressão apresentava a sua face e a sua força, perseguindo os que se mostravam contrários ao regime; a ideia de conspiração pairava no ar. Sua crônica brinca com o significado que o verbo ganhou nesse contexto. Todo mundo parecia conspirar. Para substituir o governo, a Light conspira para a volta do racionamento; os missionários americanos, contra a explosão demográfica; os escritores, para entrar na Academia Brasileira de Letras; e assim por diante. O momento é de conspirar. "O negócio é conspirar. Eu conspiro, tu conspiras, eles conspiram. Isso dá certa normalidade à vida: todos fazem a mesma coisa. Que bom!". Era época em que a censura atuava no país com mais força. Drummond, que já possuía notoriedade, ironizava e criticava o espírito daquele período com liberdade.

Década de 1970. Crônica de costumes, amenidades, retrato de uma época e de uma cidade. É isso que se tem em "Verão, uma festa", publicada no dia 8 de janeiro de 1972 em *Estado de Minas*. Nessa crônica, Drummond fazia uma ode à praia, ao verão e às mulheres cariocas. Afirmava que era puro prazer para os homens verem belas "sereias" e que o verão era uma festa. "Uma festa assim genial não podia durar a eternidade, a gente explodiria de prazer estival: o último verão sobre a terra, o mais assombroso: fim." Comentava que se não fossem os interceptadores oceânicos e outras obras, a festa seria absoluta. A Bolsa de Valores fecharia; o governo, também; as lojas, idem. Citava o trânsito, que impedia que todos pudessem ir à praia, e dizia que, se ela não estava suficientemente poluída, os banhistas tomariam as providências para isso. Deixam papéis, cascas de laranja, copinhos de refrigerante, rolhas, tampinhas, pontas de cigarro. Se não fosse pelas rolhas e tampinhas, a crônica seria bem atual ao descrever as praias do Rio no início do século XXI. Há uma alegria, um entusiasmo nesse texto, que expressa o eterno encantamento de um mineiro pela praia, e uma juventude ainda presente nesse escritor então com 70 anos.

Drummond escreveu para os jornais até pouco antes de morrer. Reduziu os veículos, diminuiu a intensidade, mas continuou escrevendo até 1984. Tinha então 82 anos.

Termino destacando duas crônicas dessa última década do poeta.

A questão da natureza e do meio ambiente se tornara, a partir dos anos 1980, um assunto em pauta nos jornais. Drummond sempre se preocupou com as árvores. "Um galho de árvore" é o título da crônica de 1984, publicada na *Revista Ipiranga*, em que o escritor fala do Dia da Árvore e lamenta que tenham mutilado um galho de uma amendoeira. Não sabia quem era o responsável. Sugere hipóteses, mas nada o satisfaz. E se pergunta:

> Quanto tempo leva uma árvore para afirmar-se? Quantos anos de química laboriosa, de absorções, transfusões, impregnações, silêncios, emanações, sínteses ela exige? Quanto tempo resta a este seu amigo idoso para esperar que uma arvorezinha se torne adulta?

Há uma junção da sua preocupação genuína e legítima com a natureza — no caso, com a amendoeira mutilada —, e também com a sua própria existência, que chegava ao fim. Com esse texto, Drummond destacava uma questão que só ganharia importância nas décadas que se seguiram: a preservação do meio ambiente.

A República completava 90 anos no Brasil, e Drummond, no dia de sua celebração, não se furtou a tematizá-la. Lembrou que fora republicano, embora não o fosse mais. E se perguntava qual república fazia aniversário. A de Deodoro, a de Getúlio, de João Goulart ou a de Afonso Pena? Afirmava que, nem de longe, aquela era a república dos seus sonhos, mas de seus pesadelos. Drummond sabia que não fora a idade que a fizera assim. "A pobre senhora recebeu, desde o berço, os maiores agravos, e só se mantém viva à custa de todas as transigências, concessões e distorções." Mas o desfecho da crônica "Uma senhora de noventa anos", publicada em janeiro de 1980, em *Brazil Today,* era mais ameno, e lembrava que era dia de festa por ser feriado. E esses dias seriam sempre bem-vindos e cada um que comemorasse à sua maneira, nem que fosse lendo *A República* de Platão...

CONCLUSÃO

Com este artigo, percebi que há um Drummond jornalista que está sempre escondido atrás do Drummond poeta. Essa ambivalência não me parece contraditória, como seus textos e depoimentos comprovam. Ele percebia, nela, uma relação de complementaridade, e não considerava sua experiência jornalística como algo menor ou mero "ganha-pão", como muitos críticos costumam afirmar. Arriscaria mesmo a dizer que sua obra poética está impregnada dessa experiência intensa de proximidade com a realidade.

Como já destaquei, há, desde o início, um vínculo estreito de Drummond com a carreira jornalística. Ela não foi apenas um "rito de passagem" para sua entrada nas letras. Foi, a seu ver, uma importante escola, um local de aprimoramento do texto. Um texto que deve ser produzido em condições específicas de tempo e condicionado à realidade cotidiana. Drummond até o final da vida valorizou o trabalho que realizou nos jornais — sua crônica de despedida é a prova disso — e fez questão de guardar, de forma bastante organizada, toda a sua produção.

Nessas décadas, alguns temas se destacaram: o amor, a literatura, a memória e a atualidade. Procurei aqui me concentrar nas crônicas relacionadas ao cotidiano, enfatizando o aspecto jornalístico dos textos. Se nas décadas de 1920 e 1930 sua produção era bem mais reduzida e diversificada em termos de gêneros literários, com o passar dos anos Drummond se concentrará na produção de poesias e crônicas. Suas crônicas ainda eram bem extensas, falavam muito de literatura, mas a presença da realidade cotidiana ganhará cada vez mais espaço nas décadas de 1940 e 1950. Os textos dos anos 1960 e 1970 se tornariam bem mais enxutos e mais políticos. O Brasil vivia sob um regime de força, e Drummond não deixava esse aspecto de lado. Ao contrário. Criticava, ironizava, desabafava. Nos últimos anos, o poeta tinha seus textos embebidos em certa melancolia, própria da idade avançada. As crônicas ainda que vinculadas a fatos concretos, remetem-no ao seu passado e às suas vivências. Vivências da infância em Itabira, dos processos políticos brasileiros, do início do jornalismo.

As crônicas falam da relação concreta do Drummond com a imprensa, e suas entrevistas reforçam esse vínculo. Ele sempre se afirmou um homem de jornal. Lembrava que, desde menino, sempre gostou muito de ler jornal e que este não tinha sido apenas uma fonte de sustento, junto com o seu trabalho como funcionário público, mas uma escolha e vocação. As crônicas são o resultado dessa vocação, uma vez que elas se situam na fronteira entre o jornalismo e a literatura. Elas tratam do fato miúdo, com humor, de forma coloquial, como em uma conversa. Drummond explorava muito esse tom. E, quando não tinha assunto, dialogava com o leitor.

Por fim, gostaria de retomar a perspectiva de Artières (1998:33), ao enfatizar que:

> Sempre arquivamos nossas vidas em função de um futuro leitor autorizado ou não (nós mesmos, nossa família, nossos amigos ou ainda nossos colegas). Prática íntima, o arquivamento do *eu* muitas vezes tem uma função pública. Pois arquivar a própria vida é definitivamente uma maneira de publicar a própria vida, é escrever o livro da própria vida que sobreviverá ao tempo e à morte.

Drummond, além de sua obra literária, escreveu o livro da sua vida por meio do seu arquivo pessoal.

REFERÊNCIAS BIBLIOGRÁFICAS

Artiéres, P. Arquivar a própria vida. *Estudos históricos*, 21, 1998, p. 9-34.

Barley, N. *O antropólogo inocente*. Lisboa: Fenda, 2006.

Camargo, Ana Maria de Almeida; Goulart, Silvana. *Tempo e circunstância*: a abordagem contextual dos arquivos pessoais. Procedimentos metodológicos adotados na organização dos documentos de Fernando Henrique Cardoso. São Paulo: Instituto Fernando Henrique Cardoso, 2007. 316 p.

Candido, A. *A crônica:* o gênero, sua fixação e suas transformações no Brasil. Campinas/Rio de Janiero: Ed. Unicamp/Fundação Casa de Rui Barbosa, 1992.

Cançado, J. M. *Os sapatos de Orfeu.* Biografia de Carlos Drummond de Andrade. São Paulo: Globo, 2006.

Castro, C.; Cunha, O. M. G. Quando o campo é o arquivo. *Estudos históricos*, 36, p. 3-5, jul.-dez. 2005.

Clifford, J. *A experiência etnográfica.* Rio Janeiro: Ed. UFRJ, 1998.

Clifford, J.; Marcus, G. *Writing culture.* Berkeley: University California Press, 1986.

Costa, C. *Pena de aluguel:* escritores e jornalistas no Brasil 1904-2004. São Paulo: Companhia das Letras, 2005.

Cunha, O. M. G. Do ponto de vista de quem? Diálogos, olhares e etnografias dos/nos arquivos. *Estudos históricos*, 36, p. 7-32, jul.-dez. 2005.

Da Matta, R. O ofício do etnólogo, ou como ter *anthropological blues*. *Boletim do Museu Nacional*, 27, p. 1-12, maio de 1978.

___. *A casa & e a rua*. Rio de Janeiro: Guanabara, 1987.

Durkheim, Émile; Mauss, Marcel. "Algumas formas primitivas de classificação. Contribuição para o estudo das representações coletivas". In: Mauss, Marcel. *Ensaios de sociologia*. São Paulo: Perspectiva, 1981.

Frehse, F. Os informantes que jornais e fotografias revelam: para uma etnografia da civilidade nas ruas do passado. *Estudos históricos*, 36, jul.-dez. 2005, p. 131-156.

Fundação Casa de Rui Barbosa. Arquivo-Museu de Literatura Brasileira. *Inventário do Arquivo de Carlos Drummond de Andrade*. Rio de Janeiro: Edições Casa de Rui Barbosa, 1998.

Geertz, C. *O saber local: novos ensaios em antropologia interpretativa*. Petrópolis: Vozes, 1997.

___. *A interpretação das culturas*. Rio de Janeiro: Zahar, 1978.

Heymann, L. Os fazimentos do arquivo Darcy Ribeiro: memória, acervo e legado. *Estudos históricos*, Rio de Janeiro, 36, jul.-dez. 2005, p. 43-58

___. *De arquivo pessoal a patrimônio nacional:* reflexões sobre a construção social do "legado" de Darcy Ribeiro. Tese (doutorado), Rio de Janeiro, Iuperj, 2009. 247 p. (mimeo.)

Kotscho, R. *A prática da reportagem*. São Paulo: Ática, 1986.

Malinowski, B. Objetivo, método e alcance desta pesquisa. In: Zaluar, A. (org.). *Desvendando máscaras sociais*. Rio de Janeiro: Francisco Alves, 1980. p. 39-61.

Py, F. *Bibliografia comentada de Carlos Drummond de Andrade (1918-1934)*. 2. ed. revista e ampliada. Rio de Janeiro: Edições Casa de Rui Barbosa, 2002.

Travancas, I. *Um pé no jornalismo e outro na literatura:* as crônicas de Drummond das décadas de 60, 70 e 80. XVIII Congresso da Compós. Belo Horizonte, 2009. CD-ROM.

Velho, G. *Individualismo e cultura*. Rio de Janeiro: Zahar, 1987.

12 ALVARO MOREYRA: UM ARQUIVO PARA DOIS

Joëlle Rouchou

> "Eu, de minha parte, sempre quis ser, sem premeditação, o que finalmente vi que era — jornalista. Já fiz versos, já escrevi peças, mas no fundo eu sou o que sempre desejei ser — jornalista. Para estar em contato com o povo e com a vida."

A frase é do acadêmico Álvaro Moreyra, encontrada em recortes de jornais e fotografias que fazem parte de seu arquivo doado em 2008 à Casa de Rui Barbosa. Não há registro do nome da publicação, apenas o título "Eugênia Moreyra salvou o esposo de ser 'imortal'", e o número da página: 5. O que chama a atenção em sua fala é a assunção de ser um jornalista, ele que sempre fora dedicado às letras, um elogiado poeta simbolista e autor de vários livros de diferentes gêneros. Álvaro queria ser reconhecido como jornalista, profissão nem sempre bem-vista, especialmente nas primeiras décadas do século XX, num campo ainda em construção no panorama cultural da sociedade. A revelação acontece ao iniciar uma pesquisa no arquivo particular de Álvaro.

O pequeno arquivo revela parte de sua vida e de Eugênia. Há cartas, fotografias de vários períodos da vida do casal e uma impressionante coleção de jornais, que dão conta de dois momentos dramáticos da vida dos dois: um acidente de carro e a morte de Eugênia. Na verdade, com um olhar mais atento, é possível dizer que o arquivo de Álvaro é o arquivo de Eugênia compilado por ele. Um marido apaixonado mesmo depois da morte da esposa. O volume de recortes divide-se em 22 sobre Eugênia e 10 sobre Álvaro; do acidente de carro que sofreram, são sete recortes; sobre a morte dela, impressionantes 79, além das 209 peças referentes aos recitais de poesia dela. Chama a atenção a importância de o registro de memória passar por páginas de jornais e por recortes específicos, que constroem parte de sua biografia, tenazmente ligada à de Eugênia.

Se o projeto de construir um arquivo pessoal pode estar ligado com o desejo de escrever uma autobiografia, como sugere Artières (2009), em que o sujeito coleciona resquícios de eventos prazerosos, tristes e importantes, como que para estabelecer um diário de vida, Álvaro talvez juntasse elementos para sua futura autobiografia, *As amargas não...*, lançada em 1954. Sua autobiografia foi escrita em forma de tópicos, com fragmentos de sua vida narrados em um estilo quase telegráfico, parecendo o que hoje poderia ser considerado um texto para internet. Trechos rápidos, textos acelerados e muita poesia. É uma trajetória de vida contada em parágrafos suaves. Ele próprio faz referência a seu diário, numa passagem em que conta a morte de Sarah Bernhardt: "Sarah Bernhardt morreu em 1923. Está aqui no meu diário, '26 de março de 1923'" (Moreyra, 1954:254), e acompanha o raciocínio formulado por Artières, que estuda a relação íntima entre montar um arquivo pessoal e escrever uma autobiografia. Em *As amargas não....*, Álvaro dedica quatro páginas à perda de Eugênia, numa prosa com sons de poesia, em que marca a data fatídica do falecimento de sua amada:

> 16, junho, 1948 — Eugênia morreu. Nossa vida durou trinta e quatro anos. Foi uma vida grande. Tivemos oito filhos. Dois não cresceram: Waldo, Maria da Graça. Os outros estão junto de mim: Ysia, Sandro, Luciano, João Paulo, Álvaro Samuel, Rosa Marina, Colette. Nossos netos: Ana Maria, Elisabeth, Paulo, Álvaro José, Maria Beatriz, Wladmir, Mario [Moreyra, 1954:254].
> [...] E está no fim. Foi uma casa um pouco extravagante, mas sincera, feliz. Casa de todos. Sempre com lugar. Eugênia dizia: — Nossa casa é de elástico — Casa original. Em vida. Morta, vai ser também "edifício". Rua Xavier da Silveira, número 99 [Moreyra, 1954:266].

Em seguida, utiliza-se do seu arquivo pessoal e dos recortes que guardou e reproduz texto publicado no *Diário Oficial* com a ata do dia 18 de junho de 1948, em que Osório Borba pede um voto de pesar pela morte de Eugênia

> 7, outubro — Eugênia, companheira, esta é a primeira carta que te escrevo depois daquela tarde fria. Foi ontem? Quando foi? Ainda não sei, não sei. Sei que a tarde caía e era uma tarde fria. Todas as flores da cidade se juntaram sobre o teu corpo que era frio como a tarde. Ias dormindo, mas não com a cabeça deitada no meu ombro. Ias sozinha e tão triste! Que sono longo! Que sono imenso e teu último sono! Levaste no teu sono o meu sono também. Nunca mais, sem nós dois, pude dormir, Eugênia. A vida sem nós dois é uma noite de insônia. Eu lembro de ti como de um sonho bom [Moreyra, 1954:257].

A morte de Eugênia aparece com profunda tristeza no arquivo de Álvaro. A quantidade de fotografias, os recortes de jornais avalizam sua admiração — chamaria de amor — do autor por sua mulher. Sua autobiografia já identifica que seu livro de memórias não pretende ser um relato triste e saudosista, ao contrário, ele procura enfatizar pontos otimistas da vida. É um poeta avesso ao *spleen*, já que combate as nuvens negras do rancor e do pessimismo. Ao mau humor e às desavenças, Álvaro aplica poesia e um lado alvissareiro da vida. Ao abrir suas lembranças — subtítulo de *As amargas não...* —, lembra-se de sua mãe que morreu quando ele ainda era muito jovem, sem rancores, mas com ternura. "A primeira mulher a quem chamei: — Minha" (Moreyra, 1954:10).

Os recortes de jornais e a montagem de seu arquivo parecem servir como uma cola para a sua memória, como diários construídos. De fato, diários também são uma forma de escrita de vida. É como um contrato que se estabelece com sua vida e uma tentativa de imortalizá-la, de oferecê-la a seus sucessores. Para o hábito de se manter um diário, Artières sublinha a importância da seleção dos fatos. Segundo ele, em uma autobiografia, não apenas se selecionam os acontecimentos, mas deve-se também classificar e ordenar a narrativa. Artières sugere que, pelas práticas do arquivamento do eu, se destaca o que ele chama "uma intenção autobiográfica" (Artières, 1998).

> Em outras palavras, o caráter normativo e o processo de objetivação e de sujeição que poderiam aparecer a princípio, cedem, na verdade, o lugar a um movimento de subjetivação. Escrever um diário, guardar papéis, assim como escrever uma autobiografia, são práticas que participam mais daquilo que Foucault chamava a preocupação com o eu. Arquivar a própria vida é se pôr no espelho, é contrapor à imagem social a imagem íntima de si próprio, e nesse sentido o arquivamento do eu é uma prática de construção de si mesmo e de resistência [Artières, 1998].

Mergulhar num arquivo é uma aventura de descoberta de novos horizontes, baseados, na verdade, em antigos recortes temporais. A opção de montar um arquivo franqueia informações e sentimentos a desconhecidos, como é o caso de pesquisadores em busca de vestígios que permitam um olhar mais próximo de sua fonte. Pode considerar-se que essa busca tem algum elemento fetichista, o qual consiste na possibilidade de ver a intimidade do seu objeto de estudo. A curiosidade obsessiva por Álvaro Moreyra resultou em alguns anos de conversa com sua neta, Sandra Moreyra, que decidiu entregar o arquivo privado à Casa de Rui Barbosa.

Vasculhar a história de vida de um autor nos faz chegar ao seu arquivo com muitas dúvidas sobre os detalhes de sua trajetória. Uma das questões que ainda não apareceu nos arquivos é a casa de Álvaro e Eugênia, na rua Xavier da Silveira, 99, em Copacabana. Lá, a exemplo de Aníbal Machado, o casal abria sua casa para convidados, promovia festas, saraus ou simples encontros de amigos e parceiros.

A documentação de um arquivo pessoal pode ser considerada uma fonte alternativa, como sugere Bellotto (2007), pois nele encontram-se diversos suportes, como papel, fotografias, gravações, filmes, vídeos, que são colecionados pela família ou pelo próprio sujeito ainda em vida. Falar de arquivo e de guarda de documentos é falar de memória. Quando Nora se refere aos jornais como "lugares de memória", trata de uma memória nacional que servirá a sujeitos como ponto de referência para construção de alguns projetos. Penso em recortes de jornais como outro local de memória, dessa vez pessoal. Um tipo de apropriação desse armazenamento das páginas dos jornais que será editado de acordo com as necessidades do sujeito, em determinado momento histórico e pessoal. É a sua subjetividade que determinará a importância do que ele vai privilegiar.

Quando o historiador define esses locais de memória, atenta-se para museus, arquivos cemitérios, festas. Com essa perspectiva, os detalhes aparecem, e constrói-se uma memória particular e individualizada dentro do contexto maior, um local, permitam-me dizer, guarda-chuva, que engloba um conjunto de memórias. O que me leva a pensar de que modo Álvaro recorreu à memória pública para montar seu arquivo pessoal. Hoje, a possibilidade de construção de arquivo por meio de discursos e linguagens públicas aumentou, com o uso da internet, dos vídeos e dos sites que guardam preciosas memórias em movimento, como, por exemplo, o YouTube, que nos faz viajar até os primórdios da televisão. Nessa viagem, aguça uma memória da infância que dificilmente deixa os usuários impassíveis. Os arquivos de nossos contemporâneos certamente terão álbuns diversos de fotografias, sempre separados por tema, e alguns filmes resgatados dos sites de divulgação de vídeos e comerciais. Mas não faremos exercício de futurologia imaginando com estão sendo montados hoje.

Álvaro era um homem de seu tempo, estava até à frente de seu tempo. Multimídia, acumulava várias atividades. Além de poeta, editava revistas e escrevia crônicas e artigos. Dedicou-se ao teatro, escreveu músicas, e teve uma intensa vida social. Em seu arquivo, podemos acompanhar os coquetéis e as inaugurações que frequentou com sua esposa. Os jantares para os quais foram convidados ou aqueles que eles mesmos promoveram. Esse lado mundano era bastante enfatizado pelo autor, que colecionava recortes de jornais com fotos do casal nas festas, sempre muito elegantes e acompanhados de amigos.

A representação de sua vida na imprensa demarca aquilo que escolheu ser: um animado intelectual dos anos 1950, em um Rio de Janeiro que passava por profundas transformações. Álvaro nasceu no final do século XIX e acompanhou as transformações da virada do século. Em sua autobiografia, relata essa passagem de século que, para ele, deu-se em 1914.

> 1913 — Foi o último ano do século 19. Em seguida o século 20 inaugurou as suas alucinações. Em 1913, saciei uns desejos românticos: ir à Europa, ver Bruges, morar em Paris... Sendo eu absolutamente do "outro tempo", nunca mais voltei dessa viagem [Moreyra, 1954:44].

A cidade do Rio de Janeiro das duas primeiras décadas do século XX o fascinava. O gosto pelo belo em todas as suas formas, especialmente as formas novas das metrópoles o encantavam. O Rio fez parte de sua vida, fato que fica claro não somente na sua autobiografia, nas referências que faz à cidade, mas nos recortes de jornais, que retratam toda a sua participação ao longo de sua vida na vida e nos eventos que agitavam a cidade. Beatriz Resende em *Rio de Janeiro, cidade da crônica* (1995) escolheu um trecho para marcar a intimidade do escritor com a cidade e com seu tempo:

> Não seria preciso que surgisse o *fake* da cidade em que se constituíam os pavilhões da exposição para que tivéssemos uma cidade cosmopolita; basta conferir as descrições que Álvaro Moreyra faz do centro para sentir um perfume *estrangeiro* por entre as ruas *fervilhantes:* "A verdadeira capital do Brasil fica entre a rua São José e a rua do Ouvidor... É ali, à sombra dos palácios e das árvores, o agitado mostruário da população carioca". Seu livro *A cidade mulher*, recolhendo crônicas escritas durante o ano de 1922, abre-se com um texto que pretende definir a terra carioca como uma mulher que conta o tempo às avessas, rejuvenescendo a cada etapa de sua vida política, desde a "velhinha tristonha, de nome cristão", a cidade de São Sebastião do Rio de Janeiro, dos tempos de colônia, até a menina-moça republicana:
> Mulher, bem mulher, a mais mulher das mulheres [...] enumera todos os costureiros e chapeleiros de Paris, [...] diz de cor a biografia de todos os artistas de cinema [...] entende de sports como ninguém entende... Conversa em francês, inglês, italiano, espanhol. [...] Ama os poetas, [...] toma chá, com furor. [...] E dança tudo. [...] É linda! [Moreyra, 1991:43].

Dessa discussão sobre escritores e a imprensa, Marialva Barbosa (2007) analisa que os primeiros 50 anos do século XX fornecem pistas e vestígios sobre "as relações da imprensa com o público e do público com os meios de comunicação na cidade do Rio de Janeiro". Nesse novo cenário, em que os meios de comunicação entravam para o cotidiano das cidades, ela identifica novas construções de sensibilidades, entre elas os novos locais de afirmação e registro de memórias. Para Marialva, "a mídia se transformou no principal lugar de memórias das sociedades contemporâneas, e passou a ser a principal testemunha da história". Se Nora já vaticinou que um fato não publicado é um fato que não existe, as memórias recortadas de jornais — ou vídeos, ou fotografias — servem como uma segurança — até mesmo — da existência de uma vida, e contituem outra fonte de pesquisa, além do registros em arquivos oficiais.

Esses arquivos afetivo-amorosos entronizam fatos que o proprietário considera como dignos de lembrança. Artières, em seu artigo *Arquivar a própria vida,* faz um histórico do hábito de se escrever autobiografia e manter arquivos pessoais. Lembra que foi a Escola de Chicago que iniciou esta prática, desde 1915, quando William Thomas e Robert Park puseram a autobiógrafia como objeto de discussão no Departamento de Sociologia da Universidade de Chicago. Os dois sugeriram aos alunos que escrevessem parte de sua história familiar mantendo algum distanciamento de seu objeto de escrita. O autor francês ainda relata que tanto em Chicago quanto em Londres dos anos 1930-1940, escrever sobre si ou manter arquivos pessoais ajudou alguns marginais a refletir sobre sua condição. A confissão e a exposição parecem ter ajudado no entendimento e na análise de grupos específicos. Ele aborda também a temática de doentes de Aids que manifestaram suas dores e sensações e como, com base nesses relatos, a pesquisa médica foi tomando rumos mais urgentes para ajudar a sociedade.

O estudo de Artières é especialmente interessante quando se debruça sobre o caso de um criminoso, Emile Nouguier, preso no final do século XIX. De início, Nouguier resolveu arquivar sua vida espontaneamente; depois, o próprio médico o aconselhou nessa tarefa. Ele foi acusado do assassinato coletivo de uma dona de cabaré, e os 21 cadernos que redigiu, assim como o diário pessoal e o relato autobiográfico, com seis cadernos, registram toda a sua história na prisão, até o momento de sua execução, em fevereiro de 1900. Artières (2009) conclui que "arquivar a própria vida é definitivamente uma maneira de publicar a própria vida, é escrever o livro da própria vida que sobreviverá ao tempo e à morte".

Em seu trabalho sobre o arquivo de Gustavo Capanema, Priscila Fraiz (1998:69) ressalta que "a construção de um arquivo pressupõe o ato da escrita ou que a escrita precede o arquivo". Apesar de se tratar de um arquivo oposto ao de Álvaro, já que Capanema tem preocupação clara com a exposição de sua atuação política e profissional, a reflexão de Priscila serve para pensar que "um arquivo implica não só a produção de discursos de seu titular, como também a acumulação de discursos dos outros". Como Capanema, Álvaro construirá sua vida com recortes de jornais, tendo como paisagem, sombra e até mesmo — ouso dizer — como alter-ego a esposa. Nesse caso, não lhe interessava sua trajetória pública de escritor e jornalista, mas a dimensão mais íntima de sua vida, de percebê-la como a possibilidade de se compreender a partir do outro, do objeto de sua paixão, de sua companheira de vida, um amor que foi ceifado prematuramente.

Cotejar a autobiografia *As amargas não...* e o arquivo pessoal nos remete à força das fontes midiáticas selecionadas por Álvaro: uma fita cassete, com a gravação de uma conversa com Lydia Maria José Veríssimo, e 184 fotografias. Destas, 80 são de Eugênia, 10, de Álvaro, 39, do casal, 22, da família, uma da casa de Copacabana (rua Xavier da Silveira, 99), 22, sobre Eugênia, 10 sobre Álvaro, 79 sobre a morte de Eugênia, 4 sobre a prisão de Eugênia, 7 sobre o acidente de Eugênia e Álvaro e 36 sobre o teatro. O poeta se utilizava dos recortes de jornais e de novidades tecnológicas, como fotografias, para montar sua vida.

Antes do termo celebridade se popularizar, quando ainda era possível frequentar as páginas de jornais pela produção de informação — com reserva para as colunas sociais —, o casal Eugênia e Álvaro já parecia midiático. Eram queridos pela imprensa, por aquilo que se percebe ao ler os jornais guardados no arquivo.

Um dos recortes assinados por René de Castro é o da coluna Da Minha Poltrona, de jornal não mencionado, mas faz referência à ida do casal a São Paulo. Com uma fotografia de Eugênia Moreyra e legenda com seu nome, o autor anuncia efusivamente a visita dos Moreyra em terras paulistas:

> No dia 30 do corrente será a noite de estreia da gente nova inteligente em São Paulo. D. E Álvaro M virá dizer os poemas dos novos, com aquela maneira muito sua q não põe exageros no gesto nem na voz. Sem ênfase. Sem interpretação. Ela "diz" e o público inteligente é que interpreta. [...] Álvaro Moreyra, cujo amor por São Paulo aumenta a cada viagem que ele faz, virá também aí. [...] A presença do casal Álvaro Moreyra aqui dará motivo a diversas manifestações sociais de carinho ao líder da moderna geração intelectual e sua encantadora esposa, que se fez arauto da poesia nova [Castro, sd.].[11]

Outro recorte elogia a feminilidade de Eugênia, seu talento como declamadora:

> Poesia moderna... com coisas interessantissimas e outra menos interessantes, que muitos lucraram com a maneira de dizer, deliciosa, única, da ilustre senhora, *grande dame* e artista consumada. Sobre sua maneira de dizer tem se manifestado os nossos mais notáveis críticos e escritores do nosso país. Todos são unânimes em reconhecer na sra. Eugênia Alvaro Moreyra uma extraordinária interprete da poesia moderna e do teatro de *avant-garde*. Ela não declama (longe disso graças a Deus!): diz, apenas [Idem].

Em sua dissertação de mestrado, *O trapézio ficou balançando: teatro de Álvaro Moreyra*, defendida no Instituto de Estudos da Linguagem da Unicamp, em 1999, Amauri Araújo Antunes faz a biografia de Álvaro e confirma a boa recepção que o escritor tinha junto a seus pares:

---

[1] René de Castro, sem título, nem data. Recorte no arquivo de Álvaro Moreyra (FCRB).

Em 1959 Álvaro foi eleito para a Academia Brasileira de Letras, tornando-se novamente figura bastante conhecida, graças à extraordinária cobertura da imprensa para o evento, imprensa que em grande parte se sentia devedora de Álvaro Moreyra, e retribuía-lhe o carinho que tanto tempo dedicou aos "novatos". Entre seus projetos para a ABL estavam transformar o chá da tarde em uma feijoada popular, admitir mulheres na Academia e arregimentar Jorge Amado para concorrer a uma cadeira.

Entre a correspondência encontrada no arquivo está uma linda coleção de 37 cartões-postais, com fotografias em preto e branco, e algumas coloridas, que Álvaro trocava com a amiga Maria Amélia Azevedo. Outras cartas comoventes são as três de Eugênia enquanto estava na prisão, em 1936, por causa da militância no Partido Comunista. Todas começam com "saudades". A carta de 12 de janeiro de 1936 traz um desesperado pedido de cigarros. Pede também que lhe enviem o bordado, para ocupar seu tempo no cárcere.

> Peço, por tudo, que me mandem cigarros. Há mais de uma semana que não tenho nenhum. Preciso também de algum dinheiro para comprar água mineral e laranjas, pois não me adaptei à comida. Manda um vidro com álcool canforado para as picadas de percevejos.

Dezesseis dias depois, outra carta seria enviada para Álvaro, na qual Eugênia pedia, com detalhes domésticos, algumas roupas, com especificação de cores e modelos. Ela solicitava também um advogado. A impaciência tomava conta de Eugênia:

> Alvinho, quanta saudade. Faz hoje quarenta dias que estou longe de casa. [...] precisava de um pijama, o vermelho (mais antigo), linha verde e um retalho para cortar o que estou usando. Eu preciso de um advogado que possa vir para cá, se entender comigo. Só eu mesma poderei indicar como deve ser feita a minha defesa. É um trabalho muito simples, mas que pede uma pessoa ativa. Vão muitos beijos e muita saudade para ti para as crianças [...] da tua Eugênia.

Trabalhar em arquivos pessoais é descobrir facetas do personagem que se procura. A de Álvaro é a sua declaração de amor por Eugênia, mensurado pela quantidade de recortes de jornais sobre a morte da sua esposa: 79, em diversos tamanhos e de jornais diferentes, com fotografias, manchetes ou apenas notas de pesar, registradas nos jornais da época. Angela de Castro Gomes, em seu artigo sobre arquivos privados, "Nas malhas do feitiço: o historiador e os encantos dos arquivos privados" (1998), destaca a importância da história cultural, que se "recusa fundamentalmente à 'expulsão' do indivíduo da história" e traz, com isso, o individual para o cerne das questões. Nessa nova história das ideias, ganha destaque a análise das biografias, autobiografias e dos arquivos pessoais, componentes do universo da micro-história, e abre-se assim um campo de possibilidades qualitativas para o pesquisador:

> Estou querendo destacar que, se o *boom* dos arquivos privados se prende a uma revalorização do indivíduo na história e, por isso, a uma revalorização da lógica de suas ações — pautadas em intenções que são escolhas em um campo de possibilidades que tem limites mas oferece alternativas —, não apenas a história cultural está no centro dessa transformação, mas igualmente uma "nova" história política e uma "nova" história social, cujas fronteiras são fluidas e móveis. Assim, os laços entre uma "nova" história política, social e cultural, no Brasil, são indissociáveis da própria materialização, em arquivos privados, de uma boa parcela de suas fontes, que passaram a exigir novos procedimentos tanto de arquivamento quanto de pesquisa historiográfica [ibid.].

Angela trava diálogo com a literatura e acredita que a história ganha um campo de interesse fascinante ao entrar nos arquivos pessoais:

> Este é o grande feitiço do arquivo privado. Por guardar uma documentação pessoal, produzida com a marca da personalidade e não destinada explicitamente ao espaço público, ele revelaria seu produtor de forma "verdadeira": aí ele se mostraria "de fato", o que seria atestado pela espontaneidade e pela intimidade que marcam boa parte dos registros. A documentação dos arquivos privados permitiria, final-

mente e de forma muito particular, dar vida à história, enchendo-a de homens e não de nomes [ibid.].

Álvaro Maria da Soledade da Fonseca Vellinho Rodrigues Moreyra da Silva nasceu em Porto Alegre, em 23 de novembro de 1888, e morreu no Rio de Janeiro, no dia 12 de setembro de 1964. Sua primeira publicação foi um livro de poesia, *Degenerada*, em 1909. A escrita sempre foi sua função primordial: formou-se bacharel em Ciências e Letras no Colégio Nossa Senhora da Conceição, em São Leopoldo, no Rio Grande do Sul, em 1907. Moreyra sai do Sul em 1910 para estudar no Rio de Janeiro, mas desde então colaborava para os jornais gaúchos *Petit Journal*, *Jornal da Manhã* e *Correio do Povo*.

No Rio de Janeiro consagrou-se como escritor, poeta, jornalista, cronista dirigente e fundador de revistas. Colaborou com as revistas *Fon-Fon* e dirigiu as revistas *Para todos*, *Dom Casmurro*, *O Malho*, e *Ilustração Brasileira*. Como jornalista, escreveu em *Bahia Ilustrada, A Hora, Boa Nova, Ilustração Brasileira, Dom Casmurro, Diretrizes* e *Para Todos*. Já nas décadas de 1910 a 1930 publicou os livros de crônicas *Um sorriso para tudo* e *Tempo perdido*, entre outros. No período de 1924 a 1958, publicou várias obras, entre as quais *Cocaína* e *Havia uma oliveira no jardim*. Em 1937, criou a Companhia de Arte Dramática Álvaro Moreyra com sua primeira mulher, Eugênia Moreyra. Em 1939, foi preso por motivos políticos, durante o governo de Getúlio Vargas. Entre 1942 e 1951 trabalhou como apresentador de crônicas, na Rádio Cruzeiro do Sul, e dos programas *Folhas Mortas* e *Conversa em Família*, na Rádio Globo, no Rio de Janeiro. Em 1959 foi eleito membro da Academia Brasileira de Letras. Sua obra poética inclui os livros *Casa desmoronada* (1909), *Elegia da bruma* (1910), *Legenda da luz e da vida* (1911), *Lenda das rosas* (1916), *Circo* (1929) e o póstumo *Cada um carrega o seu deserto* (1994).

Um casal num mesmo arquivo ou duas vidas imortalizadas em fotografias e papeis. Uma imensa admiração mútua, um amor doce, apesar dos enfrentamentos políticos. Dois comunistas militantes em tempos sombrios, mas que na voz e nas imagens privadas mantiveram a ternura. Sem amargura.

REFERÊNCIAS BIBLIOGRÁFICAS

Antunes, Amauri Araújo. *O trapézio ficou balançando:* teatro de Álvaro Moreyra. Dissertação (Mestrado) — IEL, Campinas: Unicamp, 1999.

Artières, Philippe. Arquivar a própria vida. *Estudos históricos.* Disponível em: <www.cpdoc.fgv.br/revista/arq/240.pdf>. Acesso em: junho de 2009.

Barbosa, Marialva. *História cultural da imprensa Brasil 1900-2000.* Rio de Janeiro: Mauad X, 2007.

Castro Gomes, Ângela. Nas malhas do feitiço: o historiador e os encantos dos arquivos privados. *Estudos históricos.* Disponível em: <www.cpdoc.fgv.br/revista/arq/240.pdf>. Acesso em: junho de 2009.

Goff, Jacques; Nora, Pierre (orgs.). *Faire de l´histoire:* Nouveaux problèmes. Paris: Gallimard, 1974.

Moreyra, Álvaro. *As amargas não...* Rio de Janeiro: Lux, 1954.

Resende, Beatriz. Rio de Janeiro, cidade da crônica. In: Resende, B. (org.). *Cronistas do Rio.* Rio de Janeiro: José Olympio/CCBB, 1995.

Zilberman, Regina. Alvaro Moreyra. *Letras Rio-Grandenses,* 5. Porto Alegre: Instituto Estadual do Livro, 1986.

13 UM ARQUIVO DO ARQUIVO, OU COMO GUARDAR AS CINZAS?

Frederico Coelho

"É justamente onde se tornam domináveis e objetivas, onde o sujeito se imagina inteiramente seguro delas, que as recordações somem como tapeçarias delicadas sob luz solar ofuscante."
Theodor Adorno, *Minima Moralia*

Este artigo apresenta uma história e uma questão. A história é sobre a construção de um arquivo pelo artista plástico carioca Hélio Oiticica (1937-1980) e seu desaparecimento abrupto, após um incêndio na reserva técnica do Projeto HO, em outubro de 2009. Naquela noite, toda a documentação sobre sua vida e parte de suas obras foram parcialmente destruídas. A pergunta surge como decorrência desse desaparecimento: qual a função de um arquivo quando o que nos resta dele é apenas a sua cópia digital, salva em discos rígidos, quando não há qualquer lastro físico da história arquivada? Assim, as ideias aqui formuladas serão uma primeira tentativa de problematizar esse revés do arquivo e os possíveis impactos desse evento nos estudos sobre a obra.

Para iniciar este artigo, proponho duas questões que ressoarão ao longo de toda a minha argumentação. Se o conteúdo dos documentos queimados está salvo em seu formato digital (isto é, o documento manipulado como uma imagem), a perda dos suportes originais e da organização espacial, constituída ainda em vida pelo próprio sujeito, apaga a presença criativa do artista na constituição desse arquivo? Indo um pouco além, saindo do artista e passando para a propriedade sobre a obra, será necessária, por parte dos responsáveis pela memória de Oiticica, após o incêndio, uma nova política no uso e no acesso desse acervo — ou do que restou dele em seu formato digital?

Principal arquivista, conhecedor e estudioso de sua própria obra, Hélio Oiticica constituiu de forma metódica e solitária o maior acervo documental sobre sua trajetória profissional. Os trabalhos realizados (ou não realizados, porém projetados) eram produzidos simultaneamente à uma reflexão teórica escrita. Logo depois, eram arquivados. Não eram guardados nem empilhados em uma estante, mas arquivados. Cartas eram datilografadas com papel carbono. Textos caóticos, escritos em cadernos de notas ou folhas avulsas, eram diagramados e traduzidos posteriormente de forma ordenada, em várias versões, e guardados em pastas classificadas, junto aos originais.

Esse furor pelas práticas da escrita e da organização não era gratuito. Hélio faz parte de uma família que sempre equilibrou, de forma surpreendente, caos e cosmo, para usarmos as palavras que Antonio Cícero dedicou à obra do artista plástico.[1] Seu avô, José Oiticica, era, no início do século XX, um dos principais líderes anarquistas do país. Sua atuação política libertária não o impediu, porém, de defender, em seus livros de poemas parnasianos, em suas gramáticas e manuais de estilo, a simplicidade, a técnica e a clareza no uso da língua portuguesa.[2] Já seu pai, José Oiticica Filho, era professor de matemática e entomologista do Museu Nacional. Apesar de portar um perfil ligado às ciências "duras", suas fotografias inovadoras o transformaram em um destacado fotógrafo de vanguarda, mundialmente conhecido.

Hélio, que fora inclusive assistente de seu pai na catalogação e organização de informações em suas pesquisas, teve contato direto com essas práticas, que oscilavam entre polos aparentemente contraditórios, como técnica e liberdade, razão e invenção. Escrever sobre o processo de criação e execução de uma obra, classificá-la em categorias

---

[1] "Talvez o mais impressionante em Hélio Oiticica seja que, tendo metodicamente provocado e experimentado o caos da quebra das categorias, tenha sido capaz de se tornar o parteiro de uma obra modificadora, isto é, uma obra que, patentemente, abre um novo e claro cosmo" (Cícero *in* Figueiredo, 2002:53).

[2] Sobre a trajetória política e intelectual de José Oiticica, ver Ventura (2006).

(*Núcleo, Bólide, Penetrável, Metaesquema*) e arquivá-la de acordo com seus critérios eram, portanto, operações racionais que não atrapalhavam sua potência criadora, pelo contrário. Obras e escritos funcionavam muitas vezes por extensão, organicamente. Seus textos amarravam conceitos e criavam chaves de compreensão para o seu trabalho, demarcavam espaços de interpretação, ampliavam diálogos e apresentavam possíveis filiações — ou rupturas.

Qualquer estudo sobre os textos de Hélio Oiticica, portanto, deve levar em consideração a presença permanente desse arquivista minucioso, que registrava sua própria trajetória. Com seus inúmeros cadernos, blocos, folhas soltas, gravações, rolos de filme, plantas, projetos, recortes e fotos, com suas classificações, titulações e programas, ele foi um dos principais responsáveis pela longevidade de sua obra. A possibilidade de pesquisarmos, hoje, seus documentos pessoais e profissionais é fruto direto desse constante guardar-se. Mas, e eis aí a armadilha do arquivista de si próprio, Oiticica também nos diz, na maioria das vezes, *como* devemos proceder nessa pesquisa. É sempre bom lembrar que todo autoarquivista é alguém cioso de sua posteridade. No caso de Oiticica, vemos alguém que buscava não deixar brechas para futuros enganos, interpretações e mal-entendidos. Trabalhar com seus documentos é também, nessa perspectiva, trabalhar com o espectro ora generoso, ora dominador desse arquivista. Vale observar com olhos abertos e com certo distanciamento crítico a abundância dessa autoescrita e seu excesso de citações autoexplicativas.

A grande maioria dos textos de Oiticica gira ao redor basicamente de suas obras, suas ideias teóricas, suas leituras e seu cotidiano intelectual. Esses temas tornavam-se documentos por meio de seus ensaios inventivos, textos fabuladores (contos, poemas), reflexões críticas sobre a história da arte e anotações sobre os trabalhos de seus contemporâneos. Era, portanto, um arquivo elaborado antes de tudo para dizer ao mundo quem ele era e qual o seu papel na história. Seus documentos nos levam sempre além do cotidiano trivial, cruzando áreas de saber; apontam um amplo feixe de parcerias e operam, simultaneamente, temporalidades distintas. Oiticica deixava, assim, rastros visíveis para desenhar o trajeto de suas ações públicas e privadas. Sua estratégia era amarrada nessa constante *escrita de si*, registrada em um arquivo detalhado desde sua mais jovem formação até os seus últimos dias de vida. Nele vemos em curso a construção cotidiana e contraditória desse sujeito — e do seu legado.

Para além da instância controladora sobre sua obra, o projeto de montar um arquivo também era, para Hélio Oiticica, uma forma garantida de manter as próprias promessas de "olhar pra trás" sem desvios ou contradições com o próprio caos criativo. Em entrevistas concedidas após voltar ao Brasil, em 1978, Oiticica às vezes se referia ao seu arquivo e a seus desdobramentos como parte integrante de sua obra. Para um criador profícuo como ele, as ideias que surgiam no seu cotidiano não podiam ficar apenas no plano da abstração. Mesmo que não fosse possível experimentá-las como ação efetiva, o imaginado deveria ser quase automaticamente registrado. Um exemplo: durante seu período nova-iorquino (1971-1977), Oiticica passaria a trabalhar intensamente com o que ele chamava de "Proposições", isto é, performances que deveriam ser executadas não por ele, mas por terceiros — amigos, parceiros ou pessoas que ele admirava, como Carlos Vergara, Silviano Santiago, Luis Fernando Guimarães, Roberta Oiticica, Andreas Valentin ou os irmãos Haroldo e Augusto de Campos. Essas Proposições, mesmo que nunca realizadas, talvez nunca sequer enviadas para os seus destinatários, eram acompanhadas por instruções escritas, devidamente documentadas em seu arquivo. No caso dessas Proposições, cada documento guardado representa a garantia de que Oiticica as planejara. Mesmo sem termos a experiência sugerida, temos o registro de sua intenção.

Ao mesmo tempo, ainda investigando a construção desse arquivo por parte de Oiticica, podemos pensar esse espaço, que guarda, de forma material, uma discursividade perene sobre a experiência criativa e garante o fluxo cotidiano da invenção, como uma espécie de técnica pessoal de subjetivação — no sentido atribuído por Michel Foucault aos *hypomnematas*, em seu texto "A escrita de si" (Foucault, 1992). A prática da escrita como registro de ideias em fluxo, para serem arquivadas e lidas para si mesmo, pode ser vista como ação fundamental na constituição desse sujeito em plena expansão criativa e intelectual que era Oiticica. Como nos ensina Foucault, em relação aos cadernos greco-romanos, os textos e documentos do artista carioca constituíam uma memória material das coisas lidas, ouvidas ou pensadas. Eles também forneciam presença histórica para esse personagem estético, que vivia permanentemente para *experimentar o experimental* em suas obras e em sua escritura poética. Ao formar um *tesouro acumulado* para meditações ulteriores, o arquivo de Oiticica funciona como os *hypomnematas*, já que seus documentos eram consultados muitas vezes como matéria-prima para novas versões e reflexões sobre sua vida e seu trabalho. Sua prática do *work in progress* deixou sempre em aberto novas possibilidades sobre velhos projetos. O arquivo se torna, assim, fonte de um inesgotável repertório de conceitos e de teorias próprias e alheias, retomadas permanentemente no incessante processo criativo de Oiticica — e, depois de sua morte, também no ato de divulgação e supervisão desse trabalho, realizado pelos seus herdeiros.

Ao longo das últimas duas décadas, a divulgação paulatina — e democrática — do arquivo de Oiticica, por parte do Projeto HO (com parceiros como o Itaú Cultural e o Museu de Houston), foi fundamental para a renovação dos estudos sobre o artista. Até meados dos anos 1990, apenas alguns textos relativos ao período neoconcreto e aos anos de Oiticica na Mangueira estavam disponíveis, por meio de publicações como *Aspiro ao grande labirinto*, de 1986, e alguns catálogos decorrentes das primeiras exposições, na década seguinte. A circulação desses documentos — uma porção mínima do gigantesco arquivo de origem — fez com que, durante bom tempo, um Hélio Oiticica monotemático ficasse engessado em artigos e teses sobre sua obra.

Em um dos ensaios mais instigantes da coletânea *Fios soltos: a arte de Hélio Oiticica* (in Braga, 2007), o crítico inglês Michael Asbury apresenta um belo diagnóstico sobre a construção estática e repetitiva do "Oiticica sambista e do morro", em detrimento das possibilidades de novas temáticas, nem sempre exploradas, que se abriram junto à divulgação do arquivo. No ensaio intitulado, de forma provocativa, "O Hélio não tinha ginga", Asbury chama a atenção para a armadilha do "mito", presente constantemente na análise da sua obra. Artista de trajetória pessoal marcante e heterodoxa (criado de forma diferenciada por uma família de hábitos vanguardistas, passista de escola de samba, usuário de drogas, homossexual assumido, intelectual polêmico etc.), esse "Mito Oiticica", muitas vezes dominante nos debates, acabaria por reduzir a potência da obra que deve ser analisada.

Asbury critica os trabalhos que reiteradamente enfocam o período em que Hélio vivera no morro da Mangueira como *o período definitivo* de sua trajetória. Critica também os que, por suas experiências na favela e na escola de samba, enaltecem elementos como primitivismos, arquétipos, a questão do sagrado ou a crença inabalável em relatos que induzem a sacralizações do personagem. Trabalhos assim deixam toda uma longa e dinâmica trajetória artística em segundo plano. Essa postura passiva frente à história de Oiticica foi o que inspirou, por exemplo, que muitos considerassem o período em que ele viveu em Manhattan, quando a escrita e outras formas experimentais de trabalho substituíram suas obras consagradas, de "década perdida".

Enfastiado com os consensos e louvações a esse "mito", Asbury invoca novas abordagens que invistam na marca de toda a carreira de Oiticica, a "articulação de paradoxos": por exemplo, as diferentes versões de *Parangolés,* executadas primeiro no âmbito da Mangueira, em 1964, e depois fotografadas aos pés do World Trade Center e nos carros do metrô, na Manhattan dos anos 1970. O crítico alerta para o fato, óbvio porém pouco analisado, de que o Hélio dos anos 1960 não será o mesmo artista durante a década seguinte. Suas declarações, anotadas desde seus 15 anos em diários e outros suportes, criam um mosaico de contradições, de revisões de ideias e de ausência de linearidades que precisam ser incorporadas ao debate sobre essa obra. O artigo de Asbury é uma consequência direta das novas possibilidades de pesquisa que foram inauguradas a partir da circulação eletrônica do arquivo de Oiticica. Se o período da Mangueira e dos *Parangolés* foi, durante muitos anos, a principal chave de leitura dessa obra, é porque não havia documentação abundante sobre os outros períodos, como existe hoje. O atual desafio para os pesquisadores é investir na ampliação dos temas e na exploração de novas documentações, com o intuito de desmontar o "mito" e fugir da canonização feroz que artistas como Oiticica podem vir a sofrer. Para Asbury, é fundamental que a crítica e os usos da obra de Oiticica não se apeguem a essa intencionalidade extraordinária, nem afirmem enfaticamente uma coerência muitas vezes contraditória com a própria biografia do artista em questão. Ao propor como *boutade* que Hélio "não tinha ginga" e que seu talento para o samba possa ter sido mais um dos "mitos" desse personagem, ele provoca uma espécie de dúvida criativa nos pesquisadores que se debruçam sobre o tema.

Para superar esse quadro de estagnação crítica, o Projeto HO assumiu uma postura ativa e aberta frente à liberação do arquivo para novas pesquisas. Essa postura, porém, fez com que e seus responsáveis se engendrassem em uma situação contraditória do ponto de vista da propriedade sobre a interpretação da obra. Ao ampliarem o acesso aos novos documentos, eles proporcionaram aos pesquisadores novas leituras críticas sobre trajetória tão diversificada. A circulação em formato digital desse arquivo entre os interessados contribuiu decisivamente para inviabilizar o mito, o santo ou o luto como *barreiras analíticas* (Süssekind, 2008). O fornecimento de ferramentas para reverter o processo de canonização teve como resposta a emergência de novas leituras e de novos tensionamentos a respeito dos consensos que se formavam ao redor de Oiticica. Sejam eles os consensos definidos pela crítica, sejam eles os consensos definidos pela autoridade.

Aqui chegamos ao cerne de um paradoxo inerente a quem comanda um arquivo de interesse público: sua abertura provoca necessariamente um exercício crítico sobre qualquer visão oficial. As novas leituras e assuntos que surgem podem entrar em choque com posições conceituais assumidas pelo Projeto HO e seus responsáveis, tanto a respeito da montagem das exposições (como cada obra foi montada originalmente por Oiticica? É necessário exibi-las sempre desse mesmo jeito ou podemos inventar novas formas de diálogo entre obra e espaço expositivo?), quanto a respeito da interpretação de suas obras. E entram em choque não por um domínio estéril ou comercial, mas pela postura curatorial do Projeto, o qual, desde a sua fundação, assumiu que seu "controle de qualidade" era decorrente do compromisso com uma "verdade conceitual" garantida pelo arquivo de Oiticica. Isto é, se foi o próprio quem organizou e conceituou sua obra, como "criar" novos conceitos para trabalhar com ela? Se ele definiu como montar seus trabalhos, como permitir que outras formas de montagem sejam sugeridas? Aqui, instala-se o conflito entre o arquivo como laboratório criativo do artista e o arquivo como espaço do poder arcôntico, como argumenta Jacques Derrida em *Mal de arquivo* (2001). Se o Projeto HO — e todos os demais herdeiros e responsáveis pelos acervos de artistas — define legalmente as funções de unificação, identificação e classificação (feitas, nesse caso, pelo próprio artista em questão), ele também coloca em risco, para usarmos outra expressão de Derrida, o seu poder de consignação.

Ou seja, a liberação do arquivo por parte de seus responsáveis trouxe, junto com a ampliação das leituras e estudos sobre essa obra, novas forças e questões, que colocam em xeque o uso desse espaço de memória como fonte de legitimidade dessa história. Como reivindicar um "compromisso conceitual" com os documentos depositados nesse arquivo se a obra desse artista pregou a inovação de linguagens e a liberdade anárquica frente às instituições, dogmas e hierarquias? Como garantir o uso correto e seguro de uma extensa documentação sem contrariar uma trajetória artística prenhe de invenções, meias-voltas e riscos? E, por fim, como legitimar a decisão desse compromisso conceitual com o arquivo quando seus papéis, obras, fotos, slides, filmes, enfim, sua materialidade, foi queimada em um incêndio? Se os documentos em formato digital ainda nos permitem o acesso informativo a seus conteúdos, e, se o uso eletrônico é livre do ponto de vista espacial (qualquer um pode reorganizar em pastas virtuais os documentos digitalizados, criar novas constelações de ideias ou séries, criar softwares de busca etc.), como o Projeto HO e seus responsáveis podem pensar o novo papel desse "arquivo do arquivo" e a garantia de propriedade — material e conceitual — sobre essa memória?

Em um breve aforismo de sua *Minima Moralia*, o de número 106, Theodor Adorno cita, talvez de memória (não diz nem onde nem quando), uma suposta sentença de Jean-Paul Sartre: "As recordações são a única propriedade que ninguém pode nos tirar". Segundo o sociólogo, que escreveu esse livro durante o período em que o governo de seu país tirava não só as recordações como a vida de boa parte da população, tal ideia é nada mais nada menos do que "um impotente consolo sentimental". Na leitura de Adorno, recordações como propriedade individual são, necessariamente, memórias arquivadas. E a organização de uma história pessoal por meio de um arquivo é, para ele, a negação da experiência e uma forma tola de protegê-la do seu risco inerente ao longo da vida. Ainda citando Adorno, "ao organizar o *arquivo de si próprio* o sujeito confisca seu estoque de experiência como propriedade e com isso volta a torná-lo algo inteiramente alheio ao sujeito" (Adorno, 2009).

Ao reivindicar, citando Proust e Bergson, o papel da memória não como bem estático, mas como fenômeno que se ativa de diferentes formas no contato permanente entre as recordações pretéritas e as demandas atuais, Adorno situa o arquivo de si próprio fora do domínio da experiência, como uma tentativa inútil de "manter o passado limpo da torrente de sujeira do presente". Um arquivo não pode guardar recordações, pois além de ser um depósito de lembranças, esse espaço físico, externo ao sujeito, engessaria sua experiência em uma suposta pureza histórica que não está a salvo da maldição do presente empírico.

> "Recordações não podem ser guardadas em gavetas e prateleiras; nelas, o passado se entrelaça inextricavelmente ao presente. [...] Nenhuma lembrança é garantida como voltada para si e indiferente do futuro daquilo que a engendra" (ibid.: 163).

Mesmo que de forma apressada, abordar o processo de autoarquivamento de Hélio Oiticica sob a perspectiva desse aforismo de Adorno permite levantar algumas questões a respeito do que foi discutido até aqui. A primeira questão se relaciona ao "arquivo de si próprio": será que, como pensa Adorno, constituir um espaço de memória pessoal é apenas transformar recordações em um espaço externo, alheio ao sujeito que viveu aquela vida arquivada? Ou o arquivo, em sua função ativa de registro permanente do presente, pode tornar-se o próprio espaço da experiência e, no caso de Oiticica, um dos motores de sua prática artística?

Como já foi dito acima, Hélio Oiticica viveu boa parte dos seus 43 anos exercendo diariamente a prática arquivística. Perto de sua morte inesperada, em carta de 1979, enviada para seu amigo Luis Fernando Guimarães, Hélio fazia piada com o tamanho do arquivo, ao dizer que, após comprar novas pastas e fazer "mil rótulos e classificações", ele em breve teria de "consultar uma bibliotecária ou arquivista para saber como conduzir a coisa" (Projeto HO, 23-09-1979). Por meio desse arquivo, minuciosamente montado em vida e mantido intacto durante anos após sua morte, Oiticica ditou normas rigorosas de como sua obra deveria ser montada, lida, entendida e explicada. Para Oiticica, portanto, um arquivo não corresponderia a malas e baús trancados, mas a uma ação cotidiana de exercício do seu método classificatório, um jogo permanente com as suas possibilidades de organização pessoal e o controle sobre sua trajetória. Na citação a Luciano Figueiredo, um dos principais responsáveis, junto ao Projeto HO, pelos trabalhos de pesquisa e organização dessa obra após a morte de seu autor, essa relação fronteiriça e tensa entre arquivo, obra e vida fica explícita:

> Estou certo de que Hélio Oiticica guardou e colecionou sua própria obra desde o início de sua carreira, pela necessidade que sentiu de conduzi-la de maneira autônoma, através de critérios e conceitos por ele considerados como essenciais à sua compreensão. Guardava trabalhos não como vaidade ou fetiche, porém, como parte do plano ideológico que elaborou, e tudo que escreveu é, portanto, integrante do corpus de sua obra [Figueiredo, 2002:18].

O arquivo se impõe não só como lugar de memória e tensão de temporalidades, mas também como local de autoridade sobre os usos dessa memória. Oiticica afirmava que ninguém poderia falar sobre sua obra sem acompanhar sua trajetória sem a perspectiva de longo prazo que ela trazia em seu desenvolvimento. Em algumas passagens de seus textos e cartas, constatamos que sua autodocumentação era também uma estratégia (no sentido aplicado por Michel de Certeau). Tal prática garantia o "entendimento" da sua experiência criativa e a ratificação dessa experiência em uma longa duração. Tudo que Oiticica escreveu — portanto, arquivou — faz parte de sua obra. Trata-se de um artista que se constrói como arquivo e vice-versa, engendrando uma perspectiva labiríntica do seu processo de criação.

Ao contrário da provocação negativa de Adorno, Hélio Oiticica não guardava em suas gavetas e pastas apenas "recordações". Tampouco investia tempo e trabalho na montagem de seu arquivo com o intuito de tornar-se alheio à experiência e ao risco. Arquivava, além de documentos ligados a seu trabalho, o que ele chamava de "estados de invenção", isto é, registros textuais de seu processo criativo em curso. Em seus cadernos, folhas esparsas e escritos diários, não há espaços para memórias, reminiscências ou reflexões de cunho pessoal. O que era registrado quase sempre eram as ideias em ebulição, os programas em progresso, o atravessamento entre o fazer e a narrativa textual da ação. Um artista e uma vida em trânsito, guardando a si mesmo para tornar-se fonte pessoal de pesquisa. Em suma, um arquivo cuja meta era o registro permanente de um "princípio germinativo formal", para usarmos outra expressão de Oiticica. Era justamente o arquivo que garantia uma existência centrada na experiência (que, no caso de Oiticica, deve ser lida como "experimentação") e no risco. Na citação de um escrito seu, de 22 de fevereiro de 1961, quando refletia sobre seu processo textual de autorregistro, Hélio nos indica um caminho para iluminar tal relação orgânica entre arquivo e experiência:

> Esse diário é, para mim, desenvolvimento de pensamentos que me afligem noite e dia, mais ou menos imediatos e gerais. Não sei se há continuidade de um dia para o outro ou se há fragmentação de assuntos ou ideias, o que sei é que é vivo, documento vivo do que quero fazer e do que penso. Para mim anotações e não formulações de ideias são mais importantes. São, pelo menos, menos "racionais" e mais espirituais, cheias de fogo e tensão [Oiticica, 1986:30].

Menos de um ano após a morte de Oiticica (1980), foi fundado, pela família e por amigos, o Projeto HO. Sua primeira e permanente missão, defendida várias vezes por seus integrantes, era, mais que conservar uma obra, pesquisá-la e organizá-la de acordo com diretrizes e instruções deixadas por Oiticica. Os primeiros anos dessa empreitada foram voltados à criação de condições para que sua obra passasse a transitar no circuito da arte de forma correta, embasada nos inúmeros documentos existentes nesse arquivo feito por ele em vida.

Como qualquer pessoa ou coletividade responsável pelo acervo e pela memória de uma obra/biografia, o Projeto HO se viu muitas vezes envolvido em enfretamentos públicos a respeito dos usos e, na concepção dos seus membros, abusos feitos por curadores, pesquisadores, críticos, jornalistas ou outros que de alguma forma se relacionaram com o legado de Oiticica. São notórios no país os casos envolvendo herdeiros ou representantes legais de acervos artísticos e processos ou interdições do uso das obras por terceiros. Comum no meio das artes visuais — em que o direito de imagem e propriedade das obras envolve diversas instâncias, como família, colecionadores, fotógrafos da reprodução, instituições de guarda —, os embates a respeito dos direitos e do controle sobre a circulação e uso de obras consagradas também são recorrentes em áreas como música, literatura e cinema.

Não é a toa que uma nova lei de direitos autorais está no centro do atual debate nacional. Em plena era digital, conteúdos são sampleados, publicados em rede por anônimos ou deslocados de seus propósitos originais em novas significações e contextos. Novos formatos e plataformas alteram a difusão e recepção de obras próprias e alheias, fazendo com que a propriedade intelectual torne-se quase nula em alguns casos. Nesse cenário, a decisão sobre quem controla os usos privados e públicos desses acervos torna-se um tema-chave para quem trabalha em alguma instância — inclusive acadêmica — com a produção cultural brasileira.

Com uma obra composta por trabalhos cujos cernes partiam justamente do comum, dos materiais mais cotidianos, a propriedade intelectual do Projeto HO sempre se mostrou ciosa no que diz respeito aos cuidados necessários ao lidar com tal acervo. Até porque uma das principais características de seus trabalhos é a possibilidade de eles serem remontados a partir de modelos originais — muitos deles perdidos no incêndio de 2009 — ou de seus projetos presentes no arquivo. Capas, tendas, penetráveis e muitos de seus bólides podem ser refeitos, apesar de tirar dos trabalhos sua força estética e seu gesto original. Se não impediram o acesso e circulação da obra e do seu arquivo (com várias exposições, publicações e a divulgação eletrônica da documentação de Oiticica), trabalharam intensamente por seu balizamento conceitual.

E por que isso? Por que insistir na garantia conceitual dessa obra? As falas públicas e as ações do Projeto HO e de pessoas ligadas à obra de Oiticica sempre respondem essa pergunta afirmando que fora o próprio Oiticica, pensador radical, questionador permanente de autoridades e artista dissonante frente à lógica do mercado e das instituições de arte de seu tempo, que proporcionou a existência desse acervo. Mais que isso: foi exatamente essa prática de colecionar sua própria obra, de registrá-la textualmente e de arquivá-la criteriosamente que permitiu a existência desse vasto acervo até o incêndio. Mas, se essa autocoleção possibilitou que as obras e projetos de Oiticica fossem montados e remontados com base em indicações técnicas inquestionáveis pela garantia informativa do arquivo, seus textos e documentos nos mostram a velocidade das mudanças propostas pelo pensamento de Oiticica. Por várias vezes, ele revisitava obras em décadas diferentes (como os *Metaesquemas*, os *Bólides* ou os *Parangolés*), e desmontava, nesses retornos, certezas conceituais, de maneira a repensá-las em outras situações; contava sua própria história de forma diferente, dependendo da ocasião e do contexto de sua atualidade.

O trânsito permanente desse sujeito em criação contínua, a incorporação da ideia de processo em progresso, de vida-obra em aberto, que incorpora novos caminhos e reviravoltas a cada momento, fez com que sua massa documental fosse a forma como seus responsáveis poderiam, ao menos do ponto de vista da autoridade, definir parâmetros de interpretação e limitar leituras díspares em relação ao seu entendimento sobre a obra.

Todo incêndio é trágico. Em um arquivo de obras e vasta documentação, porém, suas dimensões são infinitas. No caso de Oiticica, o incêndio de boa parte do acervo, em outubro de 2009, despertou uma torrente de textos, matérias jornalísticas, comentários em redes sociais da internet, publicações em blogs etc. O site eletrônico especializado em arte brasileira, *Canal Contemporâneo*, compilou mais de uma dezena de links para a leitura desse material crítico, nacional e internacional (ver www.canalcontemporaneo.art.br/brasa/archives/002565.html). Se fizermos uma análise superficial dos textos — ou apenas dos títulos —, veremos como a perda do acervo despertou a fúria cívica no meio das artes. A açodada crítica aos responsáveis do Projeto HO — já que a reserva técnica e a sede do projeto ficavam na residência da família, onde Oiticica sempre morou — foi a tônica desses artigos e manifestações.

Ao mesmo tempo, o revés do Projeto HO foi utilizado como motor para uma crítica mais ampla, que, em um primeiro momento, se dirigiu ao Estado, pela falta de política pública para acervos de artes visuais, e, no segundo momento, se expandiu em direção ao questionamento direto das instituições museológicas no país. Uma das associações mais usadas nos textos e comentários da época, a lembrança do fatídico incêndio do Museu de Arte Moderna do Rio de Janeiro, em 1978, ilustrava, de certa forma, uma espécie de percurso da nossa incapacidade de guardar nossos acervos. Algumas das primeiras afirmações críticas sobre os motivos e as consequências do incêndio no Projeto HO, logo depois, tiveram que ser revistas em um segundo momento, quando o debate sobre a guarda e a propriedade de grandes acervos de arte foi posta em cena por outros herdeiros. Seus esforços e a pouca ou nenhuma possibilidade de contar com as instituições nesse processo de manutenção eram imensos diante das adversidades materiais (guardar obras de artes visuais, muitas vezes, requer o gasto de galpões imensos, além de todas as despesas museológicas de conservação).

O incêndio na reserva técnica do Projeto HO, portanto, causou uma série de transformações que ainda precisam ser observadas. O fogo que queimou suas obras e documentos se espalhou na mesma velocidade que as críticas aos seus responsáveis. Esses, por sua vez, alegaram que a guarda particular desse acervo seria fruto direto de uma falha estrutural na política pública relativa às artes visuais e suas instituições. A presença de técnicos do Instituto Brasileiro de Museus (Ibram) e de funcionários do Ministério da Cultura no local, logo após o incêndio, apresentou uma resposta concreta que, até hoje, ecoa em reuniões e debates envolvendo o Estado, as famílias e os representantes de instituições museológicas. Já no ponto de vista do pesquisador, o fim material das obras originais e a abundância dos documentos que circulam no seu formato digital podem fomentar o passo decisivo para que novas leituras, vinculadas mais aos textos e menos às obras, sejam possíveis. Se, por um lado, os "arcontes" de Oiticica perdem o componente aurático da peça única, do objeto que concentra historicamente o gesto criador original do artista, eles ganham na ampliação de trabalhos e estudos sobre seu arquivo. Apesar de o fogo ter consumido boa parte de seu plano de vida, este projeto ainda falará durante muito tempo por intermédio de seu arquivo digital e da divulgação impressa de seus inúmeros e textos inéditos. Quem os lê, tem a certeza de que o incêndio, apesar de tudo, pode apresentar ao mundo um novo Hélio Oiticica: esvaziado na potência sensível de seus objetos, de suas cores e formas, porém fortalecido na salvação textual e fabuladora de suas ideias e invenções.

REFERÊNCIAS BIBLIOGRÁFICAS

Adorno, Theodor. *Minima Moralia*. Rio de Janeiro: Azougue, 2009.

Cícero, Antônio in: Figueiredo, Luciano (org.). *Hélio Oiticica:* obra e estratégia. Rio de Janeiro: MAM, 2002.

Braga, Paula. *Fios soltos* — a arte de Hélio Oiticica. São Paulo: Perspectiva, 2007.

Derrida, Jacques. *Mal de arquivo:* uma impressão freudiana. Rio de Janeiro: Relume-Dumará, 2001.

Figueiredo, Luciano. *Hélio Oiticica*: obra e estratégia. Rio de Janeiro: MAM, 2002.

Foucault, Michel. *O que é um autor.* Lisboa: Veja, 1992.

Oiticica, Hélio. *Aspiro ao grande labirinto.* Rio de Janeiro: Rocco, 1986.

Süssekind, Flora. Hagiografias. *Inimigo rumor*, 20. Rio de Janeiro: Sete Letras, 2008.

Ventura, Tereza. *Nem barbárie, nem civilização*. São Paulo: Annablume, 2006.

SOBRE OS AUTORES

Aline Lopes de Lacerda
Graduada em história pela UFRJ, mestre em comunicação pela UFRJ e doutora em história social pela Universidade de São Paulo. É pesquisadora da Casa de Oswaldo Cruz/Fiocruz, especializada no tratamento de acervos fotográficos. É autora de artigos sobre o tema e co-autora da fotobiografia *Carlos Chagas, um cientista do Brasil* (2009).

Candice Vidal e Souza
Graduada em ciências sociais na UnB, mestre em antropologia social, também pela UnB, doutora em antropologia social pelo Museu Nacional da UFRJ. Publicou *A Pátria Geográfica: sertão e litoral no pensamento social brasileiro* (1997) e *Repórteres e reportagens no jornalismo brasileiro* (2003). Professora do Programa de Pós Graduação em Ciências Sociais da PUC de Minas Gerais.

Eduardo dos Santos Coelho
Graduado, mestre e doutor em letras pela UFRJ. Professor do Departamento de Letras da UFRJ, editor-chefe da Língua Geral Livros.

Felipe de Souza Dias Brandi
Graduado em história pela PUC-RJ e mestre em história pela mesma universidade. Tem diploma d'Etudes Approfondies en Histoire et Civilisations, pela École des Hautes Études en Sciences Sociales (EHESS), Paris. Doutorando na EHESS, onde prepara uma tese sobre a obra de Georges Duby, sob a orientação de François Hartog. É autor

junto com François Hartog e Thomas Hirsch de *La Chambre de veille* (2013).

FREDERICO COELHO
Graduado em história, mestre em história social pela UFRJ e doutor em literatura brasileira pela PUC-RJ. Foi curador-assistente do Museu de Arte Moderna do Rio de Janeiro (MAM-RJ). É professor adjunto de literatura e artes cênicas do Departamento de Letras da PUC-Rio. É autor de artigos, ensaios, coletâneas e livros como *Eu, brasileiro, confesso minha culpa e meu pecado — cultura marginal no Brasil nas décadas de 1960 e 1970* (2011), *Livro ou livro-me — os escritos babilônicos de Hélio Oiticica* (2011) e *A Semana sem fim — celebrações e memória da Semana de Arte Moderna de 1922* (2012).

ISABEL TRAVANCAS
Jornalista , formada pela PUC-RJ, mestre em antropologia social pelo Museu Nacional da UFRJ e doutora em literatura comparada pela UERJ. Professora adjunta da Escola de Comunicação da UFRJ e autora de *O mundo dos jornalistas* (1993), *O livro no jornal* (2001) e *Juventude e televisão* (2007).

JOËLLE RACHEL ROUCHOU
Jornalista, graduada em comunicação social pela PUC-RJ, mestre em comunicação pela UFRJ e doutora em ciências da comunicação pela USP. Pesquisadora da Fundação Casa de Rui Barbosa e autora de *Samuel. Duas vozes de Wainer* (2003) e *Noites de verão com cheiro de jasmin.* (2008).

LETÍCIA BORGES NEDEL
Graduada em história pela PUC do Rio Grande do Sul, mestre em história social pela UFRJ e doutora em história pela UnB. Professora do Departamento de História da UFSC, onde coordena o Laboratório de Memória, Acervos e Patrimônio (LAMAP).

Luciana Heymann
Graduada em história pela UFRJ, mestre em antropologia social pelo Museu Nacional da UFRJ e doutora em sociologia pelo Iuperj. Professora associada do CPDOC da Fundação Getulio Vargas (FGV), é autora de *O lugar do arquivo: a construção do legado de Darcy Ribeiro* (2012).

Maria da Conceição Carvalho
Formada em biblioteconomia, mestre em ciência da informação e doutora em literatura comparada, todos pela UFMG. É professora adjunta na graduação e na pós-graduação da Escola de Ciência da Informação da UFMG. Participa como pesquisadora do Núcleo de Estudos em Informação e Sociedade (NEPIS-ECI-UFMG), e do Núcleo de Produção Editorial-INTERCOM.

Miguel Soares Palmeira
Bacharel e licenciado em história pela UFF. Doutor em história social pela USP. Professor de metodologia e teoria da história na USP.

Philippe Artières

Doutor em história pela Universidade Denis-Diderot-Paris VII, é diretor de pesquisas do CNRS, na École des Hautes Études em Sciences Sociales. Preside, desde 1995, a Associação do Centre Michel Foucault. Entre suas obras, destacam-se *Rêves d'histoire. Pour une histoire de l'ordinaire* (2006), *Papiers des bas-fonds. Les archives d'un savant du crime* (2009), *La vie écrite. Thérèse des Lisieux* (2011) e *Vie et mort de Paul Gény* (2013).

Sue McKemmish
PhD, professora titular de Sistemas de Arquivo na Universidade de Monash, onde dirige o Center for Organisational and Social Informatics e os programa de pós-graduação em documentos e arquivos. Publicou inúmeros artigos sobre práticas de arquivamento, teoria arqui-

vística e ensino de arquivologia e, mais recentemente, co-organizou os livros *Archival Science – Special Issue: Keeping Cultures Alive: Archives and Indigenous Human Rights* (2012) e *Information, Communication & Society — Special Issue: Working with Communities: Community Partnership Research in Information, Technology, Management and Systems* (2012).

Impresso nas oficinas da
SERMOGRAF - ARTES GRÁFICAS E EDITORA LTDA.
Rua São Sebastião, 199 - Petrópolis - RJ
Tel.: (24)2237-3769